U0029693

KEEPING UP *with* THE GERMANS

A HISTORY OF ANGLO-GERMAN ENCOUNTERS

當金龜車尬上MINI

英德交流三百年

PHILIP OLTERMANN

菲利浦·歐爾特曼◎著

陳榮彬◎譯

獻給爸媽

PREFACE
序言

「妳很漂亮，但還沒有人幫我們介紹彼此。」
──布勒合唱團[1]，〈女孩與男孩〉（Girls and Boys）

那一天，一九九六年六月二十六日，溫布利足球場（Wembley
Stadium）正在舉辦歐洲國家盃的準決賽，上演德國大戰英格蘭
的戲碼。當時我家在漢堡市郊區的諾德施泰特鎮（Norderstedt）。
我坐在家中客廳裡那一張藍色沙發上，爸媽分別坐在我的左右兩
邊。我們前面的桌子上擺著三個玻璃杯裝的蘇打水。蘇打水冒泡
時的啪啪聲響清楚可聞。五分鐘前，我爸剛剛跟我說，公司要把
他派到倫敦的分公司去，他也答應了。接下來的幾週內，他跟我
媽就要開始找公寓了。當年我十五歲，顯然地，要我自己生活還
太年輕，如果要搬去跟祖母一起住，我也不願意。

1　Blur：1989年於倫敦創立的另類搖滾合唱團。

「跟同年齡的小孩相較，你算是很成熟的，所以我們覺得可以像三個大人一樣，一起談這件事…」

「我知道你在這裡有很多朋友，但是…」

「你知道那個比你高一年級的萊娜嗎？她到美國去住了一年，如今回國後成績在全年級名列前茅…」

「不然，你就先去英格蘭的學校讀個一年，如果你不喜歡，一年後我們就回來，你說怎樣？」

一直等到球員們聚集在球場中圈（centre circle）的時候，我才意識到爸媽還在等待我的答案。電視螢幕上的比數是一比一。我應該先解釋一下，其實小時候我從未對足球感到特別有興趣——事實上，我對任何運動都沒興趣，甚至能躲就躲。但是，那天晚上我用全新的觀點目睹了電視螢幕播放的一場戲劇性球賽。艾倫·希勒（Alan Shearer）早早就幫英格蘭隊先馳得點，但是在中場時間來臨前，隸屬於德國凱撒斯勞頓足球隊（Kaiserslautern）的國字臉前鋒斯特凡·昆茨（Stefan Kuntz）也設法把比數扳平。到了下半場，因為犯規，昆茨踢進的第二球被判不算分，加賽時英格蘭隊的保羅·加斯科因（Paul Gascoigne）一腳輕輕踢出，令人懊惱的是，球只差一吋就能進網。一百二十分鐘過去後，球賽還沒分出勝負，球評說，一場PK大戰即將展開。

我們三人都各自小啜了一口嘶嘶作響的蘇打水。我仔細地看看聚集在中圈的球員。英格蘭隊身穿單調的灰色球衣。他們的T

恤看來很奇怪，像是褪色的丹寧布，每個人的神情都好嚴肅。當他們奮力把球踢進球門時，大家的臉色都因為太高興而嚴重扭曲變形。留著一頭蓬亂金髮的英格蘭隊後衛史圖亞特‧皮爾斯（Stuart Pearce）本來的眼神像是要殺人，得分後他對著觀眾們眨眼微笑，兩手大拇指朝上，比出一個誇張的手勢，活像個剛剛在倫敦西區喜劇俱樂部登台的演員。保羅‧加斯科因則是猛然把雙手的拳頭往下一揮，然後把胸口挺出來。

　　相較之下，德國球員的臉上都是一副不憂不喜的神情。托馬斯‧哈斯勒（Thomas Hässler）往左邊踢了一記低球，托馬斯‧史圖恩斯（Thomas Strunz）往球門的左上角重擊一球，斯特凡‧昆茨往右邊調了一記高球，而斯特凡‧羅伊特（Stefan Reuter）以及克里斯蒂安‧齊格（Christian Ziege）兩人的球則是都往英格蘭隊門將大衛‧西曼（David Seaman）的手掌旁邊斜切過去：每個人都在極度緊迫的情況下以最高的精準度拿下分數，他們就像是一群想要完成某個重要實驗的科學家。

　　蓋雷斯‧索斯蓋特（Gareth Southgate）是下一個要踢球的英格蘭隊隊員。當他把球擺到定點時，是不是皺了一下眉頭？德國電視台的球評葛德‧魯本鮑爾（Gerd Rubenbauer）說，「相對來講，他是一個比較菜的球員。英格蘭隊陣中最弱的後衛，就連他們的教練也是這樣講。」當索斯蓋特起跑時，他又補充了一句，「現在該是他硬起來的時候了。」德國隊門將把索斯蓋特的球擋了下

來，現在比賽結果如何，就看德國隊踢的下一球了。德國電視球評魯本鮑爾的聲音終於開始緊張了起來，他說：「如果穆勒得分的話，德國就踢進冠軍賽了。穆勒，居然是他！」

容我稍微簡介一下安迪‧穆勒（Andi Möller）這個人。安迪‧穆勒是個速度很快，擅長運球的中前衛（midfielder），德國媒體都很不喜歡他，過去因為在某次賽後訪問中落淚，被一些小報取了「愛哭的蘇西」這個外號。從一九八〇到九〇年代，穆勒效力過的球隊包括法蘭克福足球俱樂部、杜林的祖文特斯（Juventus Turin）、多特蒙德足球俱樂部（Borussia Dortmund）以及沙爾克04足球俱樂部（Schalke 04）等球隊；那天晚上他是德國隊隊長。他有一頭棕色捲髮，剪了一個像鯔魚的髮型[2]——這種髮型在德國足球員之間流行一直到一九九〇年代末期，但加斯科因等人則是已經開始留起比較符合流體力學的短髮。一九九六年六月二十六日晚上大概十點在溫布利足球場，安迪‧穆勒的腳掃出去，那劇力萬鈞、猛烈而幾近完美的一球就這樣射進英格蘭隊球門裡。穆勒的這一球把地主英格蘭隊淘汰掉，讓德國殺進決賽。但我卻不覺得特別興奮或愉快。我的胃部還是揪在一起，沒有稍稍舒緩。這一切都是因為安迪‧穆勒慶祝的方式。

．　在國際體壇上，球員得分後有各種奇怪的慶祝方式，其中以足球最為特別。檢視一九九〇年以前足球聯賽的影片畫面，得分的球員往往都是跑回屬於球隊的那個半場去擁抱隊友。有

2　Mullet：一種前面與兩側都很短，但把後面流長的髮型。

時候如果比較誇張一點，也只是跳到空中去揮舞雙臂。例如，每當凱文‧基岡（Kevin Keegan）得分時，也只是站在某個定點，一直高舉兩手的拳頭，直到腰桿往後彎，讓身體變成一個反過來的C字形。這看起來像是喜悅的真情流露，他是為自己喝采，而不是表現給身邊的人看。

到了晚近的足球界，情況就不一樣了。慶祝的方式開始往場外，而非場內發展──球員會衝向場邊角旗旁的球迷，或者是聚集在邊線旁的攝影記者群，而這可以說是一種有意識而愛現的演出。一九九六年那屆的歐洲國家盃的場上演出已經達到了一個新高點，保羅‧加斯科因進球時，他跟隊友們像一群酒客似的，玩起了一種叫做「牙醫看診椅」（dentist chair）的遊戲；在第一輪靠著加斯科因致勝的一球擊敗蘇格蘭隊時，隊友們聚集在他身邊，玩起了那種如今被認為很不得體的飲酒遊戲，只是他並非被灌伏特加酒，而是被人用塑膠水瓶灌水。聽起來雖然很不可思議，但德國球員的慶祝方式，比這個更加過分。

安迪‧穆勒的球打在球門的網子上之後，他衝向右邊角旗旁的德國球迷。到了角旗旁邊，他突然停下來，挺起胸膛，兩手插腰，做出像健美先生一般的倒三角姿勢：看起來就像一隻剛剛贏得大獎的臭屁公雞。世人從來沒有見識過這麼招搖而奇怪的慶祝招式。就算我的英文講得不夠好，我也知道，安迪‧穆勒做了這個舉動過後，我甭想在英格蘭交到多少朋友了──不過，如果我

的英文能力稍稍高明一點的話，我就知道當晚在溫布利球場上的德國人本來都像昆茨一樣沉穩，後來一個個都臭屁了起來。

————

　　我偶爾會思考這麼一個問題：到了我這個世代，英國人對於德國的痛恨是否更勝於一九一〇或者一九四〇年代？這聽起來也許是一個極具爭議性的問題。但是，如果我們透過體壇活動來檢視實際的國際關係，撇開假惺惺的外交場合表現不論，有些證據是令人難以忽視的。法國人之所以痛恨德國，是因為一九八二年世界盃足球賽的時候，德國門將，綽號「托尼」的哈拉爾德・舒馬赫（Harald "Toni" Schumacher）曾經用身體把法國後衛帕特希克・巴帝斯東（Patrick Battiston）給撞倒——他那招式就算是使在老練的美國職業摔角選手身上，也會讓他們痛到哭出來。當時巴帝斯東斷了幾根牙，倒在一攤血裡面，昏迷不醒，全世界有數以百計的觀眾擔心這個法國人會不會掛掉，肇事的德國佬卻好整以暇地站在門柱旁，嘴嚼口香糖，臉上流露出毫不掩飾的不屑神情。舒馬赫跟傳統的德國門將一樣，脾氣暴躁，在這方面他們可以說都得到了「歐洲狂人」，德皇威廉二世[3]的真傳。阿爾及利亞人也恨我們德國人，不是因為我們的門將，而是因為同一年的世界盃，德國隊放水，僅僅以一比零擊敗奧地利隊，此一結果讓奧國取得了晉級下一輪的門票，同時淘汰了阿爾及利亞隊[4]——這

3　Kaiser Wilhelm，將德國與歐洲帶入第一次世界大戰的德國末代皇帝。一八八八年即位，隨即辭退俾斯麥。他是英國維多利亞女王的外孫。

4　因為之前奧地利贏過德國，阿爾及利亞擊敗了奧地利，所以德國贏奧地利的分數只要在兩分以內，就能讓兩國一起晉級，淘汰阿爾及利亞。

就是在體育史上極不光彩的一九八二年「德奧合併事件」[5]。阿根廷人痛恨我們德國人，則是因為我們在一九九〇年的決賽中擊敗了他們。匈牙利人痛恨我們，只因他們認為德國隊是靠吃了禁藥才能夠在一九五四年的決賽中擊敗他們。西班牙人呢？西班牙人其實私底下很欽佩我們的運動成就，但也痛恨我們，主要是因為他們就是討厭德國人。（我曾看過一份年代久遠的西班牙《國家報》，裡面有一張兩位德國足球員的照片，照片說明的措辭非常直白：「保羅‧布瑞特納與烏里‧史提利克，兩個醜陋的德國佬。」）荷蘭人呢？荷蘭對於我們的痛恨比任何國家都還要明顯，至於有多痛恨呢？曾經有個荷蘭球員在電視轉播的鏡頭下對著德國球員的捲髮吐口水，而且不只一次，而是在同一場球賽中吐了兩次。還有，曾有個德國球員在一九八八年的某場球賽後提議與荷蘭對手交換球衣時，荷蘭球員居然邊走邊把白色的愛迪達球衣脫下，假裝拿來擦屁股。到了一九九〇年代，此趨勢順理成章，在足球界，痛恨德國隊變成一件**理所當然的事**。如果你同情德國隊，那就好像你看到死星（death star）在《星際大戰》片尾被人炸掉時，居然哭了出來——這不但是不太可能的事，也違反了自然定律。

英國人痛恨德國的態度本來就含蓄，雖然到了一九九〇年代完全不是如此。二次世界大戰後，對於德國戰犯的起訴早就訂下了兩國的和解基調，到了一九六六年，溫布利球場的冠軍戰上演英德大戰戲碼時，德國報紙還注意到英國球迷表現出一種「公平

5　Anschluss原來是指納粹德國與奧地利第一共和國於一九三八年的合併。

競賽的態度」，球場響起德國國歌歌聲時，也沒有像後來那樣總是噓聲四起；只有《每日郵報》表示：「如果德國人今天下午在溫布利球場用我們的國球打敗我們，我們也可以跟他們說，最近他們也曾在自己的球場上輸過我們兩次。」如果把同樣的場景拉回到一九九〇年代，氣氛就比較不友善了。《鏡報》的頭版版面已經變成媒體總部林立的艦隊街的一則傳奇：該報把保羅・加斯科因與史圖亞特・皮爾斯的照片用繪圖軟體Photoshop加上了《星際大戰》裡的風暴兵[6]頭盔，配上這樣的標題：「Achtung！[7]投降吧！」《每日星報》則是寫道：「德國佬，注意啦！英格蘭隊即將把你們炸爛！」至於《太陽報》則是插入了這麼一句話：「讓我們以閃電攻勢痛擊德國佬吧！」

　　如果太認真看待這些新聞標題，也許會失之於不公平，忽略了英國媒體喜歡玩文字遊戲的傳統，還有他們那種「絕不饒過任何人」的平等主義路線。然而，安迪・穆勒罰進那一球之後所發生的狀況，是歷史脈絡或者任何藉口都不足以解釋的。一九九六年六月二十六到二十七日之間的夜裡，全英國發生了兩百多起敵視德國的暴力事件，許多人遭到逮捕。倫敦特拉法加廣場發生暴動，六十六人受傷，一名三十幾歲的男子被碎玻璃瓶劃破喉嚨。德文郡的艾克斯莫斯鎮（Exmouth）有一輛福斯轎車被一群年輕人給毀掉，有人聽見他們於事發時高喊：「你們看！那裡有一輛德國車！」伯明罕市一家BMW汽車專賣店的窗戶遭人打破。薩

6　Stormtrooper：黑武士麾下戴著白色頭盔的複製人士兵。

7　德文，意即「注意」。

塞克斯郡霍夫鎮（Hove）一名年紀與我相仿的青少年，因為被當成德國人而遭人在脖子與臉上戳了五刀。結果他是俄國人。

你可以把這一切歸咎於足球，因為這種運動本來就具有一種透過群眾凝聚出來的部族精神，再加上腦內啡與失望情緒的催化，才會出事。但這並無法解釋為什麼即使就商界的上流社會而言，一九九○年代也可以說是英德關係的歷史低點。一九八九到九○年之間的東西德統一可能是其中一個因素。歐洲大陸的大多數政壇人士都歡迎此事，即便在東歐也是如此，但是英國政府卻抱持著懷疑的態度。在一九八九年九月二十三日的一次午餐會議中（幾週後，東柏林與西柏林人一起在歡樂的氣氛中目睹柏林圍牆倒塌，大家都手舞足蹈），英國首相柴契爾夫人對蘇俄的「經濟改革之父」戈巴契夫說，「英國與西歐對於兩德統一並不感興趣。」結果，英國駐德大使向政府回報，在西方盟國裡面，英國是被視為最不友善的三個國家之一，而且是最不重要的一個。根據他在一九九○年二月二十二日對英國白廳[8]的報告指出，英國的形象「正陷入了多年來的最低點」。同樣地，德國在英國的形象也正在快速惡化中。一九九二年九月十六日「黑色星期三」（Black Wednesday）過後，英國被迫退出歐洲匯兌機制，英國媒體普遍都把這件事歸咎於德意志聯邦銀行，即德國的央行。根據一九七七年的一項調查指出，有百分之二十三的英國人擔心德國國家社會主義復辟，到了一九九二年，更是有百分之五十三的英國

8　Whitehall：連接著英國國會大廈與首相官邸的一條路，是英國政府的代名詞。

人認為德國的統一值得憂慮,也許會帶來威脅。

更具體來講,越來越多英國人害怕英國加入歐盟後碰到納粹再起:這種幻想也許是太過牽強了,但是在整個一九九〇年代有越來越多英國人受其影響。而且,政壇也總是不乏可敬的人士為這種偏執的看法火上加油。一九九〇年三月,柴契爾夫人把全英國最頂尖的歷史學家都聚在契克斯別墅[9],要他們為她上一堂速成的德國歷史課。一份遭人洩漏給媒體的備忘錄寫道,「典型」的德國人特質包括「焦慮不安、侵略性、魄力、恃強凌弱、自負、自卑,還有感性。」一九九〇年七月,保守黨政府的貿易及工業大臣尼可拉斯・雷德利(Nicholas Ridley)在一篇發表於《觀察者》雜誌的文章裡表示,「歐洲貨幣聯盟」(European Monetary Union)是「德國為了接管全歐洲而設計出來的一場騙局。」一九九六年六月二十六日,溫布利足球場舉行準決賽的那一天,約翰・瑞德伍(John Redwood)在《泰晤士報》的民意論壇上投書,要讀者們「重新思考德國的問題」,只因先前德國總理柯爾(Helmut Kohl)建議英國應該在歐盟裡扮演更為積極的角色。如果把那篇文章的最後一個句子挪用到一九三九年的戰爭公債海報上,也會是一個完美的標語:「不管在場上或場下[10],我們都該挺身對抗德國。」因為德國人持續在溫布利足球場與溫布敦網球場上取得勝利(從一九八五到一九九六年,在這項傳統最為悠久的網球錦標賽中,至少有十四次是由德國人拿下冠軍),就連旁人也能明顯地感受

9　Chequers:位於英國鄉間的英國首相別墅。

10　原文是「Stand up to Germany, on and off the field」,「field」可以指足球場,也可以指戰場。

到英國首相的怒氣。有一位她的閣員曾於一九九○年對記者透露：「如果今年又是貝克（Boris Becker）奪得冠軍，隔天瑪格麗特一定又會在內閣會議上發飆了。」

如果把這一切歸咎於柴契爾夫人的個人看法，也許把事情看得太過簡單了。因為德國在一九九○年的處境並不只是被所有的歐洲鄰國痛恨而已。如同美國詩人 C. K. 威廉斯（C. K. Williams）在二○○二年於《時代週報》（*Die Zeit*）發表的文章所說的一樣，德國已經變成一個「具有象徵意義的國家」：它就像是一張空的畫布，任何國家只要對這世界有所不滿，就可以把情緒宣洩在畫布上面。事實上，德國簡直就像是那種永遠扮演反派角色的演員，就連德國人也開始討厭德國。如果你曾經走過橫跨柏林華沙街火車站鐵軌的那一座橋，如果你在下一班快速鐵路列車進站前還有一點時間，請你轉身往北看。雖然位於幾英哩外的荒涼工業區地景中，但你可以明顯地看見有人在那些房屋的屋頂上寫下了一句話，每個字母都有穀倉的門那麼大：「德國！去死吧！」如果是在倫敦市中心某個那麼公開的地方，我很難想像自己會看見有人寫下「英國！去死吧！」這種句子。在英國，的確有人討厭王室與政府：誰都記得性手槍合唱團（Sex Pistols）是怎樣怒嗆政府，還有國會廣場上邱吉爾雕像的頭部被人披上綠草，打扮成莫希干族印第安人的模樣。但是，有誰會說「去你媽的英國」？一竿子打翻一船人？就連英式紅茶與茶點，還有英式早餐也罵進

去？還有古典音樂家艾爾加連同史密斯樂團？伊妮‧布來敦連同哈洛‧品特？[11]英國是一個無所不包的範疇，大到足以囊括各種官方與非官方的歷史解釋。我們可以看到各種版本的英國，激進而具有多元文化特色的都會地區是英國，彬彬有禮的英格蘭中部地區也是英國——你可以選擇效忠任何一種英國。但如果你是德國人，選擇就單純多了，如果你不是支持德國，就是反對它。過去十年間每次我到柏林市都會看到那一排塗鴉的字：「德國！去死吧！」顯然，大家對這一排字都沒什麼強烈的感受，所以沒有人把它擦掉。

　　一九九〇年代初期並不是只有綽號「鐵娘子」的柴契爾擔心德國極右派重新站起來，就連德國人也擔心。一九九二年的夏天與秋天發生了一連串少數族裔移民遭到攻擊的案件，此事震驚全國。德國東部羅斯托克市（Rostock）郊區一家有大概一百五十個越南移民投宿的青年旅社遭到一群年輕人縱火，接下來他們又鬧了好幾晚；什列斯威—霍爾斯坦（Schleswig-Holstein）以及北萊茵—西發里亞（North Rhine-Westphalia）兩個邦也發生了類似事件。那些新聞畫面在我們國民心中揮之不去，宛如化為夢魘的往事。某張照片一再出現在報章雜誌上：一個旁觀者身穿德國足球球衣，一隻手垂下，擺在身上那一件沾有尿漬的運動長褲旁邊，另一隻手則模仿著納粹敬禮的姿勢，高高舉起。對我來講，羅斯托克市的那些照片特別驚人，主要是因為那與我的生活處境實在

11　Enid Blyton，布來敦是知名兒童文學家，Harold Pinter品特是劇作家。

相差太遠。當時，我的姊姊剛剛開始跟一個我很尊敬的祕魯人開始約會，而我的哥哥則搬去跟他那個德日混血女友同居。就算我對足球沒有興趣，我也知道我們班同學在國際比賽期間沒有人支持德國隊。一九九二年冬天某一晚，我跟爸媽與姊姊們一起到漢堡市中心去參加了一場沿著阿爾斯特湖（Alster Lake）舉行的示威遊行活動，大家都手持蠟燭。當晚我們五個人與其餘將近一百萬人站出來反對種族主義與仇外情緒，許多德國的城市都有這種活動，就這樣串起了一條 *Lichterkette*，也就是「光的連線」。我知道我們不隸屬於德國醜陋的那一部分。我深信，不管是我，我的親友都與那個穿著運動長褲的傢伙沒有關係，一點關係也沒有。我還記得有人在街上分發貼紙，上面寫著：「外國朋友們，別走，不要讓我們只能跟德國人待在一起。」全世界的反德情緒最為高漲的那十年，也就是我們德國人最渴望被喜愛的時候。

當然，加薪是我爸決定到倫敦去工作的原因之一。但是也許有另一個心理層面的動機：他心底隱隱希望自己不要再只是一個「德國人」，他渴望擺脫那個反派的角色，投向倫敦的懷抱，因為那裡似乎是全歐洲最能體現「個人自由」與「跨文化交融」這兩大理念的地方。我覺得當時我每兩個親友裡面就有一個人決定要離開德國，或者正在考慮。一九九六年的時候，想要搬到國外的德國人當然不只我爸媽。到了一九九七年，在英國的德裔人士總數攀升到二十二萬七千九百人之譜，這讓我們成為英倫三島上第

19

三大的外國族群，數量遠遠超過巴基斯坦人、波蘭人、牙買加人、迦納人、澳洲人以及美國人（不過，在這數字裡面有為數不詳的人其實是在德國出生的道地英國人，因為他們的父親在德國工作而在那裡出生）。

　　這二十二萬七千九百人裡面包括了爸媽與我等三人。就這樣，安迪・穆勒那一球進了，保羅・加斯科因擁抱了正在哭泣的蓋雷斯・索斯蓋特，成千上萬的英國球迷也離開酒吧，想要找德國車輛出氣，而我終於回答了爸媽的問題：好，我願意試試看。條件是先住一年。如果我不喜歡，我們就回來──這是我們的約定。我們握握手，用蘇打水乾杯。

────

　　在溫布利球場擊敗英格蘭隊後，德國隊接著又在決賽贏了捷克共和國。最後的哨音響起，頂著一頭蓬亂金髮的德國隊隊長尤爾根・克林斯曼（Jürgeb Klinsmann）走到皇家的包廂，從女王手裡領取冠軍獎杯。這本來應該是一個很好的跡象，因為當時克林斯曼是英格蘭足球超級聯賽（Premier League）的球員，是史上第一個獲得英超年度球員頭銜的外國人，他象徵著不同面貌、比較沒那麼一板一眼的德國──這從他在希爾斯堡球場（Hillsborough）踢進第一球後的慶祝動作就可以看得出來。他像在跳水似地往濕漉漉的草地縱身一跳，大家也都知道他本來就有「跳水選

手」這個外號。但我不相信我的新同學們能夠察覺到這麼細微的差別。當老師介紹我是個德國人的時候，難道他們心裡想到的，不會是安迪・穆勒，還有穿著運動長褲的那個傢伙？

在社交場合上，大家總覺得德國人給人一種冷冰冰的距離感，坦率到令人覺得不舒服；在碰面或者道別時，總是堅持必須認真地用力握手，即使是好朋友也不例外（一位多年的德國同學就因為我的英國女友於初次見面時就在他臉上啵了一下，而留下難以抹滅的創傷）。但是我可以坦白地說，德國人內心深處對於朋友的態度是極為浪漫的。就像克里斯多福・伊薛伍德[12]曾說過的，對於德國人而言，「朋友」（*Ein Freund*）不只是個友伴，而是一個思想範疇，一個「神聖的德式觀念」。朋友是畢生情誼永存的同志，是精神伴侶。一九三〇年代一首很流行的歌曲就有這麼一段歌詞：「*Ein Freund, ein gutter Freund, das ist das Schönste was es gibt auf der Welt*」──意思是，擁有一個好友是這世上最美好的事。任何德國青少年都看過卡爾・梅伊[13]所寫的一系列平裝本西部小說。小說敘述的是兩位「拜把兄弟」的情誼，一位是叫做韋內托（Winnetou）的印地安人，另一位則是牛仔老殘手（Old Shatterhand）。德國足球甲級聯賽的獎杯上面刻有這麼一句話：「*Elf Freunde must ihr sein, wenn ihr Siege wollt erringen*」──意思是，如果你們想贏，你們全部十一個人就必須先成為朋友。英國足球的最高指導原則是「公平競賽」：也就是球場上的

12　Christopher Isherwood，見第二章。
13　Karl May，十九、二十世紀德國小說家。

所有球員必須受到你的同等尊重，不管是隊友或者對手都一樣。
而德國足球的核心精神，則是「團隊」（*Mannschaft*）：眾志成城，
這必須以一種更為緊密的情感聯繫為基礎。在這方面我是個十足
的德國人，因此當我在思考是否要搬去英國時，我心裡只有一個
問題：在英國我能交到朋友嗎？

　　據說在柏林圍牆倒塌的不久之前，德國總理柯爾曾邀請英相
柴契爾前往他的故鄉萊茵蘭—普法爾茨邦（Rhineland-Palatine），
一起到他最愛的酒吧吃飯。柯爾是很少見的政治人物：自大的
政治人物太多了，但很少人像他那樣身材也如此碩大，他那龐
大的腰圍以及奇怪的頭型幫他贏得了「西洋梨」的外號。他很想
跟這位以好鬥聞名的英國領導人建立友好關係。先前他們見過幾
次面，他自己挑的禮物都無法在柴契爾心中留下深刻印象，於是
這次柯爾決定再度加碼，讓她見識一下德國菜餚不為人知的暗晦
秘密。柯爾坐下後，把一條餐巾綁在腰際。柴契爾開玩笑地問他
說，那條餐巾是投降的象徵嗎？接著他們的菜餚端上來了。四周
陷入一片寂靜。眾所周知的是，德國菜向來都過於依賴水煮的烹
調方式，而且用了大量的肉、馬鈴薯與甘藍菜等食材，柯爾（這
個德文字彙的意思就是「甘藍菜」）選擇的菜餚組合比其他人的
都還要多肉，口味也更重。他點的是 *Saumagen*，也就是豬胃，
沒有任何東西比這道菜更能體現 *deftig* 這個形容詞的涵義了——
意思就是，極其平淡，但卻又能舒緩人的情緒：那道菜裡面有用

來做香腸的碎肉、水煮馬鈴薯，全都包在豬腸裡，配菜是水煮紅蘿蔔與德國泡菜。根據柴契爾的首席外交政策顧問查爾斯‧鮑爾（Charles Powell）的說法，首相把那些菜在盤子裡推來推去，她沒有吃，只是想要做出好像有吃一點的樣子。

飯後，柯爾帶著柴契爾去參觀斯拜爾大教堂（Speyer Cathedral），那是一間令人讚嘆的羅馬風格教堂，最早統一歐洲的那些人，也就是神聖羅馬帝國最初那幾位皇帝的墳墓就位於此地——那是一個極具象徵性的地方，至少柯爾是這麼認為的。當柴契爾在教堂裡四處閒晃時，德國總理把鮑爾拉到一根柱子的後面，對他說：「如今她來到這裡，來到我這位於歐洲核心的家鄉，與法國如此相近，她一定會認為我的德國味其實沒那麼濃，應該把我當成歐洲人才對。」不久後，這兩位政治人物就分道揚鑣了，柴契爾搭車前往法蘭克福機場。柴契爾登上專機，坐進她的位子，把高跟鞋踢掉，接著就對她的外交顧問說：「查爾斯，那個人實在是個不折不扣的德國佬。」

————

我喜歡這個故事，一方面它展現出德國人渴望被喜愛的心態，同時也是因為從中我們可以看出，不同國籍的人相處時，其感受往往受到許多細微的因素影響。把自己最愛的一道菜呈現到柴契爾面前的時候，柯爾的感受一定很像是某個參戰的國王，在

戰役中把自己的盔甲丟到敵人面前，就像莎翁筆下奧賽羅說的：
「我的言辭魯莽／不擅長文謅謅的溫言軟語」：向對手示弱，以便
創造出某種政治氛圍上的改變。對於柴契爾來講，那一堆碳水化
合物只說明了德國人的胃口奇大無比，難道他們不會把英國給吞
了，當點心來吃？

　　自從我來到英國後，這種場合的奇聞軼事向來讓我感到著迷
不已。透過這些故事，我們也許能夠用一種更為微妙與細緻的方
式來看待長久以來的英德關係，而這一點是任何調查或者統計都
做不到的。當兩個不同文化背景的人相遇時，兩個民族的刻板印
象清楚地呈現了出來，我們也可以藉此測試其真偽。有時候，被
揭露出來的是一些陳腔濫調，例如因為看電影或者讀書而產生的
偏見與成見。有時候，像是柯爾與柴契爾見面之後，或者是英德
兩國在溫布利對決過後，人們重新確認並且深化了刻板印象。

　　透過本書所選擇的種種接觸經驗，我想要探究的是英德兩國
的民族性，同時呈現過去幾十年來兩國在態度與觀念上的改變。
有些接觸經驗是公開的活動或者國家大事，像是這篇序言裡面所
提到的那些。但也有許多接觸經驗沒那麼了不起，只是偶然的邂
逅，兩者在歷史的進程中擦身而過，還有一些本來應該發生，但
實際上卻沒發生的相遇經驗。有些接觸經驗是成功的，有些則失
敗了。有些能夠帶給我們一些教誨，有些不能。你還可以注意到，
其中與兩次世界大戰有關的接觸經驗較少，因為在這兩個時期裡

英國與德國沒什麼機會能夠產生密切的關係：兩次大戰之間的那四十年，英德關係的確緊張無比，但在那段時期之前或之後，雙方在意見、貨物以及人民等更方面的交流，其實都比你我所想像的還要多。

　　本書提到的幾次交流經驗甚至也與我有關。理由在於，我們在史書中所讀到的東西有時候只是印證了你自己的親身體驗。例如，在我還不知道柯爾與柴契爾兩人那一次關於「豬胃」的軼事之前，我就已經知道德國與英國人民對於食物這個領域是沒什麼共識的。

CHAPTER 1
來去英倫拜訪民主聖地

　　我不太記得我們抵達英國那一天的細節了。我不記得我們到底是在白天或晚間抵達，還有那一天天氣是陰雨或者晴朗，是冷是熱，還有我們從機場進城時是搭乘火車或者計程車。但是，我記得我的心情很糟，我們抵達那天是週日，因為當晚我爸的同事就邀請我們去吃了一頓歡迎餐會，我們一踏進屋裡她就宣布那一頓飯是「週日烤肉大餐」（Sunday roast）。我們一脫下外套，那位把頭髮燙捲、一口暴牙的女主人就用力地抱住我們，還想親我的臉頰。當「週日烤肉大餐」這幾個字從她嘴裡冒出來的時候，她還做了一個賣弄意味濃厚的手勢，像是一位管家把銀質盤蓋掀起來的動作，給人一種客套與作戲的印象。她的手勢想要傳達的是，這頓週日烤肉大餐，可不是一般的餐點。

　　我們在餐桌邊坐下，試著用彆腳的英語進行有禮貌的對話。

當餐點終於上桌時，我感到很困惑。我的盤子上擺的東西大概就是像這樣：三片又薄又熟的牛肉、四根花椰菜莖、八塊烤馬鈴薯，東西全都胡亂疊在一起，像是一群剛剛結束旅程的疲累旅人。灑在盤子邊緣的，是一灘稀薄的棕色醬汁。我們照著主人，在盤子的兩邊灑上好幾匙山葵醬以及黃芥末醬。然而，把這些醬汁（他們稱之為「佐料」）跟主菜混在一起吃，這實在不是個好主意，像我爸就從中學到一點教訓。等到他終於不再咳嗽時，已經眼眶含淚、雙眼充血了。弔詭的是，儘管佐料奇辣無比，但這並不意味著菜餚的風味絕佳。事實上，在我從配菜吃到主菜的過程中，食物的口味越來越平淡——到最後我發現自己好像在嚼一塊塊多筋的牛肉乾。這好像是主廚特意選擇的調理手法，因為他完全沒有試著把牛肉的原味留住。蔬菜也失去了天然的嘎吱口感。所謂的醬汁或者「肉醬」，味道也是極其平淡，淡到根本不像醬汁，其功能只是進一步把食物的味道沖淡而已。整體而言，食物會讓我聯想到一幅水彩畫，或者是一首用不插電的鍵盤樂器彈出來的歌。

　　主人們吃牛肉的模樣倒是像在吃天降美饌，他們家的兒子用叉子把第一口食物送入嘴裡後，立刻說了一句：「好吃，好吃，真好吃。」當那男孩高興地開始大啖盤子上那一堆乾肉時，我注意到他的臉腫了起來，而且有一點點缺乏血色。這就是英國菜對人體造成的影響嗎？我轉頭看男孩的父親，英國菜的可怕效果也

出現在他的臉上了，因為那傢伙的鼻子充血，看來紅通通的，髮線顯然越來越高，牙齒也都扭曲變黃了。他的餐桌禮儀讓我看到分神。在德國時，爸媽總是堅持我必須用正確的方式拿刀叉：刀叉就像小掃把與畚箕，分別拿在右手與左手，不能搞混。然而那個英國人卻把叉子當成戳食物的工具，把食物都插在刀上，刀子看來就像是一支插滿了烤牛肉、馬鈴薯與花椰菜的小型烤肉串。他吃飯的樣子看來好生氣，整個過程顯然一點也不享受，東西幾乎都還沒嚼完就喝一大口水把它們硬吞下去。

在老家時，我們都會用 *Apfelschorle*，也就是加上一點點蘇打水的酸蘋果汁來配晚餐，或者是在某些特殊場合，就改喝 *Spezi*——混著芬達汽水的可口可樂。在這裡，主人拿給我們配食物的，則是一種我愈來越覺得具有強烈象徵性，能代表英國民族性的飲料：一杯微溫的自來水。

———

過去長久以來，德國人一說到英國與英格蘭，就會聯想到一些抽象的概念，像是：民主、獨立、原創性、離經叛道。這是非常鬆散的一種聯想，各個不同地區的人會有不同看法；例如，德國人對於「英國」與「英格蘭」之間的差別並未達成一個共識。不過，整體來講，這些曾經是非常正面的特質：在許多歷史階段中，我們也崇敬過英國人，把他們當成政治、工業與文化等各領

域的開拓者，甚或只是把他們道德行為的指標拿來尊敬。但是，近年來只要提起英國，德國人最先想到的便是「難吃的食物」，而且很訝異為什麼沒有幾個英國人意識到他們的東西很難吃。英國人隱約覺得法國人也許認為他們的食物不怎麼高明，但德國人呢？只會吃香腸與酸菜的德國？如果你提起自己住在英國，德國人最關心的莫過於食物這件事了。「你真可憐啊！」「英國菜真有那麼難吃？」「難怪你看起來那麼瘦。」

　　跟英國菜一樣，傳統的德國菜裡面也有很多水煮的肉、馬鈴薯與醃菜，但是兩國做菜的概念有很大的差異。德國香腸在國外的名聲之所以很差，主要是因為其中最難吃的法蘭克福香腸同時也是最為人知的。但是，比法蘭克福香腸更為刺激的那些近親，例如紐倫堡（Nürnberger）、圖林根（Thüringer）或者克拉考爾（Krakauer）等各種香腸，都能讓你的味蕾好好享受一番：不管是煙燻、火烤或者裡面加入了草藥都很棒。咖哩香腸（*currywurst*）是一種泡在辣咖哩粉與番茄醬裡面的香腸，近來也逐漸被認定為貨真價實的德國菜，它很能誘發人們對於異國香料與東方熱度的渴望。即使是比較傳統的德國菜，也有許多不錯的食物，其口味之大膽也足以令人感到訝異。在每個麵包店裡面你都可以買到加了小茴香當香料的麵包，在許多街頭小店裡買到甘草與巧克力口味的棒棒糖，每年聖誕節還有胡椒口味的餅乾。透過被稱為 *Stollen* 的經典德國聖誕蛋糕，我們也可以窺見德國人是怎樣料理

一道好菜的：一個紮實的蛋糕，但是不要太甜，上面灑上冰涼的糖霜，當你越往蛋糕的裡面吃，就越為美味，最後你的牙齒就這樣陷進那由杏仁糖、蜜餞、開心果以及罌粟籽做成的內餡裡。關鍵在於，有一種深藏不露的美味在裡面等著你。

　　還有一種被大家認為很具德式風格的北部傳統餐點，這餐點包括培根、豆子、燉鴨梨、黑色香腸，搭配著馬鈴薯泥與蘋果泥，或許還有「水手雜燴」(*Labskaus*)──那是我最愛的菜餚之一，但看起來有點噁心，就是在馬鈴薯泥上面鋪一塊鹽醃牛肉，旁邊再擺一個煎蛋。當年讓我感到很興奮的是，我爸說，這是像他父親那種水手都愛吃的傳統家常菜，而現在會吃這種傳統菜餚的地區就只有一些專門以航海為業的港埠了。英國北部的利物浦市顯然就有很多人的姓氏就來自於這個菜名。不過，初嘗英式「水手雜燴」(scouse)的多年後，它給我的印象仍然就像英國烤肉一樣平凡無奇，一點也不營養。

―――――

　　我爸媽的想法完全不一樣。晚餐後在我們開車回旅館的路上，他們倆滔滔不絕地說著那馬鈴薯有多好吃，山葵醬有多美妙來勁。「蠻好吃的嘛！」他們不准我批評那一道烤肉。

　　跟許多住在歐洲北部的人一樣，在我們動身前，他們心裡其實早就隱隱偏愛著英國。要讓他們瘋狂愛上英國，根本就不用費

吹灰之力。我們住的是一間可以煮飯的公寓,接下來幾天裡,醋鹽口味的馬鈴薯片已經出現在碗櫥裡,而苦味啤酒更是隔天就入侵了我家冰箱。早上我在煎培根與烤豆子的味道中醒來。凡是純正英式口味的東西,他們至少都會試過一次:像是牧羊人派、烤約克夏布丁香腸(toad in the hole),甚至於還把馬麥醬(Marmite)塗在普通的白吐司上面——又是一個無法把口味極重與口味平淡無奇的東西融合在一起的失敗食物。

也許,讓我感到生氣的壓根就不是食物,而是他們倆那一副大驚小怪的樣子。直到搬到英國去住之前,我都不覺得我爸媽會是那種大驚小怪的人。小時候,我幾乎不曾看過家人在我面前吵架或者大聲講話,原因之一在於我是四個孩子裡的么子,等到我變成青少年時,爸媽早就歷經過青春期的孩子們所帶來的痛苦與吵鬧。我知道,其他家的小孩常常因為兄弟太任性或者姊妹過於跋扈而向爸媽告狀,但我們家兄弟姊妹們的關係卻不會太熱或太冷,總能調整到一個宜人的室溫。搬到英國後,這種微妙的平衡卻受到威脅。我們的計畫是,第一週先到倫敦市通勤網絡裡的各間學校參觀,同時也開始找公寓。在這過渡期,我們住的是父親公司提供的一家小公寓,位於西倫敦的摩特雷克地區(Mortlake):那公寓死氣沉沉的,不只有老人家的氣味,而且又小的要命。我這輩子第一次在沒有兄姊居間緩衝的狀況下自己與爸媽獨處,我開始擔心這種氛圍也許會變得對我們有害。

　　爸媽的家鄉位於易北河河畔那一塊被稱為 *das Alte Land*，也就是「陳年舊地」的地方，他們是隔壁村莊鄰居。儘管出生的地方很近，兩人的天性卻如南轅北轍。媽媽的原生家庭有七個小孩，在她生下我哥哥以前，她所接受的是幼稚園老師的訓練。強烈的同情心決定了她與別人相處的方式。對她來講，「聽聽別人的說法」是一種道德責任。我祖父則是易北河上的領航員，他總是會到城外兩、三英哩處的一個上船地點登上大型貨輪，幫它們順利通過河流的淺灘。他兒子，也就是我爸，是歐爾特曼家族第一個沒有投身航海事業的成員，也是他家第一個上大學的小孩，但是他也遺傳了那種知道該把正確路線搞清楚，不要走偏了的家族基因，於是自然而然就進入大企業工作了。來到倫敦後，爸媽兩人那種強烈對照的個性卻變成一種新奇的融合物，他們不但對英國的古怪事物養成一種自由放任的容忍態度，甚至還不屈不撓地想要把它們融入我們自己的生活中。

　　當時我快滿十七歲了。我跟年紀相仿的青少年一樣，覺得有些事是很重要的：我想跟很酷的人一起混，聽的音樂也該很酷，如果朋友夠酷，衣服與音樂的品味也夠酷，才能讓出去約會的女孩覺得我很了不起。我壓根不想跟爸媽攪和在一塊，想到必須跟他們一起關在小公寓裡，我就覺得很不舒服。

　　吃過星期天那第一餐糟糕的英國菜餚後，我們決定小心行事。隔晚我們去光顧距離旅館只有幾步之遙的那家咖哩餐廳：那

裡的空間只有一個客廳那麼大，播放的音樂很難聽，只有一個憔悴的老服務生，來到我們桌邊的速度簡直像蝸牛一樣慢。我爸開始與他詳細地討論「winderloo」與「yarlfretzi」這兩種咖哩有什麼不一樣，尷尬之餘，我則是開始翻白眼，轉頭去看右邊的牆壁。我瞪著自己的雙眼：餐廳的牆面上都裝有鏡子。眼前的景象讓我覺得好沒力：一對五十多歲的德國夫婦，身旁站著一位來自孟加拉的老邁侍者，還有他們那個瘦高難看的十七歲兒子，跟一般青少年沒兩樣，正在生悶氣。

————

不是我爸媽特別怪，而是歐洲北部有很多人都喜愛一切來自英國的事物。全歐洲沒有多少地方比我的家鄉更喜愛英國的。漢堡市是德國第二大城，易北河穿越其市區，距離北海大概六十英哩遠，唯一能讓這城市引以為傲的，就只有它的港口：每當漢堡人把家鄉形容為「通往世界的門戶」時，他們總覺得榮耀無比。繩索街是漢堡的風化區，它像一條直線，連接著港區與市區，彷如一道幫尋花問柳的水手們鋪好的紅地毯，市民們每年都會聚集在街底，一起欣賞為了慶祝漢堡港誕生而施放的煙火。當我跟朋友們開始與女孩約會時，總會帶她們到歐特馬宣區的「珍珠灘」去——那是一個位於海灘上的小餐廳，在品嚐蝴蝶餅與Jever牌苦味淡啤酒的同時，我們可以遠眺港區另一邊，看著那一座座長

得像鳥的起重機把貨輪上的貨櫃卸下來。對於漢堡人來講,欣賞碼頭上的工業風情可說是全世界最浪漫的一件事。

漢堡的航海傳統讓其市民覺得自己與英國的商船較為親近,而不是德國農業(以及後來的工業)那種自給自足的生活型態。該市在十三世紀成為「漢薩同盟」(the Hanseatic League)的創始會員之一,與布魯日、阿姆斯特丹與倫敦等貿易夥伴都建立起緊密的商業關係。當英國皇家海軍於十七世紀崛起,成為世界霸權時,漢堡的商人們在一旁觀望著,又擔心,又欽佩。拿破崙戰爭方酣之際,漢堡決定與那位「矮小的士官」[14]唱反調,遵循其支持英國的傳統,把一群流亡到該市的愛爾蘭革命分子交給英國政府。拿破崙的「大軍」(Grande Armée)於一八〇六年入侵漢堡市,燒毀所有英國貨物,嚴禁該市與法國的大敵交易,導致漢堡破產。一直要等到拿破崙垮台,英國商人回流後,該市才恢復了過往的榮景。

這段歷史一定令人非常難忘,因為當我小時候人們在談論英國或英格蘭時,總是帶著一種尊崇的語氣,好像是提到自己的祖宗而非競爭者。講到英格蘭,通常給人保守的感覺,當德國人說,「die feine englische Art」或者「der gute englische Stil」的時候[15],具體指涉的並不是英國的風格或方式,而是泛指適當而有教養的行為。但就另一方面而言,英國則與比較叛逆的德國心性有所共鳴——而德國人之所以叛逆,則是因為熱烈地接受英國流

14 Little Corporal:拿破崙的綽號。
15 原意分別是:「很棒的英國方式」以及「極佳的英式風格」。

行樂的結果。新工黨政府（New Labour）政府崛起前夕，英國人已經學會重新擁抱過去在一九八〇年代曾經不受歡迎的那種露骨的愛國姿態。布勒合唱團所歌頌的都是一些能代表英國日常生活的事物，像是鄉間的莊園（所以有〈鄉間豪宅〉〔Country House〕這首歌）、Radio 4 電台[16]的海上氣象報告（所以有〈這是低壓帶〉〔This is a Low〕這首歌）以及多佛（Dover）的白色懸崖（所以有〈多佛峭壁的苜蓿〉〔Clover Over Dover〕這首歌），而綠洲合唱團（Oasis）則是在一陣陣猛烈的吉他聲中盛讚平凡無奇的日常英式用語（所以有〈你懂我的意思嗎？〉〔Do you Know What I Mean?〕這首歌）。到了一九九六年，英國國旗的圖樣無所不在，不管是汽車、吉他或迷你裙上，都可以看到。但是，「不列顛最酷」（Cool Britannia）[17]這個運動風潮在德國即使沒有比在英國熱烈，至少程度也是相當的。我每個月都會看德文版《滾石雜誌》（*Rolling Stone*），裡面盡是一些關於布勒合唱團、保羅・威勒（Paul Weller）與蓋勒格兄弟[18]的大篇幅報導，作者盡是一些五十幾歲的大鬍子德國佬，每個人都用文字填滿頁面，好像自己獨家訪問了救世主似的。即使是那些上了年紀，已經過氣的英國流行搖滾樂手在德國也是很受歡迎。漢堡廣播電台總是重複播放著菲爾・柯林斯（Phil Collins）的歌曲。艾瑞克・克萊普頓（Eric Clapton）每一場體育館的演唱會也都爆滿。喬・庫克（Joe Cocker）每次在脫口秀的節目上現身也都引來滿堂喝采。德國人把他們當成創造流行經典

16 英國BBC電視台旗下的廣播電台。

17 於一九九〇年代興盛的一種愛國風潮，以一九六〇年代的英國流行文化為號召，喚起大家對於英國的認同感。

18 Noel Gallagher 與 Liam Gallagher 兄弟，是綠洲合唱團的靈魂人物。

的大師級人物，庫克、柯林斯與克萊普頓等英國人在德國地位宛如巴哈、貝多芬與布拉姆斯。

英國電影也獲得了類似的崇高地位。電視台播放的外國節目總是會被配上德語，只有英國喜劇獲得了加上字幕的特別待遇。蒙地蟒蛇劇團（Monty Python）深受尊崇，他們還曾於一九七〇年代初期為了西德電台（Westdeutscher Rundfunk）[19]錄製了兩齣德語發音的特別節目，名為〈蒙地蟒蛇的飛行馬戲團〉（*Monty Python's Fliegender Zirkus*）。當年我在漢堡的母校舉行過一次大規模的慈善獎券義賣會，頭獎是免費搭乘一趟充滿英式風味的黑色計程車。即便食物很糟糕，德國人也不在意：英國人沒有廚藝可言，但至少他們是真的完全不會煮菜。英國食物是糟糕食物的最佳範例，就好像英國人的禮儀與好品味也是最佳範例一樣。還有，更重要的一點是跟我自己的名字有關的。我爸媽他們那一世代的人都是一些反民族主義者，因此在取名時不流行使用傳統的德國名字，我的同學們不是叫做奧圖或是卡爾－海因茲，而是叫做馬可、文森、丹尼斯或者派屈克。然而，就連「菲利浦」這個名字在德國人耳中聽來還是充滿英國味，所以我祖母第一次聽見我的名字時才會覺得不可思議，搖頭說她沒聽過那種名字。

奧地利建築師阿道夫・魯斯（Adolf Loos）曾於一八九八年的時候說，英國人是「*unsere Hellenen*」，意思是「那些英國工程師好像我們這個時代的古希臘人」，而對於我這種在一九八〇年

19　原為廣播電台，六〇年代之後發展為電視台。

代於德國北部長大的人而言,很難不把這句話當真。

　　讓人更加覺得這種「英國瘋」很驚人的是,根據歷史,漢堡市的市民對於他們的英國鄰居即便沒有心懷憎恨,至少也應該抱持冷漠的態度才是完全合情合理的。一九四三年夏天,英美兩國的飛機在十天內用九千噸燃燒彈狂轟漢堡市,大火席捲全市,而且這炸彈的用量甚至比德軍在倫敦大轟炸(Blitz)期間所使用的還多。在這次以「蛾摩拉行動」(Operation Gomorrah)為代號的攻擊中,估計有五萬平民喪生,大約相當於先前所有死於德軍轟炸行動的英國平民人數。這場「風火爆」(Feuersturm)在當地民間傳說中占有一席之地。市中心的丹姆托爾火車站(Dammtor Station)附近有一個充滿表現主義風格的荒涼雕像,就是為了亡者而立的紀念碑。但是,記得這次災禍的人們幾乎沒有去怪飛機上那些丟炸彈的人,在他們的記憶中,與其說那是同盟國的戰爭罪行,不如說是天譴。

　　這次空襲為何沒有在漢堡人的心裡留下多少創傷?理由之一在於,儘管第二次世界大戰決定了英國人如何看待德國人,但它卻未曾影響過德國人對於英國人的觀感。我們可以說,德國人的觀感並非在一九三九到一九四五年間形成的,而是在十九世紀初的那幾十年間。拿破崙於一八一五年兵敗滑鐵盧後,自此一蹶不振,德國也是一團混亂。當時德國面對的,一邊是已經脫離獨裁統治的法國,看來德國很有可能以它為藍圖,建立一個共和國。

另一方面則是英國，在滑鐵盧之役中，它成功與普魯士的布呂歇爾將軍（General Blücher）結盟，從現實的角度看來，英國更有可能在政治上領導德國。而且別忘了，一八一五年的德國根本不是統一的國家，而是一個組織鬆散，連結並不緊密的德意志邦聯。法國剛剛歷經一場政治革命，英國的工業革命也上路了。然而，德國卻還是個由封建領主與農人構成的國度，他們關注著鄰國的快速發展，大開眼界，佩服不已。克虜伯（Krupps）與西門子（Siemens）等公司的創辦人都是一些深愛英國的德國人，甚至還把自己的名字改成英文名，一有機會就到倫敦或者曼徹斯特去發展。

當時的德國的確也有一場哲學革命，但其衝擊究竟多大，卻比較難以評估。全歐洲都尊崇康德（Immanuel Kant）、席勒（Friedrich Schiller）與歌德（Johann Wolfgang von Goethe），德國哲學家在英國的聲譽卓著，這主要歸功於卡萊爾（Thomas Carlyle）與喬治·艾略特（George Eliot），他們倆都熱愛並且翻譯了德國文學。而卡萊爾的《衣裳哲學》（*Sartor Resartus*）與艾略特的《米德鎮的春天》（*Middlemarch*）不但是喬治王朝時代最重要的小說，也都廣泛地論及了德國哲學。但這樣的德國文化特色，有一部分也必須歸功於英國。歌德的精神導師赫爾德（Johann Gottfried Herder）深信，德國作家必須先放眼英倫諸島——他說，「註定要啟發我們德國人的」，就是 *Schäkespear*，即莎士比亞。如果說法國劇作家從希臘人身上尋求靈感，人稱德國「第一位詩人與思想家」的赫

爾德則是把莎翁這位英國吟遊詩人當成偶像。

這一代為德國文化奠基的德國人都無法不去正視莎翁這位劇作家。維蘭德與施勒格爾[20]兩人在世時都是因為翻譯了莎翁劇作而出名,而非因為自己的著作。席勒在校時期就很喜歡《奧賽羅》,直到死前都還想要把《奧賽羅》改編成自己的版本。面對那摧毀了古典戲劇傳統的莎士比亞,歌德總是有一種自卑感:「在閱讀莎士比亞的作品時,我常感到羞愧,因為乍看之下我往往心想:我自己可以用另一種方式來呈現。但是過沒多久,我就會發現自己是個可憐的罪人,莎士比亞的作品渾然天成,而我筆下的角色則只是出自於浪漫幻想的肥皂泡泡。」

德國人特別喜歡莎翁筆下的那位丹麥王子。歌德曾寫道:「哈姆雷特與其獨白宛如鬼魂,在德國青年的靈魂深處縈繞不去。每個人對戲中詞句都了然於胸,大家都覺得自己可能跟那位丹麥王子一樣憂鬱。」為什麼是哈姆雷特?也許線索就藏在劇本的第五幕第一景,男主角於其中被描繪為「三十歲的男孩」。十九世紀的德國也許是個古國,身上承擔重責大任,但是就經濟與政治而言卻仍未成熟:就像是一個博學但是反覆無常而且很容易受影響的青少年,亟需一個強而有力的行為典範。

———

一八二七年四月,一名德國年輕人搭船到倫敦,因為他想

20 分別指 Christoph Martin Wieland 與 Karl Wilhelm Friedrich Schlegel,都是十八、九世紀的德國文人。

要進一步了解英國這位比較成熟的北海鄰居。《晨間衛報》以簡短的篇幅宣布了「諷刺作家兼詩人海涅」的到來，並且說他與英格蘭之間有一種複雜的關係，不過他跟大多數東西之間的關係本來就是這樣。海涅通常被視為「青年德意志」運動（Young Germany）的一員，跟其他成員一樣是個浪漫的愛國志士，不過讓他更有名的是，他曾用下面這兩句話來取笑那些想要召喚一種共通德國精神的人：

當我在夜裡想起德國
睡意全都逃往別國

這是最常被引述的話，而他在一八二一年發表的《阿爾曼索爾》（*Almansor*），則讓他成為先知，如他在該劇中所寫的：「會燒書的地方，最後也一定會燒人。」那一年他跟他的同學克里斯提昂・賽特（Christian Sethe）說：「有關德意志的一切都讓我想吐。一聽到德語，我的耳朵就像要爆炸似的。當我用德文把我的詩寫出來時，它們讓我覺得好噁心。」

海涅生於一個杜塞道夫的猶太人家庭，從小就非常敬佩拿破崙，因為法國在占領萊茵蘭地區期間曾經致力於解放猶太人——晚年時他因為實在太過崇拜拿破崙，他甚至對幫他著傳的作家謊報自己的生年；他說他並非生於一七九七年，而是一七九九年：

因為拿破崙就是在這一年的霧月十八日[21]發動政變，攫取政權。但是，對於在漢堡長大的海涅而言，英格蘭在許多方面是他更直接的靈感來源。畢竟他出生證上登載的名字是哈利・海涅，因為他父親有位來自曼徹斯特的生意夥伴就叫做哈利（一直要到一八二五年他才正式更名為海因里希）。就像與他同一世代的德國文青一樣，年輕的哈利・海涅景仰莎士比亞的作品，把拜倫爵士（Lord Byron）這位英國浪蕩子的典範視為偶像，海涅早期的作品若不是拜倫作品的德文譯本，就是仿效其風格的單幕悲劇。英國這個國家最引人入勝之處，就是當德國的民族認同仍然朦朧未明時，英國人就已具有非常清楚的民族性，也就是所謂「在生活的熙熙攘攘以外仍隱然有一種秩序是大家的共識」。

最重要的是，海涅對英國之所以有興趣，是因為它向來有民主發源地的聲譽：那是一個國會議員能暢所欲言議政的國家，報紙也可以寫任何東西，統治菁英對此全無置喙餘地。一八二七年，他站在渡船的上層甲板上看著鬱鬱蔥蔥的泰晤士河兩岸，不禁高呼：「自由的國度，我向妳致敬！」並且試著讓自己相信，他離開那個到處矗立著哥德式教堂尖塔的國家，抵達英格蘭後，自由是其子民的唯一信仰，他稱之為「我們這個時代的新宗教」。英國人對於自由的熱愛也許不像法國人能為了爭自由而有滿腔熱血，但他認為，人民與自由之間的關係比較像是「老夫老妻」，激情不再，只剩下生活的常規，吃早餐時尷尬地沉默以對。但至

---

21 根據法國大革命後的共和曆法，霧月（Brumaire）是秋季的第二個月，大約相當於十月下旬到十一月下旬。

少英國人不像德國人那樣，「對自由的愛就像對老祖母的愛一樣」。

抵達英國後，海涅先去了艦隊街附近阿朗戴爾街上的「皇冠與船錨酒館」（Crown and Anchor Tavern）：其雄偉大廳的入口以燭台為門框，是激進政治思想的溫床。巴士底監獄於一七八九年被攻陷時，這家酒館是少數有人舉杯歡呼的地方之一。海涅到酒館去參加改革派政治家法蘭西斯‧博戴特爵士（Sir Francis Burdett）成為國會議員的三十週年慶，不過他對博戴特沒有多少興趣。這位德國詩人熱切地想要會晤的，是威廉‧科伯特（William Cobbett）：他四處為家，出版過很多小冊子，是個鼓吹各種理念的優秀記者。

科伯特在報上的文章讓海涅特別著迷：科伯特於一八〇〇年從美國返國後，就創立了《政治紀事週報》，而海涅是該報的忠實讀者。科伯特在世時原為堅定的保王黨黨員，但後來因為支持自由派的輝格黨而與一些被稱為「激進分子」的政治人物結盟——而那些人可說是最早期的社會主義分子。同樣地，《政治紀事週報》本來也是一份支持王權與反對法國的報紙，後來變成為反政府的抗議分子發聲。一份公開批判政府的報紙？這在德國真是前所未聞。英國最早在一六九五年就立了一部禁止審查制度的法案，而促成此事的是約翰‧彌爾頓與約翰‧洛克這兩位熱情的請願者。與此相反地，德國作家卻一直要到一八五四年才免於審查人員的摧殘；《卡爾斯巴德敕令》（Carlsbad Decrees）在一八一九

年通過後，意味著一八二○年代的作家必須特別小心。在前往英格蘭之前，海涅所寫的《思想大傳》（*Book Le Grand*）才剛剛在普魯士成為禁書，理由是「該書將會冒犯嚴肅的普魯士人」。挫折之餘，他偶爾會以審查自己的作品為樂。就像他在《思想大傳》第十二章開頭所寫的：

德國的審查官員們 —
— —
— —
— —
— — — — — — — 白癡 — — — — — — — — — — — — — — — — —
— — — — — — — — —

　　科伯特的《政治紀事週報》不用玩這種把戲。就文體而言，在「社論」的使用上，它可以說是開風氣之先：那是一種主觀的意見表達或論辯，與客觀新聞報導迥然有別。到了一八二○年代，科伯特已經成為英國激進分子的領袖之一，而《政治紀事週報》也是不滿現狀的勞工階級最常看的報紙。他針砭各種各樣的時事，寫了大量批評文字。科伯特認為社會應有不同層級之分，但他對貧困的問題有很多怨言，並將貧困定義為：「在食物、衣服與居處等方面的不足，以致無法維持健康與起碼的體面」。他

認為，土地改革是必要的，因為，「根據自然律，土地、樹木、果實與牧草都是人們共有的」。至於英國在東方建立起來的殖民帝國呢？科伯特認為，「那是一種很糟糕的惡行」。操弄股市的大戶呢？「他們好比一群群蝗蟲，肆虐的範圍不會超過首都方圓十英哩，但卻吃掉了全國四分之三的農作物。」

最近一期《政治紀事週報》吸引了海涅的目光。科伯特在報上提出了這樣的觀點：因為法國大革命剝奪了貴族與教會的特權，為了避免人民開始注意全國各地正在醞釀的社會鉅變，英國政府才會向法國宣戰。戰爭需要花很多錢，但是因為英國沒有錢，國家就需要舉債，進而拉高了稅負。這讓窮人比戰前更窮，而富人則是更有錢。簡而言之，科伯特是海涅喜歡的那種英國人，而我們當然也沒有理由認為海涅不是科伯特喜歡的那種德國人。

同時代的英國作家威廉・哈茲列特（William Hazlitt）描述威廉・科伯特心情好的時候，「和藹可親、頭腦清醒、單純而溫文儒雅，講話的語氣則是從容而鎮靜。」但是，海涅到「皇冠與船錨酒館」去找科伯特的那一天，不是個好日子。晚餐才開始沒多久，科伯特就開始攻擊博戴特，說他在新任臨時首相喬治・坎寧（George Canning）面前的表現太溫馴了。後來，主人的每個朋友於席間都試著把科伯特當空氣。科伯特越來越生氣，接著還開始罵髒話。他的頭髮是往前梳的，頭髮下方那張臉變得紅

通通。幾分鐘後，海涅也衝出酒館。一年後，當他把那次面會
訴諸文字時，那語氣聽來仍像是因為混雜著厭惡與同情的情緒
而在顫抖著：

> 可憐的老科伯特！英倫之犬啊！我不愛你，因為我的靈魂厭
> 惡一切粗鄙的東西；但是，當我看著你努力掙扎，想要抓住
> 那些在你眼前帶著戰利品逃走的國賊，看著他們嘲諷你的春
> 天沒有果實，還有你的叫囂有多無力，我的靈魂深處對你寄
> 予無限的同情。

　　我們並不知道這位德國詩人到底是聽到了什麼，才會感到如
此不悅，但是根據某些人對於當晚情況的描述，科伯特罵的都是
一些淫穢的髒話。說到罵人，他的英語的確極有創意，例如他就
曾說英國的自耕農都是一些「幫人借錢的傢伙、股票投機客、廢
物律師、收稅官、查封官（大多是蘇格蘭人），還有阿諛奉承的
店主」。在科伯特的書裡，劍橋與牛津兩所大學被描繪成「笨蛋
的淵藪」，蘇格蘭的思想家是「蘇格蘭雜學家」[22]，而報社編輯只不
過是「傭兵似的惡棍」。在他的口中，一位公爵夫人有可能是個
「老屁」，而主教則是「髒狗」。他痛罵的不只是位高權重者，就
連安靜謙虛的人也不放過，所以甚至是唱詩班成員，吃馬鈴薯與
喝茶過日子的平常人也逃不了（他說，喝茶「有害健康，會讓身

22　科伯特把"philosopher"拼成"feelosofer"，帶有貶抑的意思。

子骨虛弱，讓人變娘變懶，令年輕人放蕩，老人的景況淒涼」）。英國知名偵探小說家 G. K. 卻斯特頓（G. K. Chesterton）曾寫道，「身為一位名作家，科伯特最厲害的地方就是他使用某種特定語言的方式，而那種方式常被人們稱為辱罵。」

光是用髒話來解釋海涅在那次會面中對於科伯特的失望，是行不通的。儘管他們倆都崇尚自由，但兩人對於自由的觀念迥然有別。對於海涅來講，自由不只是要擺脫過去的宗教威權，而是要建立起一個新的信仰體系：「自由是一種新的宗教，我們這個時代的宗教」。眼看著科伯特把如此神聖的理念貶低為煽動暴民的言詞，對於海涅來講，所謂「無力的叫囂」感覺起來一定就像某種新的異端。就另一方面而言，科伯特認為自由不是抽象，而是具體的權力，有了它，人們就可以在自己的田地上耕作與散步，言所欲言，就算是粗魯的話也無所謂。自由的概念根本就不值一提，如同他在一八三一年所寫的：「權力、自由[23]，諸如此類的詞語，連一根麥稈都不值，而且通常都是被拿來騙人的。」

海涅對於自由的概念，比較像是男學生對於異性的看法，是一種以想像為基礎的浪漫理念，而非以實際經驗為基礎，根本就經不住現實世界裡那些難堪真相的檢驗。而且，在那次會面的過程中，一定有什麼事讓他像個懊惱的青少年，耿耿於懷，才會決定不跟那隻英國瘋狗站在同一邊。

在那次會面後，海涅不只突然開始貶低那個人，連整個國家

---

23 科伯特在此提到「liberty」與「freedom」兩種自由，前者為法國大革命時強調的理念，後者則是英式的概念，中文雖都翻為自由，但意義不盡相同。

也被算了進去。在一八二七年以後，每當他提及英國，總是帶著一股苦澀的餘韻。海涅對英國音樂的評語是：「英國人一定都沒耳朵，因為他們根本不懂音樂的節奏，或者任何音樂形式，更令人噁心的是，他們對於鋼琴演奏與演唱抱持著一種極不自然的熱忱。」對於英國藝術，他的看法是：「他們對於用色⋯欠缺準確度，有時候我懷疑他們的嗅覺也一樣遲鈍，像是有鼻炎似的；很可能他們光靠味道並不足以區別桑橙[24]與柳橙。」那英國人呢？他說他們是「一個長得像怪獸，陰沉而愛打哈欠的民族，光是聞到他們的口氣，就讓人覺得無聊的要死」，「上帝一定是在生氣的時候創造出那種討厭的民族」。至於英國，則是一個「早該被大海吞噬的國家，要不是大海唯恐胃部感到噁心才沒有吞了它」。英國不再是個「自由的國度」，而是一個「受詛咒者的海島」。偶爾，他那些抨擊英國的言詞聽起來跟現代某些人所抱持的偏見好像剛好完全相反：「不該讓詩人到倫敦去！那裡的一切都好嚴肅，所有的東西整齊劃一，其律動彷彿機器，即使是愉悅的情緒也會帶著一點陰鬱；誇張的倫敦會毀滅你的想像力，讓你心碎。」

　　結束英國之旅的一年後，海涅造訪皮埃蒙特地區（Piedmont）的斯皮內塔・馬倫哥鎮（Spinetta Marengo），那裡是拿破崙入侵義大利時大獲全勝的地方，他說：「讓我們稱頌法國人！他們滿足了人類社會的兩個最大欲求：美食以及公民的平等權利。」終究，他對於擊敗拿破崙的英國人心懷敬意，但卻以這種拐彎抹角的方

---

24 桑橙（horse-apples）是雙關語，也有馬大便的意思，所以這又是一句罵人的狠話。

式表達出來。

———

　　此刻我再把場景拉回二十世紀的倫敦，我們待在摩特雷克地區從一週變兩週，兩週變三週。每天我們都花很多時間找公寓，還有打電話到學校，要求與校長約時間見面。不可避免的是，有時候我們只約好了兩位校長，但學校卻在倫敦市的兩個不同方向，這意味著我們必須急急忙忙地趕往下一間學校。我們曾不只一次搭錯火車，上車後才發現整車的通勤乘客不是沒辦法，就是不願意告訴我們是不是朝著正確方向前進。我們請求旁人幫忙，但他們卻只是用茫然的眼神瞪著我們。

　　當我們好不容易抵達學校時，我通常都必須跟第六學級 [25] 的負責人見面，他們都會先帶著我在校區裡四處晃晃。大多數英國學校的校舍配置都很相像，唯一的差別在於，有些是維多利亞時代的老房子，有些則是較新的建物。每個學校的正中央通常有個「大禮堂」，顯然就是學生們開學前必須聚會的地方，而我對那種建築的印象，是覺得它們比較像是部隊營舍，而非學校裡的樓房。在學校走廊上，穿著學校制服的孩子在我們身邊來來去去，他們也讓我感到有點困惑：他們簡直就像是一支英國機器人紳士大軍，一個個都像是迷你版的科學怪人，與帶著我逛學校的那個老師之間的談話往往簡短而空洞，活像是行軍禮。「是的，老師。」

25　The six form：指英國中學學制中最高的年級。

「謝謝，老師。」「當然了，老師。」他們的確很有禮貌，但也有靈魂嗎？

我在我們拜訪的最後一間學校被嚇到了，我們走進學校入口時，經過了一個臉色慘白，穿著迷彩服的男孩，他守在那裡，手裡揮舞著一支看來很像步槍的東西。校長解釋說，這是每年「停戰紀念日」（Armistice Day）的活動。真不知道我該笑他們居然用帶槍到學校裡來紀念停戰，還是應該為了那個男孩的面無表情而哭一場。

面談後，我們開車到希斯羅機場去，搭飛機回漢堡。當我們的車子穿越一排又一排的郊區房屋時，我把頭貼在車窗玻璃上。每一間屋子都有一條鋪著維多利亞風格磁磚的小路，通往屋前門廊，前面的牆壁都是灰泥材質，上面都有一扇小凸窗，從窗口就可以看到大廳的樣子。每一家的門階上甚至都還有一個小托盤，上面擺著六個空的一品脫容量牛奶罐。唯一不同的是，每一家的前門是以不同顏色漆成。我們停在一道斑馬線後面，等待一群男學生過馬路，他們全都穿著一樣的連帽粗呢外套與短褲。他們看起來都像是伊妮・布來敦[26]故事裡走出來的人物。事實上，這景象跟過去我看的那些有關英國的書籍與電影內容簡直一模一樣。難道這是個一成不變的國家嗎？

回到漢堡後，在等待學校入學通知的同時，我把從圖書館借來的那一本海涅的《英國雜論》（*English Fragments*）拿去還，另外

26　Enid Blyton，英國二十世紀兒童文學家，著名作品有 Famous Five series、the Secret Seven series 等。

借了一本小說家兼詩人德奧多爾‧馮塔納（Theodor Fontane）的散文集——他曾是普魯士王國情報機構的倫敦特派員，也翻譯了很多莎翁的作品。馮塔納跟海涅一樣，帶著一股對於英國的熱愛造訪英國，但眼前所見到的一切很快讓他感到膩味。令他不解的是，為何英國人對於唱歌跳舞情有獨鍾，但也不知道為什麼他們都欠缺藝術天分：「如同先前許多人所指出的，音樂簡直就是英國的阿基里斯腱。」馮塔納特別試著去說明，英國人的生活之所以會令人感到極度厭煩，就是因為千篇一律，他繼續分析道：「英國與德國之間的關係，就像是形式與內容，像表象與本質。」讓他覺得無聊至極的最佳範例，是所謂的「英國人的星期天」：「所有的暴君都死了，只有一個還活在英國，他叫做『星期天』。」英國不只是個崇拜自由的國家，還是非常重視「做禮拜」的國家。英國的星期天在一整週裡的地位，就有如星期天那塊烤肉在整頓飯裡面的地位：你以為它有多麼浪漫有趣，結果卻無聊到令人受不了。馮塔納請他的讀者想像一下某個美酒喝不盡，不停唱歌，美女如雲的夜晚，等到隔天的第一道陽光灑進來時，大家才看到蠟炬成堆，四處破杯：「倫敦人就是這樣過星期天的」。

　　但是，馮塔納說的並不都是壞話。如果英國人天性陰鬱無聊，倫敦卻恰恰相反：從河裡的船隻看倫敦，它顯得如此堂皇平靜，西堤區 27 廣袤無邊，熙熙攘攘，而華燈初上的西區（West End）則像是仙境。倫敦有綠草如茵的公園與門庭若市的酒吧，

27　The City，西堤區，倫敦最古老的城區，因此名為「the City」，為了避免與倫敦市搞混，因此音譯為西堤區。

教堂以大理石為材質，還有用玻璃蓋成的宮殿，光是夜間的衛兵就比德國薩克森邦（Saxony）的軍隊人數還多。最後，馮塔納承認，英國的首都「實在令人讚嘆，無與倫比」。

這聽來讓我對前途充滿希望：雖然星期天的烤肉餐會無聊至極，但倫敦卻截然不同，充滿異國風情與刺激的事物，而環繞它的郊區則是一片平靜。一週後，幾封貼著英國郵票的信件寄到我漢堡的家中，興奮的情緒第一次湧上我心頭。有四封信拒絕了我，一封則是入學通知，就是有一支機器男孩大軍的那間學校。我爸媽立刻回信答應。此時我已經沒有回頭路了。

———

事實證明，海涅的自由理念太過崇高了，與英國的政治現實並不相容，看來也很難在他的祖國付諸實行。到了一八三○年，德國全境都因為重稅與政治審查制度而引發動亂。德國與北邊的丹麥以及西邊的法國也出現了緊張的外交關係。民族主義的情緒高漲，大家的願景是想要一個統一的德國，這個理念充分展露在當時很流行的一首歌裡面，而它後來也變成了德國國歌：「*Deutschland, Deutschland über alles*」──〈德意志，德意志高於一切〉。兩個偉大的思想家去世了（黑格爾於一八三一年走了，而歌德則是在一八三二年撒手人寰），這讓大家感覺到那個重視哈姆雷特式自省的年代即將告終。到了一八四八年，大家的

情緒終於沸騰了起來。二月份的時候，法國人起義逼迫法王路易·腓力（Prince Louis Philippe）退位，此事促使德意志邦聯各邦人民發起了類似活動。到了三月三十一日，一個由德意志各邦代表舉行的會議於法蘭克福的聖保羅大教堂舉行，那是個有國會雛形的會議。法蘭克福會議的結果是，大家倡議推動一個與英國模式有幾分相似的行憲君主國，由普魯士國王以邦國元首的身分行事，恪遵憲法。但是就跟英國內戰[28]一樣，實際的結果跟大家原先所設想的結果並不相同。

四年前，詩人斐迪南·佛萊利格拉特（Ferdinand Freiligrath）曾寫一首詩質問過去那個宛如哈姆雷特的德國是否有能力喚回自由的鬼魂。他的結論是，德國這個青少年已經花太多時間待在床上看書了，缺乏大家一起發動革命的決心：「他已經把思想當成行動了」。事實證明，佛萊利格拉特是對的。德國國會猶豫不決，而各地追求自由的行動則遭到鎮壓。到了一八四八年年底，普魯士國王腓特烈·威廉四世（Friedrich Wilhelm IV）又再次與俾斯麥（Otto von Bismarck）所領導的一群貴族與將軍站在同一陣線上，德國的第一個國會在一八四九年六月遭到解散。

儘管德國可能已經越來越不把英國當成政治體制的典範，但他們對倫敦卻在此時變得興致勃勃。法國的路易·腓力、普魯士的王儲[29]，還有梅特涅伯爵[30]：他們都在一八四八年搭船逃往倫

---

28 指英國議會派與保皇派之間在1642年至1651年之間發生的一系列武裝衝突與政治鬥爭，史稱「the English Civil War」。
29 在此指的是未來的「德意志皇帝」William I。他在柏林暴動的時候，使用武力，因此非常不受歡迎。他是當時普魯士國王威廉四世的弟弟。
30 Count Klemens von Metternich，奧地利首相，保守勢力。

敦。然而，英國不但在革命爆發之際為來訪的歐陸貴族善盡地主之誼，當革命失敗後，它也為逃離各國的自由派人士提供庇護。馬克思（Karl Marx）於一八四九年遷居英國，到一八五〇年，恩格斯（Friedrich Engels）也來了。一八〇〇年的時候，大約有六千名德國人住在倫敦。到了一八六一年，人數變成兩倍，德國人的人數與法國人相較是二比一。到了十九世紀末，數量已經成長到幾乎高達三萬人，此時已經是旅居英國的最大西歐社群。白教堂（Whitechapel）、斯特普尼（Stepney）以及麥爾安德（Mile End）等地到處都出現了被稱為「小德國」的德國人社區；而哈克尼（Hackney）則是在一八四五年有了第一家德國醫院；到了一八六一年，國王十字火車站（King's Cross）附近成立了一個「德國體操社」（German Gymnasts' Society）。東區的外國移民社群有很大一部分由德國的糖廠工人組成，當地一個被稱為「糖堆」的音樂廳是他們專屬的用餐地點，當時甚至還有一份名為《赫爾曼報》（*Hermann*）的德文報紙。旅居英國的德國人除了烘焙業之外，主要都在服務業工作，因為人數實在太多，有名德國移民還抱怨：英國人都「把我們當成一個是服務生與美髮師的民族」。

在德國人的記憶中，一八四八年的革命並未改變任何事。但就算沒有改變別的，至少也大大改變了英國人對德國人的觀感。直到一八四八年，英國人都認為德國人的腦筋很好，但是對政治漠不關心，因此沒什麼傷害。德國移民於一八四八年之後湧入英

國，改變了英國人的這種看法。亞瑟・柯南・道爾於一八八七年出版的《血字研究》（*A Study in Scarlet*）是福爾摩斯探案系列的第一個謀殺疑案，情節聚焦在布里斯頓路附近一間骯髒公寓裡的淒慘命案現場：一具男屍的臉扭曲變形，「那表情恐怖無比…我從沒有看過那種人臉」。福爾摩斯在對面的一片灰泥牆面上發現了用血紅色字母寫的R-A-C-H-E字樣。在場那位警官的結論是，某個叫做瑞秋（Rachel）的女子一定與這樁兇案有關。福爾摩斯糾正了他，據其解釋，事實上*Rache*在德文中是「復仇」的意思。故事的另一個轉折出現在福爾摩斯與其助手華生醫生離開現場後。大偵探對他那位困惑不已的助手說，那幾個字母，不是德國人寫的：「如果你注意看，就看得出那個A字多少是仿造德文的樣式寫出來的。但是，真正的德國人卻總是會寫拉丁字母，所以也許我們可以有把握地說，那不是德國人寫的，而是個模仿過頭的笨拙模仿者。」於是，那些血字實際上是用來轉移注意力的，「是為了誤導警方辦案的障眼法，暗示此案與社會主義以及秘密會社有關。」

這個極短的段落只是暗示了，事實上到了一八八七年，過去曾被海涅與馮塔納看得一清二楚的陳舊刻版印象已經快要過時。一些新的民族特性正在成形。英國人不是全都像福爾摩斯小說裡萊斯崔德探長與其手下警察那樣嚴肅而乏味，也有像福爾摩斯那種人，也就是說，雖然表面上看不出來，但其心智卻銳利無比，

還有一些奇特的怪癖。就另一方面而言,「德國人」這個詞再也不是代表浪漫而愛作夢,而是不理性的行為,大體而言,還有一種魯莽的性格:「條頓式的狂暴」(*furor Teutonicus*)一詞本來是古羅馬詩人盧坎(Lucan)所創,用來描述羅馬時代日耳曼部族的暴戾脾氣,也在此時成為英國人使用的詞彙。歐陸家庭中一個比較晚發展的成員變成了一個脾氣暴躁而衝動的青少年,一隻愛惹禍的害群之馬,這匹馬與其他成員之間的一場大戰也正在醞釀之中。

CHAPTER 2
從電影《藍天使》談起

　　一九九七年夏天的最後那幾週熱到讓人幾乎受不了。我一直在冒汗，整天都待在那一間位於貝里聖艾德蒙茲鎮（Bury St. Edmunds）的都鐸時代建築裡，房子歪歪斜斜，它的木造屋頂讓人覺得好悶熱。把家當都運到我們在摩特雷克租的公寓之後，爸媽堅持我該在學年開始之前先去上密集的語言課程，儘管我覺得這只不過是極度浪費他們的錢，還有我的寶貴時間而已。每天早上從九點到十二點，我總是漫不經心地瀏覽著手裡的介係詞表以及總是背不完的不規則動詞清單。「吃東西」的三態變化，eat — ate — eaten。「原諒」，forgive — forgave — forgiven。「搖動」，shake — shook — shaken。「拿走」，take — took — taken。英語文法實在有點奇怪（為什麼「拼字」的變化是spell — spelt — spelt？），但沒那麼複雜。我一開始就輕輕鬆鬆地通過考試，於

是我對英語的印象是它根本就沒什麼，只是課非上不可。

考完試之後，我們的老師威爾要我去教師休息室一趟。他是個剛剛從劍橋大學畢業的老師，留著像休‧格蘭（Hugh Grant）一樣的亂髮，襯衫口袋裡永遠都塞著一包紅色的萬寶路香菸。他說，他樂見我有好的考試成績，但我是不是可以考慮在課堂上表現得謙虛一點？如果我以為想要把英文說好，只需搞懂正確文法，那我就弄錯重點了。他說，如果我想把英文**說好**——此時他從皮革書包裡拿出一本快被翻爛的企鵝版《哈姆雷特》，就不能只是把語句結構、動詞用法以及逗點規則學好就感到滿足。真正把英語說得很棒的，是那些打破規則，讓語言再次具有可塑性的人。

他說，我想不想學會怎樣把英文講得出神入化？

我用力點點頭。如果能夠用莎翁的作品來起頭，那是再好不過了，他可是德國詩人與思想家們的守護聖人啊！

讓我感到困惑的是，他把那本書收進書包裡，上課時再也沒有拿出來過。結果我發現，學習英語的敲門磚不是哈姆雷特，而是一捲錄影帶，裡面錄了一集《盲目約會》（*Blind Date*）。那是個一九九〇年代初期的電視節目。節目中有一個部分被老師重覆播放了好幾次。某位二十出頭的小伙子唸出一個問題：「如果我們第一次出去約會就親妳們，妳們會怎樣？」牆的另一邊有三個女人，其中一個髮色深褐的捲髮妹說：「老兄，在你試著拉住我之前，你會被我拉上英國海軍的貝爾法斯特號，被載到大海上。」

威爾老師解釋說，這就是英國人最愛的典型文字遊戲。英語的美感來自於你總是可以用一種比較委婉的方式來表達它。想說廁所時，你可以用「廁所」一詞，或者也可以說盥洗室（lavatory）、盥室（lav）、洗手間（restroom）、衛生間（loo）、茅房（bog）、茅廁（john）、水廁（water closet）、華盛頓俱樂部（WC）、男廁（Gents）、女廁（Ladies）等等。他說，英語是這世界上最有創意的語言。

我不確定當時我真的了解威爾的重點，但是到了課程快結束時，我已經隱約可以體會他試圖說明的是什麼了。我揮別老師們，爸媽把我從薩福克郡（Suffolk）載回薩里郡（Surrey）。那是九月的第一天。我們在倫敦郊區的一間加油站停了下來，我看著車窗外面，注意到一張破爛的《倫敦標準晚報》（*Evening Standard*）海報，上面用嘲諷的語氣寫了一排字：「多迪[31]與黛安娜身亡」（Dodi and Di Dead）。等到我們的車開回下摩特雷克路的時候，我把那幾個音節在腦海裡重新排列組合：多—迪，迪—多，戴—戴。那新聞標題所報導的是令人如此悲傷的一件事，但只要稍稍改成「Dodi and Di Die」，唸起來就像「多迪與呆呆」，多麼好笑啊。在那個當下，我深信自己已經搞清楚那些以英語為母語的人是什麼心態了：即使是在最不適當的時刻，這種語言仍然無法不玩文字遊戲。在各種語言所組成的家族裡，英語就像是個令人尷尬的父執輩人物，即使在葬禮上還是要講黃色笑話。哈姆雷特王子的悲劇難道不是跟那個骷髏頭密切相關嗎？那個宮廷弄臣約瑞

---

31 多迪是指黛安娜前王妃（Princess Diana）去世前的情人，多迪・法耶德（Dodi Fayed）。

克的頭骨，莎翁筆下那個「不斷搞笑的傢伙」。也許英語畢竟跟我在書上看到的有所不同，它並不是那麼陰鬱而僵化。所以，是不是也可以把那個新聞標題下成「多迪與黛安娜跟渡渡鳥一樣皆已作古」（Dodi and Di Dead as a Dodo）──聽起來就像「多迪呆呆多多」？你瞧，我居然這麼快就破解了英語的秘訣。誰說我在這裡會混不下去的？

到了九月的第一個禮拜，氣溫陡降，雨雲始終聚集在空中，天色好像始終眉頭深鎖。在英國人的共同回憶裡，一九九七年九月是個國殤月，王室的表現進退失據，反應慢半拍，但對我來講卻因為與外界隔絕而很快樂，勤於學習的我非常忙碌。連續好幾天的時間我一早起來就拿報紙、雜誌與小說起來看，用黃色麥克筆乖乖地把我不懂的字劃下來，查閱字典，然後用德文把字義寫在一本黑色小筆記本裡。有些字我從小就以為是英文，但實際上卻早就沒人在使用了。人們穿在身上的套頭毛衣應該是叫做「jumper」而不是「pullover」。德國人說「handy」是代表行動電話，但在英語裡面卻是個形容詞，意思是「方便的」。在英式英語中，「beamer」是BMW汽車車主對於愛車的暱稱，而在德語中，那卻是一種放映影片的設備。其他有很多字聽起來都好像德文，但意思卻截然不同。我學會了「preserve」是果醬，跟德文的 *Präser* 不一樣，不是指保險套，而「puff」也不是妓院，而是一陣煙。德文的 *Miete*（租金）在英文裡不是「meet」，而是

「rent」。但是德文的 *Rente*（養老金）在英文裡則是「pension」，
而非「rent」；至於德文裡的 *Pension*（小旅館），在英文就變成了
「guest house」，而非「pension」。英文的「to wink」（眨眼）不
是指揮手，而「to wank」（手淫）的意思，絕對不是指顛簸地行走。

　　所幸，這種看似相同實則不同的情況畢竟是少數，而真正極
其相似的情況卻很多。先前要開始放假的時候，我接到一封學校
的來信，裡面有下學期的教科書清單，裡面包括一本二十世紀的
詩集。有天我在翻閱那本書的時候，發現了一首湯瑪斯·哈代
（Thomas Hardy）的詩作，〈這真可惜〉（The Pity of It），這首詩清楚
地指出了英德兩國在語言上的相似性。某次哈代行走於罕布夏郡
（Hampshire）鄉間一個「遠離鐵路與公路」的地方，透過當地方
言，哈代察覺了英語中的德語遺緒，能夠聽出來之處包括

　　許多古字
　　像當地從以前流傳下來的「Thu bist」與「Er war」，
　　還有「Ich woll」以及「Er scholl」……32

　　哈代認為，在第一次世界大戰中交戰的雙方其實有共同的背
景，因此並非文化衝突：

　　不管是誰

---

32 「Thu bist」類似於德文裡的「du bist」（你是），「Er war」是「he was」（他
　是的過去式），「Ich woll」是德文的「I wanted」（我想要的過去式），而「er
　scholl」則與德文的「er soll」（他應該）很像。

> 追根究柢，在有如血親，語言相似的我們雙方
> 挑起戰火，
> 都是邪惡、醜陋、可怕的，不管他們多有名。

　　這讓我想起我的祖母，她生前能說流利的 *Platt*，也就是低地德語[33]，而當她要說「水瓶」這個詞的時候，用的是與「bottle」相似的 *Buddel*，而非一般德語所說的 *Flasche*。至於，她口中的「水」則是跟英文相同的 *Water*，並不是德語的 *Wasser*。即便是英語裡的「love」（愛），在德語中也有一個關係不算太遠的親戚叫做 *Liebe*，它們的始祖都是哥德語裡面的 *lubo*，後來透過古代高地德語（Old High German）的 *luba* 以及古弗里斯蘭語（Old Frisian）的 luve 而發展成古英語 *lufu*。

　　學期一開始時，我信心滿滿。開學日那一天，我六點半就起床了（英語中也可以說是「half six」），而非 *halb sieben* 起床（這種德語的說法簡直就像是英語裡的「half seven」）。我穿上我那件全新的斜紋棉布褲，把藏青色的襯衫鈕釦扣上，綁好黑色皮鞋的鞋帶，穿上我爸那件老舊的條紋夾克，就像英國人說的，「suited and booted」──穿好衣服，套上鞋子。接下來是領帶──這個字就比較合理，不用多做解釋了，因為「tie」這個字本來就有打結的意思，而領帶就是在脖子上打個結；相較之下，德文的領帶是 *Schlips*，就不是這麼一回事了（順帶一提，千萬別把

33　Low German，德國北部、丹麥南部與荷蘭東部的方言。

*Schlips*跟另一個德文字彙*Slip*混為一談，而*Slip*與英文的「slippers」，也就是脫鞋一詞根本沒有關係，卻是一種內衣，也就是英語中的「knickers」——女用三角內褲；英國人會說，「get your knickers in a twist」，意思是扭個屁股就把內褲穿好；還會說，「twist your lip into a slip of the tongue」，指的是嘴唇一歪，就把話給講錯了——而我菲利浦．歐爾特曼在英國的開學第一天並沒有幹這件蠢事，謝天謝地）。我爸在校門口讓我下車，自信滿滿的我跟著一群穿西裝的年輕紳士們一起快步走入學校的主樓。

那天第一堂課教的是進階英國文學。我們的老師P先生做了自我介紹，他解釋說，他這學期必須教我們莎士比亞的《哈姆雷特》。我注意到P先生穿著一件被德國人稱為*ein Pullunder*，英國人說是「tank top」的無袖套頭毛衣，而英文裡的「tank」這個字到德文裡就變成了*Panzer*（坦克車）。P先生接著說，不幸的是，我們的雅登版（Arden）《哈姆雷特》還沒送來。於是，今天我們必須換成閱讀講義上列出來的那一本詩集。他把釘好的影印課文發下來給我們。P先生表示，若想要真正了解一首詩，就必須大聲把它朗誦出來。前排這位高高的年輕人是否願意為我們起個頭？

全班二十五雙眼睛都盯著我看。我很快地掃視一遍，發現那是一首溫蒂．柯普（Wendy Cope）所寫的詩：〈詩人之不確定性〉（The Uncertainty of a Poet），詩的前三節是這樣的：

　　我是個詩人
　　我很喜歡香蕉

　　我是個香蕉
　　我很喜歡詩人

　　我是個香蕉詩人
　　我很喜歡

　　蕭伯納（George Bernard Shaw）曾經抱怨過英文的拼音實在沒甚麼道理，理由在於，從發音來講，像「fish」（魚）這個字，大可以被拼成「ghoti」：因為「tough」裡面的「gh」不是發「f」的音？「women」的「o」唸起來跟「i」一樣，而「nation」的「ti」不是唸「sh」嗎？「Banana」（香蕉）這個字，就像蕭伯納那一條滑溜溜的魚，讓我覺得文字真的長了一層香蕉皮似的。我當然知道它是什麼意思，但要怎麼唸呢？「a」這個字母應該像「father」（父親）裡的「a」一樣唸長音，還是像「hat」的「a」，唸短音？還是它比較像是「able」的「a」，唸起來是「ay」，或者就像「umbrella」的「a」，直接唸「ah」就可以了？
　　「你可以開始唸了嗎？」
　　我決定採取分散風險的策略。於是每碰到「bananas」這

個字我就改變唸法:「bawnanners」、「bannannahs」、「bay-nanis」、「barnarners」…。每當我唸到「bananas」的時候,我就覺得我的臉紅了,隨著同學的咯咯笑聲在教室裡傳來傳去,我的自信早已掉到地板上,消失無蹤。「沒關係,你不用把詩唸完。」接下來一整堂課的時間我的頭都低低的,只敢注視著眼前的書桌。

就連另一個男孩開始朗誦希薇亞・普拉斯(Sylvia Plath)的時候(她的母親是美國人,父親是德國人),我也沒抬起頭。她的詩是這樣的:「舌頭卡在我嘴裡/落入鐵絲羅網中/我,我,我,我」(這裡的「我」是德文,應該唸「Ich, ich, ich, ich」,卻被那男孩唸成了「ick, ick, ick, ick」):

> 我幾乎說不出話
> 我把每個德國人都當成你
> 德語變得好淫穢
> 像個猶太人似地對我發出嘶嘶音響。[34]

直到我來到英國之前,我從未想過不是只有德國人被嫌醜,就連德語也是。此刻,每當機會來臨時,總有人會提醒我這件事。搭公車回家時,我坐在兩個男孩後面,他們把教科書裡的德文字彙唸給對方聽,好像在描述什麼不可告人的下流性事:

[34] 這首詩是普拉斯所寫的名作,〈爸爸〉(Daddy),詩作裡面表達出強烈的戀父情結。普拉絲的父親是個納粹的支持者,偏偏其母卻又是猶太人,因此這首詩可能是表達出她內心的許多衝突。

Botschaft（德文的「訊息」，聽起來像是「bot shaft」），*Wunderbar*（德文的「精彩的」，聽起來像是「wonderbra」——魔術胸罩），*Brustwarze*（德文的「乳頭」，卻變成了「breast warts」——乳房的肉瘤！），還有 *Schmetterling*（「蝴蝶」這個詞的法文 *papillon* 聽起來好浪漫，西班牙文的 *mariposa*，阿爾巴尼亞文的 *flutur* 則很像英文的「fluttering」，意思是「振翅」，而日文的 *chou chou* 則像是呢喃低語，但到了德文，聽起來卻像是「smasher–ling[35]」——小型的食物處理器）。

　　德語的兩個特色讓人覺得特別好笑。其中之一，是「ch」這兩個字母唸起來像刺耳的清喉嚨聲，另一個則是德文字彙使用了大量的「sh」與「f」的音，不過它們聽起來就比較柔和了。坐在我前面座位上的兩個男孩們好像知道數不盡的例子似的：*Flaschenpfand*（瓶子存放處）、*Schadenfreude*（幸災樂禍）、*Faschismus*（法西斯主義），還有 *Arschloch*（屁眼）。英文的「damp」（潮濕的）到德文之後變成了 *Dampf*，也就是「水氣」。德語給人的印象是德國人好像老是處於發脾氣的邊緣，如同能講多國語言的西班牙外交官薩爾瓦多・德・馬達里艾加（Salvador de Madariaga）曾說的：「若要德國人乾淨俐落地唸出 P 這個字母，唸完後他們的靈魂深處總因怒氣而殘留著壓力。」其中一個男孩在特威肯漢站下車。當巴士要離開公車站牌的時候，他對著他朋友比出機關槍的手勢，同時大叫：「Ich liebe Dich, Schweinehund!」（「我愛

---

35 「ling」這個字尾在英文裡有「幼小」的意思。

你，賤人！」）這句話的笑點在於，德文的「我愛你」聽起來就像「我要殺了你」。

　　人們討厭的並不只是德語聽起來很吵。除了那嘶嘶嚓嚓的發音方式之外，最惹人厭的，是那些寫起來好像沒完沒了的字詞。選修高級德文的男孩們最常抱怨的一件事，就是德國人常常寫出那種長達一整頁，裡面充滿了附屬子句以及插入語的句子，讓讀者唸起來就像快要斷了氣──此現象可說是德語文法規則把動詞置於句尾的副作用。馬克‧吐溫與他所謂「討人厭的德語」之間就有一種愛恨情仇的關係，每當某個德國文學家開始潛入他的「句海」之後，「等到他最後嘴含動詞，從海裡冒出來的時候，人已經在大西洋彼岸了」。德語的長句似乎反映出一種智性層次上的浪費與遲緩。德語是一種充滿了動詞變化的語言，而它的那些「語助詞」也的確造成句子的不順：像是 *halt*（只有）、*eben*（只是）、*nun*（現在）、*mal*（一次）、*schon*（已經）、*doch*（可是）、*ehe*（以前）、*ja*（的確）、*irgendwie*（無論用什麼方式）等贅字都會讓句子的文法結構變得更為複雜，無法澄清其意義。如果德語是一條道路的話，肯定是那種漫長蜿蜒的路，每個路口都設有減速丘與紅綠燈，每一小段路就立了一個速限標誌。

　　相較之下，英語似乎像是一條高架道路，它不只容忍你的速度，甚至主動鼓勵你加速。第一天上學時，我無意間聽到英文課的某個同學抱怨說他媽忘記把他的「sarnies」（三明治）放進

包包裡了，這讓我感到十分驚訝。與德文的 *Butterbrot* 相較，英文的「sandwich」（三明治）本來就已經較為優雅而簡潔了，但英國人顯然非常執著於進一步簡化他們的語言：就像他們把一頓豐盛的午餐簡化成三明治一樣，「sandwich」當然也可以簡化成「sarnie」。稍後我又學到了，假使那個同學的媽媽記得幫他把三明治裝進包包裡，那麼當他說那點心很「美味」的時候，用的不會是「delicious」一字，而是「delish」。他們說，高年級交誼廳裡面的沙發坐起來很舒服時，不會說「comfortable」，而是「comfy」。英語恰似一輛昂貴的一級方程式賽車，為了改善其速度與操控性，必須時時進實驗室裡做實驗——每次我在課餘時間欣賞英國電視節目時，總是一再印證了我的結論沒錯。只要看過德國脫口秀節目的人都熟悉德國人如果想看起來一副很聰明的樣子，講話的速度會慢得像在唱歌一樣：他們會慢慢地把各種附屬子句與贅字堆積起來。德國脫口秀主持人很少打斷他們的來賓——就好像那些句子本身都是不能停頓的。相較之下，英國的脫口秀則像是一場混亂的拔河賽，大家在講話時都常被打斷插話，隨時準備好要重講。

　　如果 P 先生不當老師，肯定會是個很棒的脫口秀主持人。他出生於倫敦的東區，在牛津大學接受教育，講話時偶爾會習慣性地把字裡面的 T 跟 H 省略掉，所以「What's Hamlet's motivation in this scene?」（在這一景戲裡面，哈姆雷特的動

機是什麼？）會被他唸成「Wha's 'amlet's mo'ivation in this scene?」，但另一方面卻像抽筋似地，會很快地把「the」重覆個好幾次：「Hamlet believes that nothing is real apart from in the-the-the the mind of the people.」（哈姆雷特相信，只有在人們的心靈世界中，一切才是真實的）。我後來才知道同學都叫他「口吃的牛津生」，我覺得他簡直就像猛催速度的賽車手。P先生可以一邊思考，一邊還是滔滔不絕地講個不停。當他摧到極速時，簡直就是無人可擋，儘管英語有很多含糊的地方，他還是能把油門踩到底。他教我們哈姆雷特的遺言「其餘只剩沉默」（the rest is silence），讓我們藉此了解到哈姆雷特的話有多重要，還教我們那些「品特式的停頓」[36]，但他自己的說話方式卻完全不是這樣。他講的話像連珠炮似地又多又快，難免讓人以為他的薪水是依據一小時講幾個字來計算的。我聽得懂他在說什麼嗎？那就另當別論了。P先生有一種能夠「深入閱讀」的天賦異稟，總能以令人意想不到的角度去探究作品的複雜之處，而且他可以花幾小時爭辯某個小細節——以濟慈的詩作〈秋賦〉（To Autumn）為例，他就會問說，那垂掛在「小屋旁佈滿苔癬的樹林」裡面的，到底是脆脆的「布雷本蘋果」（Braeburn），還是多汁的「考克斯蘋果」（Cox）。他曾經把自己的手法比擬為一個潛水夫，試著把一個文藝復興時期的大教堂裝滿水，必須潛進去才能近距離欣賞壁畫。第一學期結束時，我們連《哈姆雷特》的第一幕

36 品特是指哈洛・品特（Harold Pinter），得過諾貝爾獎的英國劇作家。

第二景都還沒上完。

　　德文裡面就沒有這種「漫談」的現象。即便當德國人針對某個不相關的細節發表長篇大論時，因為語言結構的關係，他們的話語表面上聽起來仍能有某種目的與方向。德文的 *Begriff*（概念）這個字來自於動詞 *greifen*，意思是緊抓、抓住或者握住：德文最傑出的特色之一，就是能牢牢地掌握一些特定的意義。像是英文的「to put」（放置）可以被翻譯為德文的 *stellen*，但是德文卻可以把這個字變得更具體：*einstellen*（放進去）、*vorstellen*（放在前面，或者是介紹）、*wegstellen*（拿開）、*hinstellen*（放進某個地方裡）、*abstellen*（放下）、*durchstellen*（完成）等等。它給人的印象就像一個抓地力特別好的輪子。還有，德文用來建構語句的方式就是能讓以它為母語的人感到自在與鼓勵。假設某個德文的句子以一隻貓為主詞，我也許無法立刻獲知牠是不是會抓到老鼠，撞倒一瓶牛奶，或者被車輾死，但至少我知道在句子結束時，某件事會發生在牠身上。

　　等到聖誕節來臨時，我就承認自己失敗了。顯然我永遠無法像我同學們那樣徹底精通英文。也許我可以學會用一千個不同的字彙來表達「廁所」、「啤酒」、「晚餐」或者「親吻」等詞彙；甚或我也可能靠自學而講話有幾分像那個「口吃的牛津生」，但是在語言這條路上，總是難免會去踩到香蕉皮，因而跌一跤。德國人的腦袋太遲鈍，所以學不好英文詞語，而英語的句子對德國人

的靈魂來講又太有彈性了，因為他們渴望的是能讓他們安心的精準度與可預測性。英語既優雅又充滿智慧，總是在嬉鬧，但如果我想知道自己說到哪裡，它的幫助並不大。

―――

　　從歷史的角度看來，德語文法中所展現出來的決心與方向感是經過很長一段時間才開始在德國的政治面向上產生影響。德國的這種各地相異、不集中統一的特性在十九世紀的頭十年造成了動盪不安，這種狀況在世紀交替過後仍然持續存在著。[37] 弔詭的是，在極度反動的德國宰相俾斯麥之領導下，德國居然在許多方面都成為一個較為激進的國家。俾斯麥邀請自由派人士重回國會，而在這之前，他已經把一個福利國家的雛型給建立起來了，到了一八七一年，德國終於成為一個統一的民族國家。拜統一之賜，經濟也有所成長――儘管與超級強權英國相較，德國的工業還是很弱，也不像英國有個擴及全球的商業網絡，還有能夠保衛帝國的強大海軍。然而，此時德國人在心態上還是甘於固守一隅，著眼在國內，只要國內繁榮就滿足了，作風封閉，同時也拙於外交事務。德皇威廉二世於一九〇八年接受《每日電訊報》專訪時，本來是打算針對英德兩國情誼說些好話，但最後他所疏遠的不只是全英國的讀報群眾，連他自己的政治顧問都不想理他。（在專訪時他曾說過這樣一句令人難忘的話：「你們英國人都瘋

37　作者在此指的是神聖羅馬帝國並未展現出對抗拿破崙的決心，因而土崩瓦解，造成了後來德意志邦聯的混亂情況。

了，瘋了，簡直像三月的野兔一樣瘋狂」。）顯然這位「德版哈姆雷特」[38] 是個學習能力極弱的傢伙。

有人覺得應該把此一特性變成某種德性。在一九一四年，也就是第一次世界大戰爆發前不久的時候，幾位德國知識分子曾想用 *Sonderweg*（特別的道路）這個德國特有的觀念來幫德國辯護。提出其中一個理論的人是小說家托馬斯・曼（Thomas Mann），他認為與其他國相較，德國就是想的比較多，比較喜歡進行哲學思考：它是個「文化體」，而不是像法國或義大利那種「文明」。另一派說法則主張德國的運作方式與其他歐洲國家迥然有異。德國人都是居住在鄉間的社會裡，而不是都會式的群居處。如同社會學家佛德里希・托尼斯（Friedrich Tönnies）所指出的，德國人的社群是 *Gemeinschaft* 而非 *Gesellschaft*，前者是關係比較緊密的「共同體」，後者則是心態較為開放的「社會」。還有另一些人則認為德國人的特殊性是比較本能式的，如同理論家韋納・宋巴特（Werner Sombart）所宣稱的，德國是一個重視「英雄」與「夢想家」的國度，理想性格濃厚，而相較之下，英國則是重視市場，商賈與店主是該國的代表人物。弔詭的是，大家似乎都認為，德國人的心態雖然與其鄰國都不相同，但同時就地理位置而言，卻被夾在中間：一邊是走資本主義路線的英、法，而另一邊則是沙皇的俄國，讓他們天生就像是患有 *Platzangst*──幽閉恐懼症。不管德國的這種特性到底原因何在，大多數人都同意的是，這樣特有

38　一九二六年在柏林上演的《哈姆雷特》，將克勞地國王的宮廷諧仿成威廉二世宮廷的腐敗和逢迎諂媚之能事。

的處境的確是後來造成軍事衝突的充分理由。

　　戰敗時，德國自然而然會像哈姆雷特一樣自我反省。不過，此時卻發生了一件趣事。過去一百年間德國向來重視的是內在世界的求索，居然也開始重視與鄰國重新建立關係。一九一九年七月三十一日，德國的新憲法在圖林根州的小鎮威瑪（Weimar）簽署了。從這份文件裡面俯拾皆是的濃厚企圖心看來，德國人就算不是打算超越其他民主國家，也是想與其平起平坐。德國新憲法強調許多人權，打造了一個中央集權的稅法，並成立了過去未曾存在的財政部，還給予婦女普選權（比英國還早九年）。德國重新回到國際聯盟，讓數以千計的移民歸化為公民，並且與匈牙利、羅馬尼亞與保加利亞建立起新的商務關係。當時還有一份名稱極其切題的週報叫做《世界舞台》（*Die Weltbühne*），編者是鼓吹各種理念的記者卡爾・馮・歐席茨基（Carl von Ossietzky）與諷刺作家庫爾特・圖霍爾斯基（Kurt Tucholsky），他們呼籲德國該與各國進行對話與交流。一九二四年十一月二十四日，圖霍爾斯基以彼得・潘特的筆名撰文悲嘆：「只要稍加努力，英國人講法文並非難事。天啊！甚至愛斯基摩人都有可能唱起義大利詠嘆調了。但是，若說黑人能夠說某種薩克森邦的方言，那仍舊是難以想像的。」至於在藝術方面，則是有德國表現主義的詩人與畫家，他們崇尚某種 *Mensch*（人）的理念——那是一種超越國界、具有最原初形式的人類。

　　這種一九二〇年代德國普世主義最生動的遺緒並非各種條約或者報紙，也不是詩歌或者畫作，而是一部電影：尤瑟夫·馮·史騰堡（Josef von Sternberg）的《藍天使》（The Blue Angel）。該片由柏林的傳奇電影公司宇宙影業（UFA）出品，在「輝煌的二〇年代」（the Golden Twenties）即將結束前推出，上映日是一九三〇年的四月一日愚人節那一天。忌妒心是促成本片問世的重要推手。美國的華納兄弟電影公司於一九二七年推出了《爵士歌手》（The Jazz Singer），它是史上第一部賣出驚人票房的有聲電影。自此之後，綽號「talkies」的有聲電影就開始席捲各國。法國影壇以何內·克萊爾（René Clair）《巴黎的屋簷下》（Sous les toits de Paris）跟進，英國的國際電影公司（International Pictures）則是以名導希區考克（Alfred Hitchcock）的驚悚電影《敲詐》（Blackmail）一片，於一九二九年加入戰局。在整個一九二〇年代期間，宇宙影業可說是製作與場景設計這兩方面的業界翹楚，而且公司又已於一九二七年賣給了心高氣傲的民族主義者阿爾弗雷德·胡根貝格（Alfred Hugenberg），自然感受到龐大的壓力。

　　光是看《藍天使》的演職員表，你可能會以為它是一部美國人拍的片。導演馮·史騰堡原為奧地利人，但早在兩歲時移居美國，當時已靠一系列頗受好評的黑幫電影揚名。男主角艾米爾·楊寧斯（Emil Jannings）是德國人，但一直在好萊塢發展，並且於一九二八年因為主演《肉身之道》（The Way of All Flesh）與《最後

軍令》（*The Last Command*）而獲得第一屆奧斯卡金像獎的最佳男
主角獎。負責幫電影配樂的是個爵士樂團，而爵士樂是屬於大
都會的樂音，在當時仍是一種「不太德國」的音樂風格。電影是
由《垃圾教授》（*Professor Unrat*）這部小說改編而成，作者是湯瑪
斯・曼的兄長海因里希・曼（Heinrich Mann）──但是任誰都很
難忽視它與法國片《巴黎的屋簷下》在主題上的相似性，還有它
在德國創下的票房紀錄。《爵士歌手》一片的主角是位猶太裔音
樂家，為了成為酒館的鋼琴樂師而與他那嚴格而傳統的家庭鬧
翻了。而《巴黎的屋簷下》則是一部音樂喜劇，描述一位街頭歌
手愛上羅馬尼亞女孩寶拉的故事。而純粹出於巧合的，《藍天使》
的主角是個嚴格而愛管教學生的伊曼紐爾・拉特教授（學生私底
下幫他取了一個 *Unrat* 的外號，意思是「垃圾」），某晚他為了抓
一群學生而來到了一家酒館，愛上舞台上那個叫做蘿拉・蘿拉的
爵士歌手。小說的場景很明確，是呂貝克市（Lübeck），但是馮・
史騰堡刻意略去這一點，因為故事應該深植於黑暗的潛意識，與
各國人民的想像呼應，而不是發生在一個大家認得出來的德國城
市。曼有許多小說裡面都夾雜著大量德國北部方言，這又是另一
個從劇本裡面被拿掉的特色。事實上，聲音是這部有聲電影最特
別之處。為了充分展現其國際化的企圖，馮・史騰堡把每個場景
都拍攝兩次，等於拍出了兩部電影：冠上德文片名的 *Der Blaue
Engel* 是德語發音的，而英語片 *The Blue Angel* 則是以英語發音。

《藍天使》裡面的瑪琳・黛德麗

　　《藍天使》一片最諷刺之處在於，儘管它強調的顯然是一種普世主義，但一旦電影開演後，任誰都會覺得那是一部不可思議的德國片。與《爵士歌手》以及《巴黎的屋簷下》不同之處在於，艾米爾・楊寧斯飾演的拉特教授與瑪琳・黛德麗（Marlene Dietrich）飾演的蘿拉・蘿拉這對戀人並沒有快樂的結局：教授的普魯士教養瓦解之後，淪為情緒的奴隸，並為此送命。他們結婚幾年後，拉特變成了蘿拉・蘿拉的劇團團員：一頭亂髮，眼神憤怒，因為妻子的放蕩行徑而讓他忌妒發瘋，此刻她又勾搭上了馬戲團的大力士。《藍天使》的結局對於一部有聲電影來講是很特別的：那畫面寂靜無聲，我們只看到拉特教授在他舊日授課的教室崩潰，在黑板下死去。

　　對於一九三〇年代的觀眾來講，那部片與晚近德國史非常相似。在第一次世界大戰的最後掙扎中，已經沒有錢的德國最高統帥決定拿出所有槍砲，與英國皇家海軍在英吉利海峽上來一場大決戰。但是在基爾（Kiel）與威廉港（Wilhelmshaven）等海軍軍港，卻有水手拒絕聽從軍令。全國各地都發生叛變事件，德國的共和國因而建立了起來，導致威廉二世被迫退位。如果那位極度保守的拉特老師象徵的是威廉所領導的德國，那麼那些高傲的年輕學生根本就是羅莎・盧森堡（Rosa Luxemburg）與卡爾・李卜克內西（Karl Liebknecht）身邊那些名為「斯巴達克斯聯盟」（Spartacus League）的革命分子──各地的暫時性暴動就是他們發動的。但

是該片對於這一切的詮釋看來卻充滿了反動的味道：它以悲觀的方式道出了，如果希望有一個新德國能夠誕生，就必須有人死亡與流血，等於是對威瑪共和國的政治實驗抱持懷疑的態度。這部電影要說的似乎是，如果想要把新舊混合在一起，你就必須自行承擔後果。

片中還有更多的德國特色：就一部以夜總會的隱密世界為場景的電影而言，《藍天使》實在是非常含蓄了。馬克斯兄弟[39]於一九三〇年推出以葛洛丘·馬克斯（Groucho Marx）為主角的《動物餅乾》（Animal Crackers），片中他在一群非洲部落土著的帶領下進入一個舞廳，而頭戴帽子的哈波·馬克斯（Harpo Marx）則是拿著步槍朝一座咕咕鐘射擊，身上只穿著內衣與吊帶褲。四年後，法國導演尚·維果（Jean Vigo）執導了《亞特蘭大號》（L'Atalante），片中三個演員跟一小群流浪貓待在一艘駁船上，做出種種滑稽的事。《藍天使》可沒有像那些電影一樣在銀幕上歌頌無政府主義。

席格飛·克拉考爾（Siegfried Kracauer）是自由派報紙《法蘭克福時報》旗下的評論家與藝術新聞編輯，他提出了更激進的主張。他曾在一九四七年撰文表示，馮·史騰堡不只是懷念德國的舊秩序而已，其實該片已經透露出一些希特勒第三帝國的端倪。《藍天使》裡面都是一些以別人的痛苦為樂的角色，這部電影揭露了德國人內心的虐待狂傾向。根據克拉考爾的解讀，黛德麗飾演的蘿拉·蘿拉兼具「麻木不仁的自大狂以及冷酷的傲慢兩種特

---

39 the Marx Brothers，以奇哥·馬克斯（Chico Marx）為首的美國五人組喜劇演員團隊，從一九二〇年代晚期開始活躍影壇。

色」，而那些學生彷彿「天生的希特勒青年團團員」。

《藍天使》最具德國特色的一點，也是它最廣為人知之處就是：發音。拉特教授無助地迷戀上化妝間裡那位美女的那一刻起，我們就聽見了一首歌，其副歌歌詞一開始便是以刺耳而充滿摩擦音的「ich」音節：

> 我從頭到腳
> 都準備好要愛妳了…

而且好像搔癢般不可遏抑的，每一段歌詞的尾音總是「ich」個不停：

> 因為那是我的世界
> 我別無選擇…

> 男人在我身邊來來去去
> 像飛蛾撲火，
> 如果他們因而自焚，
> 那我也愛莫能助。[40]

這下舌頭真的像卡在鐵絲網裡了。

---

40 原歌詞為：...Denn das ist meine Welt, / Und sonst gar nichts... / Männer umschwirr'n mich / Wie Motten um das Licht, / Und wenn sie verbren-nen, / Ja dafür ich nichts.

　　儘管德語版的《藍天使》讓英國人聽起來很刺耳，英語版卻無意間營造出一種趣味的效果。如果當時配音技術已經發明出來的話，這部有聲電影會拍得更好。瑪琳唱著：「男人聚在我身邊／像『肥鵝』撲火／如果他們的『肢膀』燒了起來／我知道也不能『快』我」。看到這一幕，任誰都很難不笑出來，不過令人更感困擾的是，教授居然用一口德式英語罵學生，說他們為何不能把《哈姆雷特》的句子給唸好。有個學生唸道，「是生還是死，『辣才素』…」，但拉特打斷他說：「等等，唸『啜』了。『檢然』你對「the」這個字的『飄準』唸...法感到不…滿意。」也許這就是《藍天使》一片最能代表一九二〇年代德國電影之處：儘管它們都表現出一副要走向世界的普世主義姿態，但終究都失敗了。

　　跟每個在德國長大的人一樣，我也非常熟悉上述那一首〈再度墜入情網〉（Falling in Love Again）的曲調，而且也數不清自己曾有幾次在海報上看見那一張照片：也就是穿著絲襪與吊帶的黛德麗，她把一隻腳抬高，露出一片白白的大腿，頭上白色高帽歪一邊，看來很滑稽，這圖像精簡地傳達出一九二〇年代那種融合了自制與浪蕩的奇妙風格。跟大多數的人一樣，先前我也沒有看過這部電影。如今到了英國，因為晚上與週末沒有朋友可以一起鬼混，所以我有很多時間可以把先前沒看過的補起來。我到我家那

條路盡頭的錄影帶店一趟，櫃台後那個留著馬尾巴的男人跟我說，目前《藍天使》被人租走了，我不如就租《酒店》（Cabaret）吧，「內容基本上是一樣的」。他拿了一個髒兮兮的VHS錄影帶盒給我。盒子的封面看來幾乎一樣，差別只在於那個身穿吊襪帶的女人頭上戴的不是白色高帽，而是黑色圓頂禮帽。

結果《酒店》一片的主角是個害羞而有禮貌的英國人，由麥可‧約克（Michael York）主演，他遷居柏林去當英語老師，成為另一個英國僑民莎莉‧鮑爾斯的朋友，她是個酒店歌女，由麗莎‧明尼里（Liza Minnelli）主演。電影除了描繪他們的情誼，其中還穿插著許多可以分為兩類的歌曲：一類由莎莉‧鮑爾斯主唱，將誇張的美國音樂舞台劇風格表露無遺，傳達出肯定生命價值的訊息，而另一類則是由德國舞團的成員主唱。出來唱第二類歌曲的都是臉色蒼白，眼神黯淡的男男女女，他們的上唇紅潤豐盈，歌詞裡充滿了大量的性暗示。

《酒店》與《藍天使》的內容並不一樣，但若說他們兩者之間有所關聯，也不是亂講的。鮑伯‧佛西（Bob Fosse）執導的《酒店》是根據一齣百老匯音樂劇改拍而成，該劇所採用的劇本《我是攝影機》（I Am a Camera）則是用英國作家克里斯多福‧伊薛伍德的書改編而成，故事以他自己在柏林的親身體驗為藍本。從一九二九年十一月到一九三三年五月間，伊薛伍德曾斷斷續續地住在柏林市，據他表示，這個德國首都最多的東西之一，就是電影

院了：高達五千六百家電影院播放著各種各樣的德國電影——例如，《藍天使》就是在他抵達柏林的五個月後首映的。

　　儘管德國人急於向全世界展示他們在政治上日趨成熟，也有普世主義的開放胸襟，許多英國人都觀察到一件事，而且他們就只看到這件事。《酒店》與伊薛伍德的小說《再見柏林》（Goodbye to Berlin）都建立在一個共同的假設上：威瑪共和國時期的德國是個充滿情色實驗的國度，用畫家溫漢・路易斯（Wyndham Lewis）的話說來，根本就是「性變態的天堂」。每當英國作家於書中論及一九二〇年代的德國時，大致上情色還是最常見的主題。有些人的字裡行間流露出很噁心的感覺：親英派的西西里島作家朱塞佩・迪・蘭佩杜薩（Giuseppe di Lampedusa）就覺得無法忍受這「下流的」城市，還有那些「不可勝數的妓女」，以及「過於優雅，把鬍子刮得太乾淨的小伙子」。其他也有些人迷上了德國人與其語言。克里斯多福・伊薛伍德的詩人朋友史帝芬・斯班德（Stephen Spender）於一九二九年七月抵達漢堡時，就在他的日記中寫道：「我的人生這才開始」。而他們倆都認識的另一個友人，詩人W.H.奧登（W. H. Auden）甚至曾於一九三〇年的夏天用他那糟糕的德文寫了一系列情詩，當時讓他害了相思病的就是個來自漢堡的水手葛哈特（「他身上的那兩顆球真美／他的大鵰也漂亮／當我們在床上相聚時／能做的事可多著了」）。

　　伊薛伍德自己的立場可說處於這兩種極端之間的某處。他

一方面喜歡抱怨「德國人的心態」還是跟十九世紀時一樣腐敗，而德國的浪漫詩歌，則是像黛德麗演唱的那種酒店歌曲一樣，充斥著庸俗的細節，如同他曾在一篇故事裡面寫道：「在歌德的標舉之下，『愛』這個字的地位曾如此崇高，如今卻比妓女的吻還要沒價值。春日、月光、青春、玫瑰、女孩、達令、真心、五月，這些都像是一些貶值的貨幣，只有那些譜寫探戈、華爾滋與狐步樂曲，頌讚逃避主義的作家才用得到。」（值得注意的是，寫下這句話的，是個在德國郵局裡面連想要買郵票都不知如何開口的傢伙。）

　　但是對於從英國的公立男校畢業的伊薛伍德而言，來到柏林也意味著他可以擺脫英國上層中產階級的嚴格性愛規範。在英國，課堂上的東西總會影響到「房事」——但等到他們置身於「愜意角落」與「美少年克勞斯」[41]等地方的厚重皮革窗簾後的時候，那一切都不重要了，至少對於伊薛伍德這個不會講流利德文的外國人來講，似乎是這樣。他把自己的經驗寫成了〈克里斯多福與其同道中人〉（Christopher and His Kind）這個第三人稱故事：「克里斯多福因為壓抑而受苦，而這對於當時那些來自上層階級的同性戀來講，並不是什麼稀奇的事；他就是不能跟上層階級的人，或者跟自己的同胞保持自在的性關係。」然而，在跟那些德國男孩在一起時，「過去用英文開口時總是得暗示與結結巴巴的他，如今不管他想怎樣，都可以用德文直接要求。因為懂的德文有

41　Cosy Corner 與 Adonis Klause 都是位於柏林的男同志酒吧。

限，這迫使他必須直言不諱，用外文講那些跟性愛有關係的字眼也不令他感到尷尬，因為他們與他在英國的人生都沒有關聯。」

在伊薛伍德那些發生在柏林的故事裡，他總是把德國人描寫得那麼明顯而具體，他們的身體總是會在周遭留下各種痕跡。在《柏林日記》（A Berlin Diary）裡，他的公寓裡面有之前各個房客的遺跡：有諾斯克先生在生日派對後因為生病而留下的污漬（「他到底是吃了什麼鬼東西才會把這裡弄得一團亂？」），而壁紙上的咖啡漬則是那一次李特麥斯特先生「因為情緒有點激動而弄上去的」，就連克許教授的鋼筆也會漏水，留下墨漬。他的隔壁鄰居麥爾小姐是個音樂廳的山歌歌女（jodlerin），她「手臂上裸肉晃動的樣子令人倒盡胃口」，甚至他的房東太太施洛德也承認，對自己像是快爆開的大屁股很不滿意。相較之下，英國人則總是一臉慘白而無血色：莎莉‧鮑爾斯的雙手「緊張而佈滿了靜脈，極為細瘦──是一雙中年婦女的手」。而伊薛伍德用輕描淡寫的方式呈現自己，幾乎像個隱形人。在那經常被引述的故事開頭裡，他寫道：「我是一台蓋子已經打開的攝影機，相當被動，只會錄影，不會思考。我錄下了對面窗戶後面那個男的在刮鬍子，還有個穿和服的女人在洗頭髮。」身為攝影師的好處在於，他們自己不曾入鏡。故事裡伊薛伍德的某學生（一個「漂亮的胖女孩」，「總是放聲大笑，胸部豐滿」，叫做希琵小姐）有次用有趣而訝異的神情挑眉問他：「還有請告訴我，你覺得德國女孩跟英國女孩有所

不同嗎？」伊薛伍德的臉紅了起來，典型英國人的本能讓他迴避這個問題。他試著用自己最有自信的語言來撫平性愛話題所引發的緊張情緒，於是想糾正她的文法。唯一的問題是，他因為慌張而忘記，「如果想表達『不同』一詞，到底是「different from」或者「different to」才是正確的」。希琵小姐問個不停：「你覺得德國女孩跟英國女孩有所不同嗎？」此時門鈴響起，伊薛伍德這才鬆了一口氣，逃過一劫。

————

對於性事，德國人與英國人的態度有何差異？在我搭乘的那一輛校車上，這是個幾乎跟德文一樣受歡迎的話題——特別是當有一群男學生到烏帕塔市去校外教學回來後，大家聊得更起勁了。其中一人宣稱，德國女孩不見的就比較迷人，但她們絕對是比較「來勁」的。德國有許多天體海灘。德國電視台也會在晚上的黃金時段播放A片，商店裡還有賣一本叫做《讚耶》（Bravo）的雜誌，基本上是專給青少年看的黃色書刊。「而且她們都有留腋毛跟陰毛耶。」

「是喔！那你有採取什麼行動嗎？」

「我是說雜誌裡的那些女孩啦。」

「我知道。我的意思是，你有採取什麼行動嗎？」

「喔，有啊，當然有。我當然有採取行動。」那男孩突然開

始認真地看著大腿上的那本漫畫書。

　　第三個男孩說：「我聽說啊，某個參加戶外教學的男孩受到寄宿家庭的邀請，跟他們一起去洗三溫暖，然後…」

　　「是啊，我們也聽說了。」

　　「啊，是喔。」

　　接下來的路程上，那群男孩都只是坐著，沉默不語。

　　我不確定德國女孩跟英國女孩很不一樣。回想起來，我發現自己很難判斷到底是在我轉學之後我的母校同學們才開始進入青春期的激烈階段，還是我自己已經經歷過了，但是並沒有注意到（後者的可能性是比較高的）。與我那間新學校的男孩們相較，德國女孩的確是沒有花那麼多時間去討論「舌吻」這檔事。只是，在發展到某個階段後，她們會願意讓我們親親她們，沒什麼好大驚小怪與困擾的。也許這就可以說明為什麼我記得爸媽第一次跟我說要「聊一聊」性事時，竟然是我媽跟我說，千萬別把用過的保險套丟進馬桶裡沖掉。

　　能解釋這一切的簡單理由在於，德國很少有純男校或純女校──全國的純男校最多也就只有十來家而已。支持男女分校的人最常引用的論證是，這樣讓學生比較不會分心。但是來到英國後，我發現那根本與事實完全相反。在我看來，男生對於女體解剖學的興趣不大，但聊到某個男孩有機會接觸活著的女體時，大家聊得可起勁了，除了興味盎然之外，討論各種荒唐的細節時，

每個人都有比不完的粗魯手勢。英國男女分校制度的特產是，到處都可以看見男性性器的塗鴉，不管是在公廁的門上或者習作本的頁邊上，這是個我在德國受教育十年期間未曾見識的現象。每個禮拜一的學校朝會之前，大家都會鉅細靡遺地討論上週末幹了那些大事：誰親了誰啦，誰允許誰摸她身上的哪裡之類的。我學到他們把漂亮的女孩稱為「fittie」（體格強健的人），但她們的體格通常都不是真的很強健。我還學會了，「to pull」的意思不是調情，而是舌吻。德國人所謂的舌吻是 *mit jemandem abstürzen*，可以直譯為「與某人一起墮落」，這說法影射了《聖經》裡所謂因墮落而失去上帝恩寵，或至少是一件丟臉的事。就另一方面而言，舌吻所代表的是一種身體上的成就——所以大家在週一早上談論上週末的大事時，那種語氣是很恰當的。

春季的那個學期進行到一半時，我跟同學們的情誼稍有進展。某週我們上過 P 先生的英文課隔天，有個高壯的男孩走到我的桌旁，要我參加他的十八歲生日趴。也許他是不想失禮才邀我，又或者只是因為尷尬。不過，我還是興奮到了極點。他將在某個禮拜六辦趴，地點是當地的橄欖球俱樂部，主題是「炫裝派對」。在我看來，這對於一個十八歲生日趴而言，是有點奇怪的，因為在德國我跟朋友們從大概八歲以後就再也沒用服裝為主題辦趴了。但我也知道，德國人在盛裝打扮這方面缺乏想像力是眾所皆知的，這一點任誰只要看過德國的嘉年華會遊行隊伍就知道：

不是小丑、牛仔，就是印地安人，只是大家的版本不太一樣。無疑地，英國人的表現應該會比較好。週六那天來臨時，我用回收的厚紙板紙箱與水管通條把自己打扮成一隻甲蟲。

抵達會場時，大家都對我同情地嘻嘻笑。顯然英國人對於炫裝的詮釋重點並不在於喬裝打扮，而是比誰穿的衣服比較少。同一條路盡頭的女校生們有很大一部分都把自己打扮成那種你只會在情趣商品店櫥窗裡看見的「性感小惡魔」。其中許多人都是來自中產階級家庭的女孩，平日拘謹得體，會打長曲棍球，修過 A levels的進階數學，但是來到這裡以後，個個都穿著短到不能再短的迷你裙，胸部都快要從身上的無肩帶小可愛裡蹦出來了，活像一大坨肉色牙膏。我覺得過去我不曾看過同年齡的女孩穿那種短裙——即使是在跑趴時，我那間學校的德國女孩們也都只是穿牛仔褲。許多男孩也都穿上女裝，特別是那些打橄欖球的高大肌肉男。到了那天深夜，有些女孩已經習慣對著外面經過的路人露奶，對面窗戶後面一群年輕男生的回應則是把長褲脫下來，露屁屁給她們看。現在到底是英國人比較喜歡裸露，還是德國人？

首先使用「嘉年華會式狂歡」（carnivalesque）一詞的，是俄國文評家米哈伊爾·巴赫汀（Mikhail Bakhtin），他所指涉的是一種無秩序的狀態，人們透過儀式打破了社會的主流價值與規約。在英國，與其說混亂的嘉年華會式狂歡是一種偶發事件，不如說它是一個社會常態。嘉年華好像在經年累月的過程中變成一種月

會，然後是每週的慶典，如今不管是週四晚間，或者是週五、週六與週日的午餐時間，都可能會有這種狂歡活動。所謂「快樂的英國」[42]在某些史家口中好像是某個歷史階段，當時英國人對性的態度比較開放，社會風氣沒那麼壓抑，但事實上那個「快樂的英國」跟今日的英國好像也沒什麼兩樣。我還記得讓我感到困惑的一件事是為什麼英國人說到耶誕節時總是聯想到，報紙上人們在「辦公室派對上酒後亂性」的新聞，附圖裡面總有幾個穿著鮮豔襯衫、頭戴愚蠢紙帽的傢伙。過去在德國，說到耶誕節我只會聯想到嚴肅的音樂與點滿蠟燭的房間，聽見的歌曲是〈寂靜的夜〉（Silent Night），而非〈叮噹歡樂頌〉（Ding Dong Merrily on High）。

無論如何，這世界上總是有人會把英國人當成那種「別在我面前討論性事，我可是英國人耶」的老古板，但實際上這是個天大的謊言。就我所知，對於男女媾和這件妙事的興趣，這個星球上可能沒有任何其他民族比英國人更為強烈，更能用「身體力行」的方式去探索了。

———

德國人對於性事的態度不但比英國人直接，同時也更為複雜。我是一直到那年稍晚我終於看過了《藍天使》之後，才真正了解到這一點。當時我馬上有了兩個想法。首先，瑪琳・黛德麗不是像麗莎・明尼里那樣真的在唱歌。她是用一種邊說邊唱的方

42　merrie England，指中古結束後到工業革命前的英國。

式在表演。〈再度墜入情網〉的旋律不是那種你真的會在音樂劇裡面聽到的旋律，而是那種發條音樂盒的旋律。歌曲開始後會漸漸變慢，直到你以為歌停了，才又開始。在演唱電影最前面的兩三首樂曲時，她的聲音又高又尖，之後，她的聲音會驟降八度。這給人的印象是她在跟自己合唱。第二個想法是，蘿拉・蘿拉並不是真的很性感。或者說，至少她不是那種性感小野貓或者「性感小惡魔」。〈再度墜入情網〉這首歌最奇怪的地方在於，儘管聽在拉特教授的耳裡，它有一種浪漫的魔力，但實際上歌詞內容卻剛好相反。歌詞所描寫的是一種機械式的調整。蘿拉・蘿拉用德文唱出的，不是她真著墜入了情網，而是「從頭到腳都準備好要去愛了」。對她來講，愛不是發自內心的，而是她把身體調整好之後才能去做的事：「我只能做愛，其餘的什麼也做不了」。肯尼斯・泰南（Kenneth Tynan）曾說瑪琳・黛德麗是個「有性而無性別」的人，這似乎還挺貼切的。這個德國的「藍」天使的確不怎麼下流。[43]

德國人對性事的態度比較直接，因為這件事幾乎沒有諷刺的成分可言，同時也比較複雜，是因為你無法徹底了解它，除非你能先了解德國人對於語言的態度。也許德文文法最奇怪之處（同時也是讓非母語的德文使用者最火大的特色），並不是語助詞，也不是分離不定詞（split infinitive），而是冠詞的性別。英文裡面有定冠詞與不定冠詞，但不管是「the」或者「a」都沒有性別。

43「Blue」這個字在英文裡有下流猥褻的意思，例如「blue joke」就是指黃色笑話。

如果提到一張桌子還要先想想看它是陽性或陰性，豈不荒謬？英文因為冠詞不分性別而可以被擺在光譜的最極端處，因為這世上大多數的語言都至少會有一個陽性冠詞與一個陰性冠詞，像是：法文的「un」與「une」，西班牙文的「el」與「la」等等。然而，德文冠詞的性別不只是陰陽各一，而是有三個：*der*（陽性）、*die*（陰性）與 *das*（中性）。令人挫折的是，哪些名詞前面要擺哪一種冠詞，似乎是基於任意的規定。人類的嘴巴、脖子、屁股、手肘、手指、指甲、雙腳與身體永遠是陽性的，不管其主人是男是女。例如，女人的頭是陽性的，但她的雙手、嘴唇、鼻子、眉毛、肩膀與腳趾都是陰性的；她的頭髮、耳朵、眼睛、下巴、膝蓋與心臟則沒有性別。馬克・吐溫的下面這段話將這種文法系統的荒謬處表露無遺：「在德國，一位年輕的女士沒有性別，但蕪菁卻有。想想看這對蕪菁的敬意是否太過多餘，但對女性是否太冷酷不敬了。」換言之，性別錯亂在德語中早就是根深蒂固了。

　　吐溫的上述評論來自其遊記《浪跡海外》（*A Tramp Abroad*），於一八八〇年出版，一八九二年被翻譯成德文。光憑這篇散文就要讓德國人的自信受傷是不太可能的，但是到了十九、二十世紀交替之際，因為英語崛起，成為一種全球化的社交語言，德語以及法語在歐陸上的優越地位漸受威脅。特別是在德語系國家，這變成了一種關於語言能做到與做不到什麼的強烈哲學式焦慮。德文稱這種現象為 *Sprachkrise*（語言危機）[44]，而最能體現的，莫過於

44　參見注釋76。

一九〇二年十月被刊登在柏林文學雜誌《這一天》(*Der Tag*) 上面的一封信。信的標題就是〈一封信〉(A Letter)，據說出自一位年輕英國詩人之手，他叫做菲利浦，也可稱其為強多斯爵士，收信人是其私人教師，哲學家法蘭西斯・培根 (Francis Bacon)。事實上，信的作者是胡戈・馮・霍夫曼史塔 (Hugo von Hofmannsthal)，一個年輕的維也納作家，他才剛剛交上德國大詩人史特凡・喬治 (Stefan George) 這個朋友，進入了他的社交圈。在那封信裡面，強多斯說他已經失去了對於語言的信心：過去那些他「可以毫不猶豫地流利說出的話」，如今都在他的嘴裡瓦解了，「宛如一朵朵爛掉的蘑菇」。一開始是像「精神」、「靈魂」或「身體」這種字詞，如今就連跟他那四歲大的女兒講話時，「講到每一句的句尾都不免會結結巴巴，好像生病一樣」——事實上，那封信是他兩年來第一次有辦法提筆寫出的一段文字。強多斯表示，語言危機「就像生鏽一樣在擴散中」。

他接著透露，他一方面不再信任語言，另一方面卻越來越迷戀靜默無言的物體。強多斯把自己比擬為偉大的羅馬演說家盧修斯・李錫尼・克拉蘇 (Lucius Licinius Crassus)，他就是到晚年的時候越來越沉默，迷上了一尾他養的鰻魚。他身邊的每個物品似乎都別具意義：

一隻狗、一隻甲蟲、一棵發育不良的蘋果樹、一條山丘上的

蜿蜒車道以及一顆布滿青苔的石頭對我來講，其意義遠勝於
最美麗、最放蕩的愛人在最快樂的夜晚對我做的那些事。這
些靜默無言，有些甚至沒有生命的東西在我眼前出現，為數
龐大，讓我覺得到處都充滿了愛，而我那快樂的雙眼所看見
的，則到處是生機。

就連他的四肢好像也開始跟他說話：「好像我的身體也全是
由一些加密的訊息構成，對我透露一切。」

我們不該盡信霍夫曼史塔化名強多斯寫成的這封信：如果說
我們的結論是德語在二十世紀初遭遇大崩壞的狀況，那未免太過
天真。如果這封信有任何意義，我認為它只是證明了，事實上德
語還是挺管用的。但如果說把這種語言危機當作是文人社交圈
裡，或者哲學家的象牙塔中特有的現象，那也太愚蠢了。當克里
斯多福・伊薛伍德搭乘的那班火車於一九二九年抵達柏林時，
一種對於靜默身體的崇拜早已深植於德國的流行文化裡。德國
史上的第一批裸體宣言就是在此刻寫就的，以漢斯・蘇倫（Hans
Surén）的《男人與太陽》（*Der Mensch und die Sonne*）為例，一年內
就創下了六十一刷的驚人紀錄，賣出二十五萬本。德國在舞蹈、
芭蕾與默劇等方面都有蓬勃發展。宇宙影業監製了三部片，包
括《卡里加利博士的小屋》（*The Cabinet of Dr. Caligari*）、《大都會》
（*Metropolis*）以及《最後一笑》（*The Last Laugh*）——如果德國人不

是認為身體比言語更能傳達情緒，德國默片能夠大行其道嗎？就連《藍天使》這部有聲電影都可以看見強多斯的影子，畢竟，該片的主角就是一個為了放縱身體享樂而放棄文學教職的男人。象徵著拉特教授之墮落的，是他在舞台上發出一陣刺耳而痛苦的公雞叫聲，這比任何言語都更能呈現他那已經瘋狂的精神狀態。

在天主教國家，裸體是一種道德上的罪，英國的清教徒則會覺得很尷尬，至於在德國，此時裸體已經變成具有正面價值與值得稱頌之事。根據這一套邏輯，在強多斯的世界觀裡面，娼妓可說是最為高尚的一種行業，有誰比她們更懂得與身體融洽相處，更了解身體所傳達的訊息？儘管馮‧史騰堡的電影並沒有說清楚蘿拉‧蘿拉到底是已經準備好要賣身，抑或只是隨口唱唱而已，但是其他電影與劇本所交代的，就沒有那麼含混不清了。在布萊希特（Bertolt Brecht）的劇本《三便士歌劇》（*The Threepenny Opera*）裡面，黑幫老大麥奇斯（Macheath）最後之所以會被送上絞刑台，就是因為他應該躲避警察時，卻因為受不了誘惑而去了他最愛的妓院一趟。而在法蘭克‧韋德金德（Frank Wedekind）那兩部以露露為女主角的劇本《地靈》（*The Earth Spirit*）與《潘朵拉的盒子》（*Pandora's Box*）裡面（後者曾於一九二九年被G.W.帕布斯特〔G.W. Pabst〕改拍成默片），露露曾與許多男男女女有過感情糾葛，最後她淪為倫敦的娼妓，遭開膛手傑克謀殺身亡。在韋德金德筆下，她是「一隻貨真價實的動物，狂野而美麗的動物」，「是女人

的原初型態」。

這些都是將近一百年前的劇本，但它們傳達出的那種對於性事的態度，至今仍存在於德國。與英國相較，在德國裸體實在沒什麼大不了的，你總是可以在海灘上與公園裡看到裸體的人，裸體的照片不是像英國一樣藏在八卦報紙的第三版，而總是出現在《圖片報》（*Bild*）的頭版——並非因為裸體是情色，反而正是因為它不只是情色。英裔德國電視主持人夏洛特‧羅奇（Charlotte Roche）於二〇〇八年出版了一本帶有自傳色彩的小說，名為《潮濕地帶》（*Feuchtgebiete*），可說是一本反對性器潔癖的宣言。羅奇的書於二〇〇九年在英國問世，在那之前不久，她於接受訪問時表示：「我想要寫一本描述人體醜陋部位的書。那些會有臭味的地方。女體的濕潤處。陰蒂上的污垢。」《潮濕地帶》的英譯本 *Wetlands* 在英國被當成一本「女性性愛文學」（clit-lit）的作品來大肆報導，引發了一些「它到底是 A 書還是藝術作品」的爭論。在德國，它立刻變成了暢銷榜冠軍，在榜上待了七個月，期間賣出超過一百萬冊。如果說她能夠從「受人尊敬」的電視主持人搖身一變，成為情色作家，那麼 A 片演員進軍一般娛樂圈當然也是平凡無奇的事。沙夏‧韓恩（Sascha Hehn）、海納‧勞特巴赫（Heiner Lauterbach）或者英格麗‧施提格（Ingrid Steeger）等人都是在一九八〇年代因為演出一些「鄉村電影」（*Heimatfilme*）[45]而出名的德國演員，但先前在一九七〇年代時，他們都已在巴伐利亞

---

45 Heimatfilme 可以直譯為「家庭電影」或「家園電影」，是一種以阿爾卑斯山區或德國黑森林為背景的電影類型。

地區的三級片中占有一席之地，其代表作包括《山歌讓皮褲客心癢難耐》（*Beim Jodeln juckt die Lederhose*），還有那拍起來沒完沒了的《女學生報告》（*Schulmädchen-Report*）系列電影。距離現在比較近的例子則是西碧·柯綺莉（Sibel Kekilli）與媞拉·米索斯（Tyra Misoux），她們都很輕鬆地從A片女優變成藝術電影演員。在德國社會，娼妓仍然是一種謎樣的人物。例如，一九七○年代末期的多美妮卡·尼霍夫（Domenica Niehoff）就是個變成社會名流的妓女，詩人沃夫·萬卓薛克（Wolf Wondratschek）為她寫詩，她還參與戲劇演出，成為藝術創作的題材，當她在二○○九年去世時，就連極端保守的《世界日報》都幫她寫了一篇說盡好話的訃聞，說她「用一顆寬容的心來對待每個人」。在英國，就連克莉絲汀·基勒[46]這種上層階級的應召女郎，我們都很難想像如果她去世了，會有人把這種悼詞用在她身上。

同樣地，語言危機至今也仍存在，特別是從德國人對於德文拼字總是感到很焦慮，就可以看出來。德國政府於一九九六年發布了一個有關拼字方式的改革案，把一些片語加上大寫字首（例如把「這是正確的」從 *recht haben* 改成 *Recht haben*），而德文中比較尖銳的「s」發音，也就是被唸成 *Eszett* 的 ß 這個字母，被改為「ss」。在其他國家，這大有可能只是一群高層學術界人士關心的小事。但是在德國，各家新聞雜誌社與電視台都在激烈討論這個拼字改革案，持續把德國人分裂為贊成與反對的兩派。有

---

46 Christine Keeler，十九歲時與英國政府閣員John Profumo傳出桃色醜聞。這件風暴使男方退出政壇，也間接促使Harold Macmillian政府的倒台。

些聯邦州採用，也有些不予採用。大部分的報刊，包括《明鏡週刊》、《法蘭克福廣訊報》（*Frankfurter Allgemeine Zeitung*）以及《萊茵河週報》（*Rheinischer Merkur*）原本都採用新拼法，但之後卻又改了回來。很難想像英國的語言學家們會遇到這麼痛苦的事——儘管拼字規則的改革對於英國人的好處可能大過於德國人（例如，如果英文能夠決定到底要統一採用「ie」或者「ei」，那麼就再也不會有人把「weird」〔奇怪的〕這個字給拼錯了）。也許有人傾向於認為這與德國人喜愛規則與權威有關，但是真正讓德文拼字改革案充滿德國特色的地方在於，它只是把大家搞得更迷惑，不知道怎樣拼字與發音才對而已。法國與義大利有一個事權統一的機構來主管其語言事務，前者是法蘭西學院（Académie français），後者則為秕糠學會（Accademia della Crusca），德國卻沒有。

———

威瑪共和國政治改革所持續的時間幾乎比一九九〇年代的德語拼字改革案還要短。古斯塔夫・施特雷澤曼總理（Chancellor Gustav Stresemann）於一九二三年進行的貨幣改革曾經促成了「輝煌的二〇年代」之蓬勃文化發展，但他在一九二九年十月三日因中風而去世。而《藍天使》一片於一九三〇年四月一日在柏林的葛洛里亞宮電影院首映後，瑪琳・黛德麗也立刻離開柏林，前往紐約——因為馮・史騰堡早已與派拉蒙電影公司（Paramount

Pictures）簽了一張兩部電影的合約，因為他們一直想要找個歐洲巨星來與米高梅（MGM）的葛麗泰・嘉寶（Greta Garbo）抗衡。她在美國的第一部電影是一九三〇年的《摩洛哥》（Morocco）。現在回顧起來，該片開頭十五分鐘的那場戲看起來就像預示了接下來十年內德國即將發生的事：許多人離鄉背井，擠在一艘小型輪船的甲板上，船看來是航行在一個異國海岸外的海面，四周煙霧瀰漫。她出現在銀幕上，擠過一個個沉默的旁觀者才得以前進。她的手提行李箱掉在地上，裡面的東西掉了出來，散落一地。一個美國男人走過來幫她，他問說：「第一次來摩洛哥？我常常來。也許我能為妳效勞？我很樂意幫妳。」

對這些讓德國於一九二〇年代變得很有趣的藝術家與知識分子伸出最多援手的，就是美國。華爾街股市崩盤也撼動了全球的經濟，一股黑暗與邪惡的力量於德國崛起，但是在美國卻促成了一種新的樂觀主義，其最佳範例就是深具社群精神的羅斯福「新政」（New Deal）。德國的高壓統治傾向越來越強，文化趨向單一化發展，美國則是越來越自由，發展出多元文化，就連來自德國的女電影演員也能變成民族英雄。

在《摩洛哥》一片裡，那個德國女人對伸出援手的美國人回答說：「我不需要任何幫助」。後來，馮・史騰堡在他的自傳裡寫道：「至少劇本上是那樣寫的，但從她嘴裡說出來的可不一樣。」黛德麗跟大多數德國人一樣，習慣把「w」發音發成「v」，「v」

變成「w」,「j」變成「ch」,「p」變成「b」,而「s」則是「z」。
即便導演停止拍攝,把她拉到一邊去糾正,「help」(幫助)還是
被她唸成了「helubh」。德國口音「讓她的魅力大減」,一時之間,
黛德麗的好萊塢生涯好像在還沒有開始以前就要結束了。之所以
沒有這樣,不但是因為馮‧史騰堡的堅持,同時也因為黛德麗發
現就連德國人也是很能隨機應變的。在那場戲重拍了四十八遍之
後,她才設法用正確的發音方式把那句話唸出來,唸得跟德語一
樣順暢,這才收工。一年後,她獲得了奧斯卡金像獎提名。大戰
期間,她幫政府發行的戰爭公債募款,還為美軍錄製了新版的
〈莉莉‧瑪蓮〉[47],並為此獲得總統頒發的「自由獎章」(Presidential
Medal of Honor)。如今她那一顆鑲嵌在好萊塢星光大道上的星星
(位置在好萊塢大道六四〇〇號前面)可說見證了美國有能力接
納外來影響,它也鼓勵人們發現自我,改造自我,讓他們明白,
文化認同是一種表演,而非固定不變的。

　　美國不只能吸引在文化上備受壓抑的德國女人,對於在性事
方面被打壓的英國男人也一樣有魅力。一九三三年五月,克里斯
多福‧伊薛伍德也移民到加州,不過接下來長達三十五年的時間
他與黛德麗兩人所走的道路沒有任何交集。一九六八年五月,六
十二歲的伊薛伍德到洛杉磯的阿曼森劇院(Ahmanson Theatre)聽
一場演唱會。根據他在日記裡的記載,當晚那位歌手的聲音「不
穩,而且常因太做作而有缺陷,同時她所用的一些技巧也太常

47　Lili Marlene本來是德語情歌,原唱者為拉莉‧安德森(Lale Anderson)。

重複了。」儘管如此，伊薛伍德還是發現自己因為覺得那演出很熟悉而出現奇怪的情緒起伏：「因為感動，我們聽得很忘我，因為很忘我，我們覺得很感動。」他寫道，現場的掌聲「如雷，演出的過程中那聲音繚繞不去，持續爆發出來，就連歌曲的開頭與結尾都被打斷了。」狂喜之餘，他在節目結束後衝到後台，想跟那位歌手見面，結果被《時代》雜誌的一位記者擠到旁邊去，那個記者不斷要求歌手說句話，好讓他刊載在雜誌裡的「時人」（People）專欄。他問道，「妳不想登上『時人』專欄嗎？」瑪琳‧黛德麗回答說：「我才不是什麼時人！」她用嘴唇發出「pl」這個音，唸得完美無比。然後在那兩個男人的面前把門甩上。

CHAPTER 3
哲學哲學蘋果派

　　牛津大學墨頓學院（Merton College）的一樓服務櫃檯擺著一疊A4大小黑色皮革封面筆記本，前幾頁用的是大理石石紋紙，過去幾十年來，院生們在本子裡留下了許多評語，抱怨學校生活中比較無聊的地方。他們在一九三二到一九三七年間使用的那一本裡面「苦苦哀求」院方能給一張新的乒乓球桌，還說一九三四年十二月的時候曾發生過一樁「神秘敲門聲事件」，還有「女性」出現在學院酒吧裡（有人寫道，「這有必要嗎？」），而以下這首詩所說的，則是一些大學部學生在馬桶蓋上面嘔吐的事情：

　　拜託喔，屁股是用來幹嘛的，
　　而為什麼我們的屁股
　　常被嘔吐物弄濕？

在栓起來的門後面
我曾對這「偉大而悠久的牛津傳統」
感到很厭煩。

　　到了一九三五年二月，在一堆年輕學生的胡謅亂蓋裡面，突然出現一個比較成熟的聲音。一個署名Th.維森葛倫‧阿多諾（Th. Wiesengrund-Adorno）的人寫道：「先生，我可以建議院方再多提供一些帶有墨頓學院院徽的撲克牌嗎？我覺得那種撲克牌好像比現在我們在用的好多了。」到了十一月十一日，同一個人又寫道：「先生，您能提供帶有院徽的撲克牌，實在是太貼心了。但是那些撲克牌一下子就都不見了！這證明了它們有多受歡迎——或者它們是因為大家都很討厭才會消失？」一年後，也就是在一九三六年七月二十九日，他又寫道：「您覺得再提供一些帶有院徽的寫字紙怎樣呢？就像在我建議之後，您很體貼地提供那些帶有院徽的撲克牌一樣。」顯然並非沒有人注意到維森葛倫‧阿多諾先生喜歡帶有藍黃相間墨頓學院院徽的文具。十一月二十六日那天晚間十點十五分的時候，有個愛開玩笑的傢伙在下一則留言裡面用模仿德國腔的英文寫道：「喔，親愛的先生，到哪兒去了，我們那些小小的信封都到哪兒去了？」

　　維森葛倫‧阿多諾這個名字很快就從留言簿裡面消失了。若深究學院的紀錄，你也許會發現那位學生是在一九三四年進入

墨頓學院就讀的，而幫其入學的則是一封來自經濟學家凱因斯（John Maynard Keynes）的個人推薦信，他認為那位年輕人「天賦異稟，除了精通哲學，特別是美學理論以外，在音樂方面也才藝出眾」。從這一點你也許可以看出維森葛倫・阿多諾是個德國猶太人，而因為當時德國的執政黨是反猶太的國家社會主義德國工人黨，他在那裡不太可能找得到工作。你也許還會發現，儘管已經三十歲了，而且早已於二十一歲就取得博士學位，那個德國人還是以「進階研究學生」[48]的資格獲准入學。你還會知道，維森葛倫・阿多諾並未在英國待很久：他在一九三七年放棄牛津大學學位，跟先前的黛德麗以及伊薛伍德一樣，遷居加州。

維森葛倫・阿多諾這個名字聽來讓人覺得有點矛盾，有點兩極化。*Wiesengrund* 的原意是草坪，讓人聯想到一些德國特有的東西，像是社區菜園（allotments）、網狀圍籬，還有花園裡的地精（gnomes），而 *Adorno* 一詞則是強烈暗示著充滿喜樂的南歐生活。讓人想起法文的 *Je t'adore!*（我愛你！）。那聽起來就像是他的小說家朋友托馬斯・曼虛構出來的名字，因為這位小說家很喜歡那種可以玩拆字遊戲的名字，像是《魂斷威尼斯》（*Death in Venice*）的主角古斯塔夫・艾森巴赫，他的姓 Aschenbach 就可以拆成「aschen」（灰）與「bach」（溪）。也許，就是因為有這種名字，當他於一九四二年歸化為美國公民時，當然就會奉行美國人的命名法則，把原名德奧多爾・維森葛倫－阿多諾改掉。根據大學的

48　Advanced student：相當於研究生。

介紹手冊，那篇發表於一九五〇年，讓他享譽國際的文章〈論權威性人格〉（The Authoritarian Personality）之作者是「Theodor W. Adorno」：一個充滿對稱美感的姓名，姓氏與名字裡面分別都帶著兩個輪子一般的字母「o」，讓你的舌頭就像火柴盒小汽車似的，唸來順暢無比。我小時候，那可是個家喻戶曉的名字。

說到「家喻戶曉」，它比較像是用來形容電影明星或者洗衣粉品牌的詞彙，若說德奧多爾・阿多諾家喻戶曉，就很怪了，因為阿多諾可是個哲學家。但是對於當時還是個孩子的我而言，德奧多爾・阿多諾的確就是那樣：「今日話題」（*Tagesthemen*）這個新聞節目常常提到他，年紀較大的學生排隊等吃午餐時，聊的也是他。「阿多諾說…」「嗯，你會發現阿多諾的主張是…」「阿多諾不會認同你的說法…」對於德國的整個戰後世代而言，阿多諾是德國人所謂的 *eine moralische Instanz*（一個道德典範），他的道德權威是如此崇高，每當有個錯綜複雜的爭論出現時，只要引用他的一句話，就可以讓大家閉嘴。

阿多諾到底都說些什麼？這個問題就比較難回答了。因為，儘管我知道阿多諾是隸屬於所謂「法蘭克福學派」（the Frankfurt School）的哲學家，而他最有名的一本書是與麥克斯・霍克海默（Max Horkheimer）合著的《啟蒙辯證法》（*Dialectic of Enlightenment*），該書於一九四四年首先在美國出版，一九六九年在德國再版，儘管我非常清楚阿多諾長什麼樣子（一張蒼白的月亮型臉蛋

上掛著一副粗框眼鏡，圓胖的身體總是穿著一套灰西裝），但我還真不知道阿多諾想傳達的是什麼。小時候當我還在德國時，與其說大家都了解他在說些什麼，不如說大家都聽過他說的話——就像你在收音機裡聽到你最喜歡的樂團，馬上認得出那是他們的歌曲。當我第一次聽到阿多諾講的那些話時，我剛好迷上了那種被稱為「油漬搖滾」（grunge）的混亂吉他搖滾樂曲，較具代表性的包括超脫（Nirvana）、珍珠果醬樂團（Pearl Jam）以及音速青春（Sonic Youth）等樂團。在許多方面，阿多諾說的話跟油漬搖滾很像。就像柯特・科本[49]的電吉他往往餘音繚繞一樣，阿多諾的話也常常迴響不絕，讓人搞不清其原意為何：他曾說，「生命已經變成非生命的意識形態」（Life has become the ideology of its own absence.），就是一個經典範例。其他幾句也一樣很經典：「藝術的神奇之處在於，它是一種宣稱自己為真理的謊言。」，或者「扎在眼裡的刺是最好的放大鏡。」有時候，他說的話實在太高明，聽來宛如白噪音：「智性是一個道德的範疇。」「所有的物化都是一種遺忘。」「我們這個時代之所以會變成一個笑話，是因為意義都自殺死掉了。」「當地球完全啟蒙時，就是災難戰勝的時刻。」其中最經典的，首推阿多諾那一句最有名的話：「奧許維茲（Auschwitz）之後，人間再也無法有詩歌。」我們不是很了解為何這位哲學家認為人間再也無法有詩歌，但他的話語之所以充滿力量，是因為令人難以捉摸，而且引述其名言者，都是那些身

49　Kurt Cobain，超脫樂團的主唱。

穿破爛陸軍風衣，在學校運動場後面角落裡聚會抽捲菸，喝黑咖啡的酷小子。就像沙特永遠是法國的代表，阿多諾也代表著德國。

　　就另一個層面而言，德奧多爾・阿多諾也是家喻戶曉的。當我們最後終於騰出時間來整理那些堆在客廳裡的組合式箱子時，我發現過去我們家客廳裡肯定一直擺著一本《啟蒙辯證法》。因為那本書就放在我媽的一個箱子底部，那是費雪出版社（Fischer）出版的褪色平裝舊書，用的是海軍藍封面，上面有幾排簡簡單單的天藍色印刷字。我爸媽為什麼要大費周章地把一本令人費解的三百頁歐陸哲學書籍帶到英吉利海峽的對岸來呢？他們有讀過嗎？因為書背看來沒有皺褶，我很懷疑他們有看過。

　　如果你想了解德國人，你就必須了解，他們對於一般的思想，還有把那些思想印成書籍，都抱持著某種定見。著有《想像的共同體》的班納迪克・安德森（Benedict Anderson）主張，一個民族國家唯有能用共同的語言印製書籍或文稿，並且讓印刷品在國度內流通的時候，才算是開始把自己當成共同體來想像，散居各地的社群也才能進行共同的對話。就這方面而言，德國就算不是先驅，也總是能夠走在前面，開創新局，因為活字版就是由古騰堡（Gutenberg）在一四五〇年發明的，而路德（Luther）則是在一五二一到一五二二年之間把《聖經》翻譯成口語的德文。甚至於到了十八世紀末所謂「哲學革命」時期，德國人的識字率就已經非常高了。當時全國各地有數以百計的讀書俱樂部如雨後春

筍般成立，大家都說到處都瀰漫著一種 *lesesucht*，也就是「閱讀熱」。早在十八世紀，德國就已廣設小學，並且將其立法規定為義務教育，這點英國人一直要等到一八八〇年代才辦到。到了十九世紀初期，世界各地就識字率而言能夠與普魯士與薩克森匹敵的，就只有新英格蘭——到十九世紀末，德國文盲的比率低到只剩百分之零點五，只有英國的一半，法國雖然文化涵養深厚，但其文盲人數是德國的八倍。儘管德國在議會政治與工業化這兩方面的腳步較慢，但是就思想與書寫而言，卻通常能居於領先地位。

德國出版業之所以能蓬勃發展，那些倡議民族主義的十八世紀末、十九世紀初期詩人與思想家提供了思想上的重大貢獻。那段時間出現的重要概念是 *Bildung*，通常都被翻譯成「文化」或者「教育」，但是其原有的涵義卻更為豐富。*Etwas bilden* 也意味著「讓某種東西成形」，因此 *Bildung* 不只是強化或者訓練一個人在智性方面的能力，也包括在他身上涵養出身為人類的本質。在德國啟蒙運動之父康德的手裡，*Bildung* 變得比宗教更為重要，而這也是後來詩人施勒格爾（Friedrich Schlegel）所說的：「宗教只能是教育的補充物或者替代品…當我們越有教養，我們就越不需要宗教」。而「狂飆運動」（*Sturm und Drang*）的那些狂熱詩人們也克紹箕裘，設想建立一個 *Bildungsstaat*（有教養的國家）：完善每個國民的精神生活是這種國家的最高目標。而歌德則是發明出 *Bildungsroman*（成長小說）這種新類型的小說，把智性的培養當成

小說情節進展的焦點。歌德的摯友席勒則主張，任誰都無法在教室裡得到最佳的 *Bildung*，而是要到藝廊裡去：只有當你了解「美學教育」是怎麼一回事，你的心靈才能夠真正獲得解放。歌德與席勒兩人之所以在德國文壇享有崇高地位，不只是因其著作，也是因為他們倆於一七九〇年代曾一起在威瑪接受宮廷的贊助，其所成就的，比任何人都還要接近 *Bildungsstaat* 這個最終理想。

在十九世紀的浪漫主義運動裡，*Bildung* 被提升到藝術的層次：意思是，與其說它是一種持續性的活動，不如說它是一種可以被投注在個人作品或者計畫中的東西。特別是，當時的哥廷根大學開始為學術研究工作與專論課程訂下一個形式化的架構。儘管大家的共識是，史上第一個博士學位是在一二一九年由波隆納大學授予的，但另一個不爭的事實是，將博士論文的概念提升到如此崇高地位的，卻是德國那些高度自治的大學。在德國，就算你不是學界中人，取得學術認證仍是很重要的，而在英國就不是這麼一回事。首先，修課時間變得更長了，要花四、五年的時間才能取得相當於學士的學位。即便是在取得相當於碩士的學位前，在英國大學通常要花一年時間，在德國則可能是要完成一個份量吃重的研究計畫。我記得，我一位朋友的朋友有志成為小學體育老師，最後卻寫了一本好幾百頁的博士論文，其主題是籃球灌籃技巧的演進。很少有人能夠在三十歲之前完成一份博士論文。一旦取得了學位，那可是令人備感驕傲之事。德國各大報的

作者有許多都是博士與教授，而從國會議員們的小傳你也會獲得
一個驚人的印象：他們為什麼會花那麼多時間在大學圖書館裡唸
書？（根據二〇一一年三月的統計，聯邦議院〔Bundestag〕，也就
是德國的下議院裡面，有五分之一的成員是博士，包括總理安格
拉‧梅克爾博士〔Dr. Angela Merkel〕，而美國的參眾兩院卻只有百
分之三的議員是博士。）在德國，許多人堅持自己被稱為某某博
士或某某教授，即便他們已經不再受雇於大學。到了英國，許多
人看到我爸名片上的工程博士與教授頭銜，通常以為他不是一位
醫生，就是個騙子。

　　當然，就算某個國家擁有比較多的博碩士人口，也不一定就
很了不起。根據一份二〇〇一年所做的研究顯示，在德國業界，
有百分之五十八點五的企業執行長是博士，美國則只有百分之一
點三。但是，就總人口而言，兩國的博士生比例是很相近的（德
國佔百分之一點三，美國一點五）。如果這有何意義的話，也只
代表現代德國有個趨勢，那就是博士學位有助於事業發展，而不
是德國人真的都想認真研究，求取知識。二〇〇九年的一樁醜聞
似乎能證明這個趨勢：德國大學教授助人取得博士學位，藉此換
取資金捐獻。同樣可視為證據的，還包括二〇一一年三月的時
候，當時聲望如日中天的德國國防部長卡爾—德奧多爾‧古登伯
（Karl-Theodor zu Guttenberg）因為博士論文的爭議而被迫辭職（他
也因而被人戲稱 Googleberg，意思是其論文都是靠搜尋引擎寫

出來的）：他的論文深具後現代的拼貼風格，許多很長的段落都是於匆忙間從其他來源抄襲而來的。

但是，*Bildung* 的重點並不只是讓你的姓氏前面冠上頭銜而已。對於其現代意義的最貼切描繪，就是把它當成一種世俗的信仰體系。十八、九世紀時的教育理念發展到此時，就是所謂 *Bildungsbürger*（文化公民）的概念：中產階級公民不是透過財務收入或者政治傾向來表彰自己身分，而是透過他們的文化選擇。*Bildungsbürger* 這種身分的最典型表徵包括：訂閱《明鏡週刊》或者《時代週報》之類的週刊或報紙、對於法國電影或者煮義大利菜抱持著專業的熱忱，又或者只是《每日新聞》（*Tagesschau*）這個八點檔晚間新聞節目的忠實觀眾——其特色是，儘管電子提詞機的發明已經超過半世紀了，節目的新聞主播還是看稿報新聞。

就傳統而言，*Bildungsbürger* 通常是指教師、建築師、牧師、律師、醫師或者工程師，但是對於像二十世紀末德國這種如此繁榮的國家而言，範圍就更廣了。像我媽那種人也可以包括在內：她當了一輩子的全職母親，也是個兼職的社工。從小她就灌輸我一個觀念：把錢花在書上面，是個好投資，無論多少錢都值得。所謂書中自有黃金屋，其價值是不能用任何金錢上的得失來衡量的。我們在倫敦新家所架設的第一個傢俱，就是在我的臥室裡擺一個高雅的大書架，其宣示意義一點也不亞於美國士兵在硫磺島上插的國旗——幾週後我們才正式開始整理箱子。

這一切都有助於解釋我為什麼會在那箱子裡發現《啟蒙辯證法》。最後那本書從箱子裡被移到了我的新書架上，在一排鮮豔的橘色企鵝出版社經典書籍裡面，它那海軍藍書背看來特別顯眼。接下來的幾週裡，它像是瞪著我的一隻邪惡之眼。到了某個下雨的週五夜裡，我終於屈服了，這才想要試著去看看阿多諾到底想講些什麼。

結果，儘管過去阿多諾對我來講簡直就是 *Bildung* 的同義詞，其實他對於德國人崇尚教育一事還提出了相當多批判。《啟蒙辯證法》詳細地破除了十八世紀的啟蒙思想，也就是那種相信人類可以被啟蒙，可以透過文化獲得「整全發展」的那種理念。在一個特別值得牢記的段落裡，阿多諾把傳統的 *Bildung* 模式跟奧德賽與女妖賽倫相遇的神話相提並論。奧德賽知道其船隻經過一個狹窄海峽時，那裡的女妖歌聲會讓他聽到入迷，最後撞船而亡，於是這位荷馬筆下的狡詐英雄便想出一個聰明的計策：他建議船員們把他綁在船的主桅上，然後用蠟把他們自己的耳朵封起來，如此一來他就可以聽見女妖的歌聲，但卻又不會影響到船員們的判斷。阿多諾把典型的資產階級 *Bildungsbürger* 比擬為奧德賽，他說他們之所以能夠享受藝術，是因為有許多人被奴役，在幫他們划船。他接著表示，這就是啟蒙運動教育理念背後的邪惡真相：*Bildung* 與粗暴的行為總是攜手並進。對於阿多諾而言，正因為德國人迷戀《哈姆雷特》，這更證明了德國觀念論（German

Idealism）的上層文化帶著一種固有的否定性。哈姆雷特象徵著德國人喜歡自省，並於其後走向自我毀滅的特色，他是「第一個全然自覺，而且沮喪地自我反省的個人」。

於是，對於阿多諾與霍克海默（Horkheimer）而言，德國啟蒙運動的那些詩人與思想家雖然「為善」，德國的第三帝國雖然「作惡」，但是兩者並非處於善惡的兩個極端而互相對立，而是相互依賴的：其中任何一者的存在都預設著另一者也存在。同時，這不是一種理論上的吹毛求疵，而是有史實為明證的。歌德在威瑪建立了一個「啟蒙共和國」，但是相隔七公里之外，就是納粹設置的布亨瓦德（Buchenwald）集中營。對於在一九三七到一九四五年之間死於此地的大約五萬六千個囚犯而言，*Bildung* 根本就毫無用處。矗立於集中營營區裡面的那顆「歌德橡樹」[50] 真是對於德國上層文化的最大諷刺，就像希特勒《我的奮鬥》一書出版時德國享有全世界最高的識字率這個事實也讓人質疑德國人的好學究竟是好是壞。在當時的德國，文化與野蠻總是攜手並進的。因此，只有在德國這個特定的脈絡裡，阿多諾的名言「奧許維茲之後，撰寫詩歌是一件野蠻的事」才是有意義的（就我的記憶所及，如今這句話已經不如當年那麼有震撼力了），因為根據過去的傳統，詩歌與文化應該是解決社會禍害的良方。阿多諾曾自問：「什麼是德國的特色？絕對的理念在倒轉之後，變成了絕對的恐怖」。

若說這一切都是我從《啟蒙辯證法》看來的，其實嚴格來講

50　歌德在世時常常到當時還是一片荒蕪的集中營營區去看那一棵橡樹，橡樹一直矗立在那裡，直到一九四四年才於空襲中被轟倒。

並非如此。我第一次試著要去讀那本書時，我根本完全看不懂。前面我提到他喜歡寫一些曲折難懂的句子，如果想要製造一些令人費解的名句，當然是完美無比，但是當全書的許多段落都以這種風格寫成的時候，就會讓讀者備感挫折了。阿多諾是個擅寫「盒形套句」的大師，滿頁的句子都可以像一層層的俄羅斯娃娃一樣，每個娃娃裡面都套著一個比較小的娃娃，句子之間用「然而」、「因此」與「不過」等詞彙生硬地連接在一起，維持一種不穩定的平衡關係。每當我讀完一整頁時，總是一再發現自己好像只是盯著書裡的白紙，完全無法解讀那些黑字的意義。

　　一直要等到後來我在大學選修有關阿多諾的課程，我才了解這種謎語式的文字，這種阿多諾特有的書寫風格正是他身為一個作者想要表達的重點之一。阿多諾曾把《啟蒙辯證法》一書比擬為「瓶中信」，意思是，當它在一九四四年初版時，當時的讀者並無法了解其真意，只有後來的世代能讀懂。主要的理由在於，阿多諾相信在他有生之年，文化與野蠻行徑已經交融在一起，實際上並無法分開：文化已經不再是文化，而是已經變成「文化工業」，其所採取的手法類似於政壇上法西斯主義的工業化歷程，在此過程中人類被當成機器來對待。因此，在這股文化的主流裡面，任何想要說真話的哲學家顯然再也不能好好地表達自己，只能用一種比較隱晦的方式來傳達訊息。

　　阿多諾眼中的另類聲音是現代藝術之聲。他認為自己的哲學

研究取徑無異於薩謬爾‧貝克特（Samuel Beckett）的戲劇之道，阿諾‧荀伯格（Arnold Schoenberg）的現代音樂之聲，還有法蘭茲‧卡夫卡（Franz Kafka）的故事敘述手法，他們所使用的媒介都是要試著傳達一些複雜的訊息。貝克特的戲劇作品《終局》（Endgame）對於阿多諾特別有吸引力，因為貝克特用一種更為難解與憤世嫉俗的方式來呈現世界的現狀：哈姆雷特被他適切地修剪支解，成為劇中的「哈姆」（Hamm）一角。阿多諾的名言「扎在眼裡的刺是最好的放大鏡」就是這個意思，若想讓世人知道這世界已支離破碎，就要使用支離破碎的語言。但是，儘管阿多諾認為德國人對於文化的崇尚是所有問題的源頭，文化也是解決那些問題的關鍵。就此而論，就像他對於文具用品的執著，在這方面可說是個典型的德國 Bildungsbürger。

———

如果閱讀阿多諾的書本來就是一件困難差事，那麼要在英國讀他的書就更困難了。問題並非英國沒有文化——而是剛好相反。十九世紀的德國旅人可以嘲笑英國，說它是「一個沒有音樂的國度」，但是到了一九九〇年代晚期，那種汙辱聽起來已經沒什麼道理。因為經濟好轉，英國的文化工業開始有了現金與自信。即使是在密德薩斯郡（Middlesex）郊區，一開始帶給我一種單調與無聊的強烈印象，在經過深究之後，結果居然是個文化活

動蓬勃進行的地方。似乎每一條熱鬧的街道都有一個隱身於小巷裡的唱片行或二手書店。有些原本讓我覺得陰沉、冷漠而無聊的同學，結果卻可能是一九六〇年代紐約非主流漫畫的狂熱收藏者或者藝術搖滾樂的死忠樂迷。

在英國的第一個夏天，來自維根市（Wigan）的神韻合唱團（Verve）推出了一首各大電台與音樂頻道播個不停的當紅單曲。那首歌叫做〈苦樂參半交響曲〉（Bittersweet Symphony），其音樂錄影帶的主角是歌手理查‧艾許克洛夫特（Richard Ashcroft），他於片中身穿一件皺皺的皮夾克，在倫敦的一條熱鬧街道閒逛。艾許克洛夫特不理會發生於他身邊的事，擋在車子前面，撞上別人，但是不曾停下腳步：這充分地象徵著英國在文化力量方面的極度自信。它變成了一個神氣活現的 *Kulturnation*（文化大國）。

但問題並不是在於英國並未**實踐**文化，而是在於它用另類的方式實踐文化。特別是，不同於德國，在英國高尚藝術與通俗藝術之間，還有文化與藝術之間並沒有那麼明確的分野，而這一點對於阿多諾而言卻是很重要的。在我的德國老家，卻永遠都有一條很清楚的界限：書籍是好的，電視節目不好。每當我爸媽走進家門，看到我在看肥皂劇、動作片，甚或是某個非主流德國民營頻道的新聞節目，他們總會跟我說：「*Was guckst Du da für einen Schund?*」（你在看的那是什麼垃圾？）然而，到這裡後即使是比較高雅的英國報紙裡面都能看見文章長篇大論某些電視節目的

好處。就另一方面而言，莎士比亞這位最受德國教育階級喜歡的英國人之所以在家鄉享有崇高地位，正是因為其劇作可以輕易地優游於藝術與娛樂的兩邊。當P先生帶我們到斯特拉特福[51]去欣賞《哈姆雷特》的舞台劇表演時，令我感到訝異的是觀眾來自各個階層，而且該劇居然可以滿足觀眾的各種不同品味：除了哈姆雷特的獨白帶有哲學的況味之外，各種幽默元素令人捧腹，而各幕戲之間那些用歌唱演出的幽默短劇充滿低級的雙關語。

倘若阿多諾能活到一九九五年，親眼目睹所謂的「英國流行樂大戰」（Battle of Britpop），一定會說些令人感到有趣的評語。當時各個英國樂團之間往往充滿了激烈對立，而且對立的雙方一定有個勞工階級屬性較強，陽剛味較重的團體，另一方則是看來屬於中產階級，力道較弱的。阿多諾應該會說這兩者之間的區別是一種「虛假的選擇」，因為文化工業才不在意你買的是哪個樂團的專輯，只要能賺到你辛苦掙來的現金就好。但是直到你真正聽過英國的流行樂，你才知道阿多諾的理論真是把當時的情況看得太過簡單。布勒合唱團（Blur）靠《大逃亡》（*The Great Escape*）這張專輯於英國流行樂團走紅之後，於一九九七年推出的下一張專輯就是以團名當專輯名稱。《布勒》專輯裡面特別引人矚目的歌曲首推〈艾塞克斯郡的狗群〉（Essex Dogs）：那是擺在專輯最後面的一首歌，長達九分鐘，一開始是一陣用破音效果器（distortion pedal）做出來的除草機故障聲，接著變成含糊的獨白，描繪的盡

---

51 Stratford，倫敦東區地名，當地有知名劇院。莎士比亞的故鄉也叫做斯特拉特福。

是英國郊區的荒原與去完夜店之後的空虛心境。我認為〈艾塞克斯郡的狗群〉真是天才之作，不只是因為我很熟悉戴蒙・亞邦（Damon Albarn）在歌詞裡面所描述的那種英國景緻，也是因為音樂本身刻劃出一個破敗的工業化郊區——阿多諾所描繪的世界也是如此破敗。布勒樂團讓令人痛苦的現代主義音樂與純粹流行樂之間原有的清楚界線模糊掉了。

儘管在文化活動上英國人比德國人更加昂首闊步，但他們在抽象領域上的表現就顯得比較畏首畏尾了。我英文課上的英國同學們對於機智妙語與文字遊戲充滿自信：顯然，他們能比我更快地掌握華茲華斯（Wordsworth）詩作中的模稜語意以及雙重含義，他們也能用更為精確的字詞來描繪哈姆雷特所陷入的窘境。但是如果要解釋廣泛而抽象的理念時，那些英國男孩就突然間變得害羞與安靜起來了。偶爾有人會想要試著用宏大的理論來說明哈姆雷特的「自卑心態」或者「存在處境」，但是往往會很快就中槍倒下，就像那些不該把頭伸出戰壕的士兵一樣。只要有人敢說出「哲學」這兩個字，就會立刻被叫做「假掰的討厭鬼」或者遭謔稱為「教授」。

我有許多同學都把「假掰」（pretentious）當成最嚴重的罪行：因為德國人很少用這個字，我還特別去查字典。「假掰」的意思是「宣稱自己很優越或有價值，或者要求他人認同這一點，但通常是名過其實」，或者「表現出過於誇張外顯的賣弄姿態，或者

被人認為如此」。看來第二個定義是比較重要的，儘管展現出自己的聰明才智完全沒有問題，但一般人接受的社會規約是，如果你用外顯的方式賣弄自己的聰明才智，那問題就大了。因此，有些男孩總喜歡說一些令人迷惑的反話，後來在Ｐ先生的教導下，我才知道那叫做「修辭的謬誤」：開始對話時，他們會竭盡所能地強調自己有多無知，但是在接下來的爭辯過程中，你會發現根本不是那麼一回事。我花了好幾個月的時間才了解，當他們說「明天要考試了，可是我一點都沒有複習耶」，實際上是指「我對明天的考試非常有自信，所以我昨天就休息了」。「我對於維多利亞時代的人一無所知」，實際上是指「我對維多利亞時代的歷史瞭若指掌，就連維多利亞女皇的那些表親的名字都知道」。「真希望我會說德語」，實際上是指「我的德語流利無比，儘管我對過去完成式的運用還有待加強」。英國人喜歡保守的說法，喜歡到入迷了，最能顯示出這一點的莫過於他們在「論說文」（essay）這方面的表現，那是我們在第一學期學寫的東西。論說文其實沒什麼，總之只是用華麗的詞藻把你的才華展現出來，是一種長篇大論的主觀意見陳述，不過「essay」一字原為「assay」，意指試驗或者嘗試——其含意就只是一種微不足道的實驗而已。

一開始我不知道英國人是這麼害怕被人看出自己有多聰明，但這在許多方面都讓我占了便宜。儘管我在課堂上沉默寡言，但是等到學期接近尾聲的第一次模擬考試來臨時，我實在看不出自

己有必要保留實力。當拿到考卷時，我是全班分數最高的人之
一。我後面那排的某個男孩咕噥地說：「就憑那該死的德國佬」。
下課後，P先生問說是否可以跟我談一談。我是否曾考慮去上進
階哲學課？有一小班學生從年初就開始在研讀哲學了，他們只有
四個人。我要花幾個禮拜的時間惡補才能趕上他們，但他覺得那
不是什麼大問題。

　　之前我就聽說過那個哲學班。學校的其他學生總是用綽號來
稱呼那個班上的學生。有個男孩被稱為「超級娘砲」，他有男人
的身材，但卻是個娃娃臉，而且老是穿著只有十九世紀探險家們
才穿的那種米色亞麻西裝加背心。「保皇小子」在他的文件夾裡
面黏了一張漫畫，上面畫的都是議會裡的保皇派政治人物──
他看起來已經很像他們了，他的前額頭髮剪得很亂，眼神堅毅強
硬，臉上粉刺超多。「酒糖」是個中世紀角色扮演迷，熱愛哥德
搖滾（Goth rock），宣稱自己是個虛無主義者。最後一個叫做「小
瓊斯」，他是英國國教教徒，臉上總是一副驚恐困惑的模樣，像
是一隻剛剛被電擊過的名貴貴賓狗。第二學期開始時，我發現我
跟這一群成績優等的怪咖坐在同一個教室裡：我們是超級娘砲、
保皇小子、酒糖、小瓊斯，還有我──德國佬菲爾。我們的老師
C先生是個面孔嚴肅的小個子，頰骨長得像小木偶皮諾丘，身穿
短袖羊毛衫，每當學生與他講話時，他總是閉著雙眼。第一堂課，
C先生走進教室就發了一疊釘好的影印講義給我們。「今天我們

要探討的是A. J. 艾耶爾（A. J. Ayer）以及形上語言的問題。」

之前我未曾聽過A.J.艾耶爾這個人，但是C先生提供了一些補充性的訊息。艾耶爾是邏輯實證論（Logical Positivism）這個哲學運動的一員，深深影響著他們的是一群被稱為維也納學派的奧地利哲學家。儘管艾耶爾與歐陸哲學的淵源深厚，但他卻也是英國歷史上最重要，最具影響力的哲學家之一。那一疊講義是從《語言、真理與邏輯》（*Language, Truth, and Logic*）一書影印出來的，艾耶爾於一九三四年開始寫那本書，兩年後完成，當年他只有二十五歲。那本書是以一個個尖銳短句寫成的，其共同點是想要表達一個清楚而理性的論證。艾耶爾的書寫風格是如此簡單，我幾乎對自己能夠輕易地了解作者的推理感到震驚。如果阿多諾的文字是油漬搖滾樂的吉他聲，那麼艾耶爾的東西就是一九六〇年代的口香糖流行樂 52。

跟阿多諾一樣，艾耶爾也想告別傳統哲學。不過，儘管阿多諾討論的議題明確，就是啟蒙運動所崇尚的 *Bildung*，艾耶爾的出發點卻是比較基礎的。艾耶爾認為，在所有關於這個世界的命題裡面，只有兩種是有意義的。第一種是經驗命題，它們是可以透過感官調查來驗證的。「我的手臂斷了」就是一個有意義的命題，因為醫生可以檢查我的肢體，藉此確定我的手到底是骨折，或者只是裂開而已。第二種則是可以透過邏輯演繹來證明其真假的命題。「三角形有三個邊」是有意義的命題，因為根據定義，

52　bubblegum pop，一種備受青少年喜歡的搖滾樂風。

三角形就是有三個邊。

　　艾耶爾主張，任何命題只要不屬於上述兩類，就該被「丟進火堆裡」：它們不是有意義的命題，而是「假命題」。在《邊緣之外》（*Beyond the Fringe*）這個舞台喜劇裡面有一段叫做〈牛津哲學家們〉的短劇，短劇所諧仿的就是邏輯實證論哲學家們有關於「語言遊戲」與「假命題」的那些討論。在短劇中，演員艾倫・班奈特（Alan Bennett）說，所謂「假命題」，就是像「我的甜菜根沙拉裡面有太多的星期二」這種話。事實上，這已經很接近艾耶爾的哲學之核心了。唯一的差別在於，對於艾耶爾而言，無意義的不只是像「我的甜菜根沙拉裡面有太多的星期二」而已，就連「上帝是存在的」這種聽起來嚴肅無比的命題也是無意義的。因為上述的兩種命題都不能透過經驗或者邏輯來檢驗，因此毫無意義。如同C先生所解釋的，艾耶爾的激進之處在於，他不只是把這種檢驗法則運用在宗教與甜菜根沙拉上，而是用於所有的語言現象。就連「殺人是錯的」這種有力的道德命題也不能倖免。艾耶爾表示，因為我們無法用任何經驗的方式來驗證殺人是不好的，那一個命題的意義只是用來表達說話者的情緒：「殺人是錯的」實際上的意義是，「我真的強烈地認為殺人是錯的」。簡而言之，艾耶爾挑戰哲學的目的是希望它能大破大立，從零開始。

　　一開始，我覺得這並沒什麼了不起的。艾耶爾給我的印象是個非常英式的哲學家。因為只聚焦在語言上，他給予哲學的重建

空間似乎很小，其結果沒什麼驚人的。艾耶爾的哲學流派其實是一種廢話檢測器：他們要糾正的是那些講話過於空幻或者誇張的人。然而，真正刺激的任務，也就是那檢驗工作，那發現真理的使命，就留給科學去完成了，哲學只能扮演跑龍套的角色。在《語言、真理與邏輯》一書裡，艾耶爾嘲弄形上學的企圖心太強、範圍過大，因此他寫道：「如果想知道明天是否會下雨，我沒必要先確認滿州國皇帝現在心裡在想些什麼」。但是，至少科學家能跟我們說明天到底會下雨或出太陽，艾耶爾卻只能評論我們討論天氣的方式——此一特色再度證明他是個典型的英國人。

下課鐘聲響起，C 先生把他的那一疊紙收進皮革書包裡，道別後離開教室。我也收起書包，正打算起身離開，但發現其他學生都還坐在座位上。「你們真的覺得沒有任何方式可以證明殺人是錯的嗎？」小瓊斯說道，他顯然很困擾。酒糖做出磨刀霍霍的手勢，他說：「有些撒旦的信徒卻深信殺人是一件好事。」而保皇小子則是說：「殺人是錯的**無誤**，」他把一撮頭髮往後撥。超級娘砲則是從座位跳起來大叫：「留心上帝的話啊！」他在教室裡來回踱步，煞有介事地緊抓著亞麻西裝的衣領，接著說，「祂說，在背後用刀傷人可是十惡不赦的事啊。」有人噓他，對他發出噴噴聲響，還有表達認同的陣陣大笑。這整個場景讓我聯想到電視上轉播的首相備詢時間，或者是某一齣蒙地蟒蛇劇團的滑稽短劇：看來的確是戲劇效果十足，而且荒謬，但卻言詞機敏。最後，

保皇小子轉過頭來，用嚴厲的眼睛盯著我說：「我們的新同學有何高見？」我咳一下，清清喉嚨，但是還沒把整句話說完時，就知道自己的論證無法通過艾耶爾的檢驗原則：「呃，我想你們都聽過阿多諾說的，『奧許維茲之後，撰寫詩歌是一件野蠻的事』。」

————

「德國人的才智」（the German genius）是我們常聽見的一種說法。即便英國人對加入歐盟抱持懷疑態度，也不想去碰歐陸政治的問題，但往往還是會對於德國歷史上出現的那些偉大思想家與發明家展現一點欽佩之意。就另一方面而言，如今德國人卻很少提及「英國人的才智」。

然而，我待在英國的時間越久，我越是深信，儘管英國人的連帽粗呢外套與週日烤肉表面上看來平淡無奇，但他們的確是有才智的。若用最寬鬆的標準看來，我哲學課上那些宛如國會議員的同學們不都是一些可敬的邏輯實證論者嗎？他們都是一些修辭學家，深知理念是不能獨立於語言之外存在的。同時，他們對於文字遊戲抱持著一種本能的懷疑態度。如果某個命題經不起檢驗，就會遭他們批評鄙棄。最重要的是，與彼此辯論對他們來講似乎是一種樂趣：他們把哲學變成一種活靈活現的東西，而不是把它束諸高閣。我曾聽許多英國人說，德國人會在居住地的酒吧裡與人談論哲學問題，但英國人卻只是閒聊足球與實境電視節

目。然而，就我自己的經驗而言，如果你想看盎格魯─薩克遜人對於爭辯與學習的熱忱，真正該去的地方就是酒吧。表面上看來是非關智性的運動話題，但實際上聊的就是 *Bildung*，而這種傳統的酒吧問答到底是怎樣的一種風貌呢？

　　儘管從德國人的標準看來，也許 A.J. 艾耶爾不是個企圖心特別強烈的哲學家，但是他深知，如果想讓世人在第一次世界大戰飽嚐驚嚇滋味之後仍然覺得哲學有其效用，就必須讓哲學植基於經驗中。不管是從他的哲學作品或者生平事蹟中，都可以看出這一點。艾耶爾在牛津當學生時，有一家叫做「巢穴」（the Nest）的地下室酒吧位於攝政街附近的金利街（Kingly Street）上，他是那裡的常客，他都在那裡跳舞、喝酒，聆聽來自美國的黑人爵士樂手演奏音樂。一九三〇年代晚期，他曾與年方十八的女星洛琳・白考兒（Lauren Bacall）錄製了一張唱片，她在唱片裡演唱的是〈查特努加市的火車〉（Chattanooga Choo-Choo），而他則是朗誦了詩人安德魯・馬維爾（Andrew Marvell）那首歌頌感性經驗的詩作，〈獻給他那羞怯的情人〉（To His Coy Mistress）。到了一九四〇年代晚期，他持有托登罕熱刺隊足球賽（Tottenham Hotspur）的季票，常去看球賽的人都稱他為「教授」。一九八七年，拳王麥克・泰森在某派對上騷擾名模娜歐蜜・坎貝爾（Naomi Campbell），結果遭到艾耶爾當面制止，據悉泰森反問他：「你他媽知道我是誰嗎？我可是世界重量級拳王。」有人說，艾耶爾的回應則是：「我

是個退休的威克罕講座邏輯教授。我們倆在各自的領域都有精彩的表現。我們應該用理性的態度來討論這件事。」很難想像阿多諾也一樣能夠有這種機制快語。不過，我們也很難想像阿多諾會參加任何派對。

阿多諾與艾耶爾在牛津大學的歲月有三年是重疊的，而且那段時間他們倆甚至受教於同一個導師，也就是哲學家吉伯特・賴爾（Gilbert Ryle）。他們所身處的城市如夢似幻，我甚至曾想像他們倆在街道上相遇的模樣。他們是否曾在大學的餐會上坐同一桌，共享一瓶紅葡萄酒呢？當騎著腳踏車的兩人在國王徽章酒吧（King's Arms）外面相遇時，是否會揮手打招呼呢？當他們在頂篷市集（Coverred Market）裡面購買雜貨時，是否會排在同一個隊伍裡？但不管是哪一種情況，我發現都是難以想像的。比較有可能的是，他們只是從遠處觀察對方，只要一走近，就不會太喜歡對方的模樣。在艾耶爾的回憶錄《半生》（Part of My Life）裡面提起阿多諾，說他「舉止與外貌像個花花公子，而且他很焦慮地想知道是否有其他難民已經取得了他還未獲准的那項優惠待遇，也就是參加大學餐會」。從阿多諾在墨頓學院宿舍房裡所寫的那些「小卡片」看來，艾耶爾的印象似乎沒有錯。他在寫給奧地利作曲家恩斯特・克雷內克（Ernst Krenek）的信裡面說，他知道墨頓是「牛津大學歷史最悠久，最難進入就讀的學院嗎」？（這是個無傷大雅的謊話：跟墨頓一樣歷史悠久，而且很難申請的，還包括貝里奧

爾學院以及大學學院）。在同一封信裡面，他說，「想向英國人解釋我的哲學之真諦，幾乎是不可能的」。若想跟任何人談那些東西，他必須先把他的作品簡化到「小孩也能懂的標準」。墨頓學院餐廳的歷史可以回溯到十三世紀，在那鋪著橡木地板的地方與大學生們一起用餐，「好像回到中小學似的，簡而言之：跟第三帝國沒兩樣」。牛津市如夢似幻，尖塔林立，但對他來講卻是個「充滿恐懼的夢魘」。

　　阿多諾在牛津時期的確也勉強完成了一篇叫做〈論爵士樂〉（On Jazz）的論文，該文於一九三七年發表在《社會研究期刊》（*Zeitschrift für Sozialforschung*）上面，他使用的筆名是海克特・羅特威勒（Hektor Rottweiler）。他在那篇文章裡所做的，基本上就是強烈抨擊當時大行其道的爵士樂。阿多諾宣稱，爵士樂是一種「假民主」的音樂形式，它粉飾了階級差異，宣稱要達成個人解放的目的，但卻辦不到。爵士樂的即興特色只是一個幌子，實際上，爵士樂的精神比較像軍樂裡的進行曲，而非真正藝術——阿多諾認為，此一論點的明證在於，爵士樂大量使用薩克斯風，而進行曲也是，另一個證據則是搭配著音樂的舞風，也就是爵士「舞步」。納粹指責爵士樂是一種「黑人特有的音樂」，但阿多諾仍然深信爵士樂是一種天生就屬於極權政府的音樂：「是最適合法西斯主義使用的」。

　　就讀墨頓學院時，阿多諾在一九三七年寫了許多信給好友麥

克斯・霍克海默，於信中詳述其爵士樂理論。他問道，是否可以因為爵士樂使用了大量的切分音符（syncopated notes），就把它當成一種早洩的音樂表現？同時，他沒意識到自己的話相互矛盾，還說爵士樂象徵著一種對於被閹割的恐懼，因為「jazz」這個字裡面那兩個「z」看起來就像刀鋒邊緣，另一個原因則是任何一個爵士管弦樂團都以鋼琴為其核心，而鋼琴的蓋子總是打開的——難免會發生意外。阿多諾寫道，英文裡面「jazz」這個字「很可能」源自於德文的 *Hatz*，也就是狩獵，「那種音樂所模仿的就是一隻動作緩慢的生物被一群獵犬追殺的過程」。還有，難道「散拍」（ragtime）一字不是也容易讓人聯想到獵物被撕裂的景象？德布西那張很像爵士樂的唱片〈拉文將軍，奇人奇事〉（Général Lavine, eccentric）會讓阿多諾聯想到德文的 *Lawine*，也就是雪崩，意思是「一股突然爆發，在毫無押韻與理性的狀況下湧現的社會力量，令人驚恐，深具破壞力」。裝上弱音器的小號讓他覺得「像是在諧仿恐懼的尖叫聲」。他特別把〈老虎散拍樂〉（Tiger Rag）這首樂曲拿出來講：最早於一九一七年錄製這首爵士樂曲的是狄西蘭原味爵士樂團（the Original Dixieland Jass Band），根據音樂週刊《造樂者》（*Melody Maker*）的統計，到一九三四年的時候，已經被重錄了五十二次之多，曾演出過的藝人包括路易斯・阿姆斯壯（Louis Armstrong）、艾靈頓公爵（Duke Ellington）、葛倫・米勒（Glenn Miller）以及亞特・泰坦（Art Tatum）等等。〈老

虎散拍樂〉讓阿多諾聯想到「老虎在想要交配時發出的叫聲，還
有一種害怕被老虎吃掉或者閹割的恐懼」。最糟的是，在阿多諾
的書裡面，他用「jitterbug」一詞來指稱各種搖擺舞曲風：「它
是指一種緊張不安的昆蟲，會受到某種刺激，例如燈光的被動吸
引。若他們把人比擬為昆蟲，那就表示他們看得出人已經被剝奪
了自由意志」。

如果想幫阿多諾說項的話，我們可以說他在寫下那些言論
時還沒有查理・帕克（Charlie Parker）、查爾斯・明格斯（Charles
Mingus）或者是邁爾斯・戴維斯（Miles Davis）這些把爵士樂變得
複雜而困難，充滿阿多諾風格的音樂。但我們還是不禁感覺到，
他根本就搞錯了重點。此時那些信件容易讓人誤以為一九三七年
的時候被人搞得宛如世界末日的不是第三帝國，而是牛津。阿多
諾因為批評德國人的教養無法阻止希特勒的崛起而聞名，但是從
一九三四到一九三七年間他卻把很多時間用在強烈抨擊一種不會
害人的流行音樂，而不是法西斯主義的崛起。透過阿多諾與艾耶
爾的對照閱讀，我們難免會有一個強烈的印象：兩次世界大戰的
這一段時間對於這兩個英德兩國的代表性人物產生了非常不同的
影響。如果說一九三〇年代有一種健康的懷疑論調於英國重生，
同一時代在德國發展出來的，卻是一種影響深遠而且充滿虛無主
義精神的悲觀態度。

CHAPTER 4
狂野的森林和溫馴的鄉間

　　一九四四年八月二十二日早上，倫敦南肯辛頓地區那些喬治亞王時代豪宅裡面有一間遭到德國的 V-1 炸彈擊中，兩個小時後，一群英國藝術家與知識分子在當地的法國學院（Institute Français）舉行了一個聚會。大樓的門窗因為先前空襲而破損，本已補好，如今又被炸破，但是大樓結構本身看來仍算穩固，足以讓活動照原計畫進行。許多與會者也許會覺得會場裡那一股焦掉的磚粉味實在是太應景了。畢竟，由詩人、劇作家、編輯、散文家與小說家組成的國際筆會（International PEN）英國分會所舉辦的這一場研討會很可能是一個具有爆炸性的活動。研討會是為了紀念彌爾頓（Milton）的《論出版自由》（Areopagitica，一六四四年出版）問世三百週年而舉辦的，但是因為國難當頭，人們會不禁想起這個問題：與這篇反對圖書審查制度的激進策論出版的三百

年前相較，英國的藝術家們更能暢所欲言地講心裡話嗎？大戰期
間，英國的政宣部幾乎徹底掌控了報紙上刊登的文章以及廣播節
目的內容。如同那一天詩人赫曼‧烏爾德（Herman Ould）在一篇
論文裡面所寫的，英國的文創從業者「仍然享有成長的自由，自
我表達的自由，還有犯大錯與小錯，然後再度嘗試的自由嗎？」

　　研討會的開幕演講者是 E. M. 佛斯特（E.M. Forster）。這似乎
是很貼切的。很少有其他英國作家像這位出生在倫敦，胸懷世界
的人道主義者那樣致力於所謂的「理念小說」（novel of ideas）。佛
斯特的小說之特色在於，小說開始不久後就會出現一個公開活
動，參加者來自於對比強烈的各種生活背景，例如在《此情可問
天》（Howards End）裡面，出身中產階級的施萊格爾家姊妹們就是
在一場音樂會裡面與來自工人階級家庭的李歐納‧巴斯特相遇
的；在《窗外有藍天》（A Room with a View）裡面，一個晚餐餐會
促成了焦躁不安的露西‧哈泥丘奇邂逅了自由自在的喬治‧愛默
森；而在《印度之旅》（A Passage to India）裡面，讓僑居海外的英
國人艾黛拉‧奎斯提德與印度醫生阿濟斯相識的，則是一場花園
裡的宴會。任何讀過這些小說的人都知道這種聚會是非常好的，
因為相遇相識終將讓小說人物開始質疑自己的原則與偏見。至於
當下，總會有一些趣事發生，充滿了社交場合裡的種種尷尬情
境，衣著呈現強烈對比，但是不常有激烈的討論與怒氣沖沖的爭
辯。所以，這就是那天在南肯辛頓的狀況：大家都克制自己的脾

氣，溫文儒雅。許多談話都只是點到為止。有位教授的結語是，那天談的實際上並非言論自由，而是「心智與精神之間的關係」。就連佛斯特的專題演說也只是對政宣部以及英國文化協會稍加批評而已，言談間他想起了第一次世界大戰時的一件趣事：當時英國政府起訴了倫敦圖書館，罪名是私藏德國禁書，結果後來為了要撰寫政宣文案，發現還是必須跟該圖書館借書——聽起來比較不像大力抨擊，而是好意的提醒。

從喬治・歐威爾（George Orwell）對於那場研討會的評論看來，他顯然挺挫折的：「想想看我們所身處的是什麼時代，還有過去十五年來我們的作家與記者的種種遭遇，難道你不覺得這樣的聚會應該對政府提出比較激烈與精確的控訴嗎？」

然而，與會的幾位文人都把那天早上聚會裡發生的一件事記載在日記裡。特別吸引他們注意的是當天前排一個禿頭高個兒的舉止。根據一位來自波蘭的與會者表示，那個男人「身穿德國難民身上常見的灰色破爛西裝」，他穿著皮鞋，但顯然沒穿襪子。他的手裡拿著一根兩英呎長鐵線，抖個不停，顯然是從隔壁那還在冒煙的爆炸現場裡撿來的。他對佛斯特的演講沒興趣，反而專心地想把那一條鐵線折成一個複雜的形狀。他是誰？政宣部派來臥底的幹員嗎？還是個瘋子？有些與會者的結論是，他肯定是一個誤闖會場的水電工。佛斯特的演講結束後，他就獨自離開大樓了。

————

　　庫特・許威特斯（Kurt Schwitters）不曾為任何場合刻意打扮過。他在三十五、六歲時拍了一張照片，照片中他正襟危坐，雙手交疊，擺在大腿上，身穿一件領子上過漿的白襯衫，打了一條粗花呢領帶，嘴邊留著保險業務員特有的八字鬍，油亮的頭髮往後梳，看起來活像個鄉下來的菜瓜布推銷員，而不是以四海為家的波希米亞藝術家。他的外觀與某種生活風格是相符的。許威特斯很喜歡寫信，他與散居荷蘭、俄羅斯、巴黎、紐約、柏林與漢堡的藝術家都有魚雁往返的習慣，但其居住與工作地都一直是漢諾威——那是德國下薩克森邦的一個中型城市，他於一八八七年出生在漢諾威。儘管如此，還是有許多藝術史專書堅稱，庫特・許威特斯是二十世紀最為激進的藝術家之一，也是激進的藝術運動「達達主義」的領袖之一。什麼是「達達」？儘管其名號朗朗上口，但若想用文字來解釋這個運動，其難度眾所皆知。一九二〇年代初期，達達運動如日中天，幾位具有領導地位的藝術家都曾經發表過宣言，但是其內容大多是顧左右而言他，少有闡明其創作意圖的：「達達是肯定的」，「達達是否定的」，「達達是一種原生細菌」，「達達是一隻狗，或一個指南針」，「達達是愚蠢的」，還有「達達是死的」。事實上，許威特斯未曾用過達達一詞，還有，無論如何，透過欣賞他的藝術作品，你就能更加瞭解他的慾

望、恐懼與企圖，這是任何宣言與照片都無法傳達的。

　　庫特‧許威特斯的藝術原料是生活中的各種碎紙垃圾。其拼貼作品常用的東西包括撲克牌、撕過的公車票、剪報、一根生鏽的鐵釘，全都散落在畫布上，看似混亂，但卻是精心安排過的，藉此掩藏助他對於藝術創作規則的熱忱。用「激進」來形容這種創作方式並不誇張，在一九二〇年代的時候更是如此。當時的人們經歷了第一次世界大戰的砲彈震撼，驚魂未定，許威特斯的拼貼美學作品對他們來講宛如炸彈的爆炸地點。他的藝術品由碎紙

許威特斯於一九一九年初完成的作品《美而茲拼貼畫》

片與金屬碎片構成，在他看來，就連一條被V-1炸彈炸過的老舊
鐵線也能登藝廊的大雅之堂。一九一〇年的時候，當時還比較樂
觀的佛斯特在《此情可問天》的題詞裡面寫道：「只能連結在一
起了！⋯生命再也不能支離破碎。」一次大戰後，許威特斯的座
右銘則是率直多了：「無論什麼東西都解體了，唯有從碎片取材，
才能做出新的事物。」許威特斯把自己的達達主義作品稱為「美
而茲」（Merz），而這個詞彙也是個片段，取材於一個隨便選來的
德文字「Commerzbank」（商業銀行）。

　　許威特斯認為，與其說「美而茲」是一種美學技巧，不如說
它是一種適用於詩歌、兒童故事、戲劇、雕刻、新聞報導、廣告、
木工甚至建築的哲學通則。他那間位於漢諾威的自宅變成了這種
世界觀的最佳典範，一種究極的藝術作品：那是一處可以讓你走
進去參觀的拼貼作品，他將其命名為「Merzbau」，意思是「美
而茲宅」。與「美而茲」一詞押韻的包括：*Scherz*（笑話）、*Herz*
（心），還有 *Schmerz*（痛苦）——某些人可能難以接受其中所隱含
的弔詭。一九三三年以後，納粹黨開始對現代主義藝術家們採取
各種各樣的抹黑行動。許威特斯於一九一九年初完成的作品《美
而茲拼貼畫》（*Das Merzbild*）在一九三七年被擺在一場所謂「墮落
藝術」（Degenerate Art）的藝展裡，作品旁邊掛著一個牌子解釋道：
「就連這種東西也曾被當成藝術作品，而且可以賣很多錢！」許
威特斯遭第三帝國政府列入黑名單，不准他參加任何可以拿錢的

藝術活動。所幸，與會時他已經離開德國六個月之久了：他在一九三七年一月離開漢諾威老家，前往挪威，等到納粹於一九四〇年入侵挪威後，他又遷居英國———一個似乎再度成為言論自由最後堡壘的地方。

當許威特斯想跟英國人解釋何謂「美而茲」的時候，他吃了很多苦頭。達達主義是個國際運動，它的各個發展中心，像是柏林、巴黎、蘇黎世、紐約與東京等地方都是各自獨立發展的，但是，事實證明，英國人對於這種前衛藝術抱持抗拒的態度。一九四〇年的時候，倫敦還沒有任何一個達達運動的根據地，許威特斯請求藝廊老闆們展出他的作品，但都被拒絕了。許威特斯跟芭芭拉・海普沃斯[53]與班・尼可森[54]成為朋友後，本來可望進而結交其他藝術家與藝廊老闆，但是後來因為尼可森批評他是個「渾球與無聊的傢伙」而斷了這條財路。為了賺取基本的收入，許威特斯被迫幫路人畫肖像，拿點小錢，並且持續做他一直以來都很擅長的事：寫信給世界各地的友人。他在給某個朋友的信裡面寫道：「英國人保守而完全不懂藝術。」給另一個朋友的信裡則是寫道：「我們德國人比英國人還懂得欣賞莎士比亞。」（他的口氣好像看過《此情可問天》似的，因為那小說裡也有這麼一段話：「芙烈達，妳討厭英國音樂。妳知道妳討厭。還有英國的藝術。還有英國文學，除了莎士比亞，不過他就像是個德國人。」）

除非你看過許威特斯這個時期的某幅拼貼畫，否則很難理解

53　Barbara Hepworth，英國著名女雕塑家，二戰時與其他藝術家避居 St. Ives。與畫家班・尼可森有過一段婚姻。
54　Ben Nicholson，英國抽象畫家。

他此時的處境有多諷刺。在這幅畫裡，他大膽竄改了英王愛德華七世的長子，也就是亞伯特・維克多親王[55]的肖像：他那張長了八字鬍的臉有一半被塗黑了，胸口黏了一支剃刀刀鋒，藉此暗指親王就是開膛手傑克的傳聞（一個令其蒙羞的傳聞）。這作品不只是讓人驚詫於其前衛性，顯然也具有英國風味，它還蠻像披頭四的《比伯軍曹寂寞芳心俱樂部》（*Sgt. Pepper's Lonely Hearts Club Band*）黑膠唱片封面，或者是性手槍樂團（Sex Pistols）的單曲〈天佑女王〉（God Save the Queen）的唱片封面，充滿普普藝術的風味，差別只在於後者不是用剃刀刀鋒，而是安全別針。畫上面有一行潦草的字寫著，這本來是親王殿下的肖像，然後又補了一句：「現在它是美而茲拼貼畫了。抱歉！」

　　如果說那幅畫所訴說的是一個有可能發生過的故事，那麼另一個藝術作品所描繪的則是較為真實的情境。有一個年代標記為一九四四年的鐵線雕刻作品，可能就是佛斯特在法國學院演講時，許威特斯用被他自己把玩的那一根鐵線做成的。那根鐵線從一團塑膠往外延展，然後又往回延伸，宛如一棵崎嶇巨石上面的樹。這讓人不禁想起一個問題：庫特・許威特斯之所以覺得很難對佛斯特的演講有所共鳴，是不是因為審查制度對他並無影響？他所面對的問題在於，英國人一開始便不想聆聽他要傳達的訊息。他在另一封信裡面寫道：「英國人講話都很小聲，至少他們的中產階級是這樣。如果你大聲說話，那就變成『老百姓』了，

55　Prince Albert Victor，他是維多利亞女王的長孫，但二十八歲便過世，早於其祖母、其父，無緣繼承王位。

庫特‧許威特斯的紅色鐵絲作品。圖片來源：Modern Tate。

而不是紳士⋯在這裡，大聲講話就跟沒刮鬍子或者指甲骯髒一樣糟糕。他們不會大聲說話。但是，結果卻造成了一種典型英國人的態度。英國人不會為自己的理念辯護，因為他們不想大聲說話。他們私底下知道什麼是對的，那就夠了。」

更糟糕的是，許威特斯沒有像佛斯特一樣躲過炸彈：一九四五年二月，他發現他的「美而茲宅」已經在英國皇家空軍對漢諾威發動空襲時被摧毀。早先，他在一九四四年四月時小中風過一次，於是決定在一九四五年年中離開倫敦，搬到一個位於英格蘭「湖區」（Lake District），叫做安伯塞德（Ambleside）的小鎮。如果沒有意外的話，這將是庫特·許威特斯的英國之旅的終點站。

不過，檔案庫裡面還有一幅他的畫是值得仔細檢視的。乍看之下，你會覺得那是個歸檔時發生的錯誤：你以為那是其他藝術家的作品，因為出了錯才被歸檔到許威特斯的名下。那是一個男人的肖像，在某些地方被胡亂地塗了幾筆，但整體來講呈現出一種寫實的風格。那個男人坐在一張椅子上，身旁是一間穀倉或者棚屋，雙手交疊，擺在大腿上，臉上的表情看起來很冷淡，有點無聊的樣子。我第一次看到那幅畫時，本來以為沒什麼有趣的，直到我把它拿給我的一個攝影師朋友看過，我才改觀。他指出那幅畫有個非比尋常之處：那個男人的臉上有陰影。我的朋友解釋道，這若非畫家違反了一個很基本的原則，而且是故意的：任何專業的肖像畫家都會要他的模特兒坐在面對太陽的地方，如此一

來才能畫出閃閃發亮的雙眼。如果你再仔細看看，就會發現那是
一幅怪畫：與其說那是肖像畫，不如說是對於環境的描摹。往男
人的左邊看，你會瞥見一個正在盛開的花園。他頭上有一片三角
形的藍天，驕陽當空，植物與灌木叢都閃閃發亮，宛如童話中城
堡裡一個裝滿黃金的箱子。

那幅畫不但忠於許威特斯的風格，也精確地呈現出模特兒的
樣貌：他就是哈利・皮爾斯（Harry Pierce），一位退休的地景園藝
家，他的師傅就是湯瑪斯・茂森（Thomas Mawson）——《造園的
技藝》（*The Art and Craft of Garden Making*，一九〇〇年出版）這本重
要著作的作者。皮爾斯於一九四二年在「湖區」山邊一個叫做艾
特瓦特（Elterwater）的小村莊買了一個小莊園，從那裡越過山丘，
只要走不到一個小時就是格拉斯米爾湖（Grasmere）以及詩人華

許威特斯完成的哈利・皮爾斯肖像畫

茲華斯那一座位於鴿屋（Dove Cottage）旁的花園。他想將那裡變成一座種滿花樹與灌木的花園：不是法國那種經過仔細修剪的公園，或者傳統的英格蘭式野生花園，「而是人類的想像與大自然的豐沛之綜合體」。許威特斯與皮爾斯是透過他們倆的共同友人介紹而認識的，許威特斯在一九四七年夏天從安伯塞德搭乘公車到艾特瓦特去幫他作畫。

　　當許威特斯完成肖像畫時，我們並不清楚有什麼改變發生了。但可以確定的是，這位藝術家與園藝家之間一定有所共鳴，因為等到油墨乾掉時，皮爾斯已經同意把畫中那間小屋租給許威特斯。那個小穀倉的所在地本來是一座火藥工廠，當時已經被當作儲存乾草的地方使用。穀倉的一面牆壁是原石砌成的，地面則是土壤。接下來的五個月裡，許威特斯與皮爾斯把一座煤油爐搬進穀倉裡，將屋頂修好，開始蒐集一個新拼貼雕刻作品所需的材料：石頭、玻璃碎片、鐵塊、破畫框、一顆瓷蛋、一顆小孩玩的球，還有一些皮爾斯的園藝工具。一九四七年十月，許威特斯在信中對朋友說：「我現在一天工作三小時，這是我體力的極限了。但是我將需要三年的時間。」

　　他們並未完成這一座「美而茲穀倉」：許威特斯於隆冬之際染上肺炎，被送往肯德爾鎮（Kendal）就醫。他在一九四八年一月辭世。臨終前不久，他在寫給另一位朋友的信裡面表示：「多虧了英格蘭，我們才有辦法住在如同田園詩的景色裡，而那正是

適合我的地方。英國真是如詩如畫，如此浪漫，沒有任何其他國家可以比得上它。」

————

　　在我遷居英格蘭之前，大致上我以為那是個都會區：全國都被涵蓋在大倫敦都會區裡，在廣大都市風景邊緣的郊區則是有曼徹斯特與里茲（Leeds）這種地方。每個德國的小學生都知道大笨鐘與倫敦塔橋，還有紅色的雙層巴士以及黑色計程車。但是像湖區、科茨沃爾德（Cotswolds）、新森林（New Forest）以及斯諾登山（Mount Snowdon）等大不列顛島上值得歌頌的美景就是不像德國的什列斯威—霍爾斯坦以及梅克倫堡—西波美拉尼亞（Mecklenburg-Vorpommern）這兩邦那樣具有吸引力。無疑地，造成此現象的主要原因在於氣候：我們並不嚮往那些歐洲北部天然奇景，我們喜歡的是西班牙的海岸、義大利的山區，還有法國的鄉間，因為我們知道再怎麼輝煌的景緻都會被那種細雨綿綿與雲霧繚繞的氣候給毀掉。除了建築的特色不一樣，英國約克郡的谷地與德國萊茵河沿岸地區的差異實在很小。另一個聽起來較具爭議性的理由是，英國人也沒有對自己的鄉間景緻感到非常自豪。城市居民與鄉下人之間的關係充滿了不信任，如同伊夫林・沃（Evelyn Waugh）於一九三八年出版的小說《獨家報導》（Scoop）裡面所說的：「『鄉下』那種地方實在不太像英國，而且有點不對勁，

在那裡，你根本不知道自己在下一刻會不會被蠻牛給撞飛，被鄉巴佬用乾草叉叉到，或者被一群獵狗撲倒咬爛。」

德國人對於鄉間的態度與英國人截然有別——只要仔細觀察我們的言談就看得出來。若你想把「我們這週末要到鄉下去」這句話翻譯成德文，可以直譯為：*wir gehen übers Wochenende aufs Land*。但是我知道，很少德國人會用 *aufs Land*（到鄉下去）這種說法。在德國南部靠近阿爾卑斯山的地方，有些人會說 *auf die Alm*（到高山上去），但他們並不只是在鄉間度過週末而已，而是到高山上去度過類似修士的隱居時光，幾乎沒有電可以用，與世隔絕，只有山羊相伴。最常見的說法則是 *in die Natur*（進入大自然）或者 *ins Grüne*（進入一片綠色的世界），而這種說法所指的不只是親近綠地，而是「回到最原初的自然世界」這個比較抽象的概念。

當德國人提到鄉下時，說的不是鄉間的莊園或村莊，而是自然本身。英國的家庭會到鄉下的房舍去一日遊，而德國的家庭則通常會花比較久的時間開車，只有一個單純的目的：探訪一座湖泊、山巒或森林。抵達後，他們會把車停好，開始從事那最具德國風味的活動：*Wanderung*（遠足），因為每個德國人都會健行，不管小孩、青少年、退休的人或者政治人物都是。德國前總統卡爾・卡斯滕斯（Karl Carstens）於一九八四年退休後，他所做的第一件事就是從波羅的海出發，徒步沿著東西德邊境一路走到阿爾

卑斯山區。包括歌德、海涅與馮塔納等作家都曾經寫過他們漫遊德國各地的遊記，知名導演兼編劇韋納‧荷索（Werner Herzog）曾經從他位於慕尼黑的公寓出發，一路走到巴黎，去找住在那邊的默片時代影評蘿特‧艾斯娜（Lotte Eisner），只因聽說她生病了。

就我們家而言，回歸自然是一種嚴格的儀式，我們每年都會到哈茨山山區去一趟，那裡是阿爾卑斯山山脈位於德國境內的最北端。每年的最後一天，我們全家人都會擠進我們那一輛亮晶晶的藍色富豪轎車裡，從漢堡開車到漢諾威，到我爸媽的老同學家裡品嚐 Kaffe und Kuchen（咖啡與蛋糕）。然後繼續上路，開往哈茨森林，我們在那裡一家用鹿角與鳥類標本做裝飾品的鄉間客棧已經訂好了許多菜餚。午夜過後，客棧主人已經醉倒，管不了那麼多時，我們家那位八字鬍比我爸還要濃密的克里斯提昂叔叔會抓起鹿角，頂在頭上，像個中世紀森林野人似的在桌邊追逐我們。隔天早上，我們會在初雪中開啟健行之旅──哈茨山的雪總是下個不停。大人們總是帶著宿醉步行，我們小孩則是對著痛苦不堪的爸媽丟雪球，一走就是好幾個小時。我永遠忘不了肺部吸入山區冷空氣的刺痛感，還有在雪地裡走了幾個小時後，我的腿有多痛，以及我們最後回到客棧時，血液突然流回臉頰的那種感覺。走過那些路之後，我體會到，德國人不會只是觀賞或者讚嘆他們的鄉間，而是會用腳去征服大自然。

儘管英德兩國的天氣相同，地理條件的差異卻多少可以解釋

為何兩國人民對於鄉間抱持著不同態度，這足以定義不列顛島的特色並非其景緻，而是那被河海包圍的環境。當英國人要述說關於自己的故事時，他們會從河海說起。盛讚倫敦泰晤士河的作品包括威廉・華茲華斯的詩作〈西敏橋上〉（Upon Westminster Bridge）（「太陽的起落如此美麗／就算在谷地裡、在巨岩或山丘上，其初現的華麗也莫過於此」）、查爾斯・狄更斯（Charles Dickens）的小說《我們共同的朋友》（*Our Mutual Friend*）、T. S. 艾略特（T. S. Eliot）的詩作〈荒原〉（The Waste Land）以及奇想樂團（the Kinks）的歌曲〈滑鐵盧夕陽〉（Waterloo Sunset）。在英國，沒有任何畫作像J. M. W. 透納（J. M. W. Turner）的河景作品那樣被人們普遍地接受。英國鄉間的河流與運河上總有船隻流動著，不捨晝夜，此一情景也獲得了傑羅姆・克拉普卡・傑羅姆（Jerome K. Jerome）的遊記《船上三人》（*Three Men in a Boat*）、喬治・艾略特（George Elit）的小說《河上磨坊》（*The Mill on the Floss*）、肯納斯・葛蘭姆（Kenneth Grahame）的小說《柳樹間的風聲》（*The Wind in the Willows*）以及理察・亞當斯（Richard Adams）的小說《瓦特希普高原》（*Watership Down*）等作品的致敬。在英國人的民族想像中，「海邊」是他們出征殺敵以及恢復體力的地方。

　　至於能夠定義德國的特色，則是它的高山森林，英國的任何景緻都相形失色。例如，就德國人的標準而言，哈茨山的最高峰，一一四二公尺高的布羅肯峰（the Brocken）也許不是特別高（祖格

峰〔Zugspitze〕的高度是海拔二九六二公尺高），但是與蘇格蘭高
地南邊的英國最高峰斯諾登山相較，仍然高出五十七公尺。如果
把英德兩國的森林相較，那對比就更強烈了。根據自然史學者的
計算，英格蘭地區也許曾擁有過一個大區域的森林。在盎格魯—
薩克遜人的時代，據估計，安卓茲威爾德森林（Andredsweald）有
一二〇英哩長，三十英哩寬，從肯特郡的沼地一直延伸到漢普郡
的新森林。根據《末日審判書》[56]的記載，一〇八六年的時候，
全英國有百分之十五的面積是被森林覆蓋的。但是因為人口漸
增、大規模的農耕與氣候潮溼等因素，茂密的森林變成了一片片
沼地，這意味著每隔百年，不列顛的森林地區就大量縮減。很少
人認為樹林本身有什麼固有的價值，只是把它當成一種用來種植
樹木的工廠。儘管如此，人們還是認為本國的樹木品質較差，而
且在大英帝國時代，從國外進口樹木是比較便宜的。直到維多利
亞女皇聘請來自德國的三位林業專家，包括迪特里希・布蘭迪
斯爵士（Sir Dietrich Brandis）、伯特德・里賓特洛普（Berthold Rib-
bentrop）以及威廉・許里希爵士（Sir William Schlich），大家才知道
該把森林當成一種生態體系，需要專業人士照顧才能保持其內在
平衡。許里希爵士在劍橋大學創立了英國史上第一家林業研究所
（Forestry Institute），並且出版了篇幅多達好幾冊的《英國的林業》
（*Forestry in Britain*），於書中熱忱地呼籲大家應該好好養護不列顛
島上的林地。然而，這一切努力都太微不足道，也太遲了。到十

56　The Domesday Book，十一世紀英國英格蘭地區的人口普查報告。

九世紀末，全英國只有百分之四或五的土地可以算是森林。

　　相較之下，幾個世紀以來，德國的森林面積都相對穩定地維持在百分之三十。有一個大家津津樂道的故事是，任何一隻德國松鼠都可以沿著樹林從德國北部走到南部，不用碰到地面。這當然是誇大其辭，但是的確有好幾個德國森林綿延不絕，連在一起，變成一大塊龐大林地。即使只是任何一座森林本身，其面積也都大過英國的森林。新森林（New Forest）是英國最大的一座森林，其面積為五七一平方公里。而德國最大的黑森林（the Black Forest）所涵蓋的地區卻有一萬兩千平方公里。即便像哈茨山這種德國最小的森林地區之一，其面積幾乎達到新森林的四倍大：在德國的許多地方，任誰都很有可能在森林裡迷路。將龐大森林所具有的夢魘特質發揮得最為淋漓盡致的是格林兄弟，他們把所有德國民間的習俗、律法與語言都蒐集記載在一個被稱為《舊日德意志森林》的日誌裡。對於英國的孩子們而言，「糖果屋」的故事聽起來一定像是誇大的幻想，與日常生活沒有任何關係——對於德國的小朋友來說，沿路丟棄麵包皮，藉此認路，卻是一種很實際的建議。

　　但是，德國人與大自然的關係不只是與地理有關而已。史帝芬・斯班德[57]曾於二次大戰結束不久後遊歷那些被炸彈夷平的德國地區，他認為，透過那些景觀所能了解的，與其說是土地本身，不如說是土地的居民。「在德國，你看不到義大利或者法國那種

57　參見第二章內文。

耕地，而是會看到一種**雕琢**或者斧鑿過的地貌；不管是西發里亞的山丘曲線，或者是萊茵河沿岸的葡萄園，都好像是將樹木或石頭或地景雕琢和斧鑿而來的，而不是任其經年累月生長的。」斯班德的結論是，德國的地景未經文明洗禮，但是「卻被納入，融入文明的思考中」，其粗糙的邊緣是暴力幻想與生動白日夢的產物。浪漫主義時期的詩人、藝術家與哲學家莫不花很多時間與他們居處的自然環境互動。韋納・荷索指出，在德國，步行從來不只是一種移動的方式，而是一種關乎性靈的活動：

> 當我在走路時，我進入一種深層的夢遊狀態，我在夢想中飄浮，發現自己置身於難以置信的故事裡。我根本就像是走過了好幾本小說，好幾部電影，好幾場球賽。我甚至沒有看著自己走路的地方，但是卻未曾迷失方向。等到我從一個長長的故事中走出來時，我發現自己已經走了二十五或者三十英哩路了。我不知道自己怎麼走到的。

森林特別能引發德國人的民族想像，因此而產生的詩作、歌曲、散文與格言等等好像源源不絕。瑞士小說家羅伯特・瓦爾澤（Robert Walser）在他的散文〈森林〉（The Forests）裡面寫道：「受苦的人喜歡到森林裡去。對他們來講，森林好像也默默與他們一起受苦，好像它也知道受苦是怎麼一回事，以受苦為傲。」赫

曼‧赫塞（Herman Hesse）則是寫道：「樹木是神聖而不可侵犯的，懂得如何對它們說話，傾聽他們的人，將可以發現真理。」為了描繪進入森林時的那種寂寥感受，十九世紀作家路德維希‧蒂克（Ludwig Tieck）甚至還發明了 *Waldeinsamkeit*（森林裡的孤獨感）一詞。沒有任何一位藝術家比卡斯帕‧大衛‧弗里德里希（Caspar David Friedrich）更能激發德國人對於林地的親近感。弗里德里希最有名的一幅畫是《瓦茨曼山》（*Der Watzmann*），那是一幅全景的巴伐利亞地區阿爾卑斯山地景畫，希特勒覺得自己深受其啟發，為了能夠重建那景象，甚至把自己的避暑家園蓋在貝希特斯加登鎮（Berchtesgaden），至於《雲海上的流浪者》（*The Wanderer above the Sea of Clouds*）則是謎一般的作品，幾乎具有催眠的效果，只見畫中有個男人登上山巔，也是一幅不斷被人複製或者諧仿的畫。但是他最有趣的一幅作品是一八一四年的《林間的法國獵人》（*Der Chasseur im Walde*），當時是拿破崙戰爭期間，那幅圖描繪著一位在林間空地裡脫隊行走的拿破崙部隊士兵，周遭的松柏讓他看來好渺小。一隻烏鴉棲息在樹的殘幹上面，知道自己馬上能大快朵頤，耐心地等待著——讓畫面在嚴肅之餘仍帶著一點幽默感。之所以說嚴肅，是因為它提醒了我們，在德國，想要把浪漫主義與民族主義分開，想要把藝術與政治分開，是多麼困難的事。

以納粹為例，他們就熱愛樹木。希特勒在一九三三年掌權後，林地所代表的民族性在國家社會主義德國工人黨提出的 *Leb-*

卡斯帕·大衛·弗里德里希,《瓦茨曼山》

左｜卡斯帕・大衛・弗里德里希，《林間的法國獵人》
右｜卡斯帕・大衛・弗里德里希，《雲海上的流浪者》

ensraum（生活空間）概念裡就扮演了關鍵角色。戈林（Hermann Göring）、希姆萊（Heinrich Himmler）與羅森堡（Alfred Rosenberg）等納粹黨的理論大師們認為森林與他們的新政綱具有相似的結構：兩者都是永久不變、神秘，而且具有一種清楚的內在層級。在他們看來，德國社會是個 *Waldgemeinschaft*，意即「林地社群」——與猶太人那種「沙漠民族」顯然有別。一九三三年，全國各城鎮都種起了所謂的「希特勒橡樹」，而納粹的進行曲也把那種樹變成強大而堅忍民族性的象徵：「在希特勒廣場上，有一棵亟欲參天的年輕橡樹，就讓她的勇氣與樂觀成為每個人的典範吧。」赫爾穆特・赫茲菲爾德（Helmut Herzfelde）是庫特・許威特斯的達達運動同志，他有一個名氣較為響亮的英文別名約翰・哈特費爾德（John Heartfield）——在他的一幅拼貼畫裡面，我們看見希特勒試著要用一棵聖誕樹做出納粹黨黨徽：這實在是對德國人的森林迷思開了一個天大的玩笑，不過更懂得如何挖苦這種迷戀情節的，是納粹自己。在烏克馬克地區（Uckermark）附近布蘭登堡（Brandenburg）的某一片松林裡面，納粹黨種植了好幾排相互交叉的落葉松樹：這個用林地排出來的納粹黨黨徽，恐怕只有天神，還有德國空軍的死亡天使們看得見而已。

　　我們可以想像，如果德國人不是對森林抱持著這種浪漫主義的態度，也許就不會入侵波蘭，就不會空襲倫敦。而許多德國移民來到英國時，毫不令人意外地，都帶著一種可以被描述

為林地創傷的情緒。許威特斯在英格蘭期間總會把自己的夢境寫成日記，他在一九四七年曾這樣描寫過：

> 每當你站在高山上時，總覺得又自由又快樂。你看見大大小小的群山圍繞著自己，你感覺到它們一起演奏的音樂，沒有任何事物激怒你，似乎也沒有任何事物擋著你的視線。你感到快樂。
>
> 我常感到快樂，而且無法想像這種快樂不能永久持續下去。我很健康，擁有我想要的一切，只要我環顧四周，就能看到快樂的未來。
>
> 然後，突然我眼前的地平線被雲朵擋住，雲朵越來越近，已經把最近的群山給遮住了，最後我什麼也看不見了。

烏克馬克地區（Uckermark）附近，納粹黨用松樹排出納粹黨徽

過不久，雲朵消失無蹤，我又可以看見了。但是我不再是待在高山上。我在一個狹窄的山谷裡，很多樹木形成可怕的形狀。雲朵在林間前行，宛如鬼魅，那氛圍陰暗沉悶，沒有希望，沒有光線，看不到地平線。我甚至不知道怎麼回到剛剛那高山上。我好難過，不快樂。我的一切嘗試都沒用，我全無希望。

　　跟許威特斯一樣流亡倫敦的保加利亞人伊利亞斯・卡內提（Elias Canetti）是位用德文創作的小說家，我們也許可以借用他的話來解釋這夢裡的象徵機制。卡內提曾於一九六〇年出版的《群眾與權力》（*Crowds and Power*）裡面寫道：「最能象徵德國人的莫過於軍隊，但那不是一般的軍隊，是一座向前邁進的森林」。

　　德國移民對於失去森林的恐懼也許可以解釋許威特斯為何能跟英國的園藝家處得比較好，而不是藝術家。第二次世界大戰爆發後不久，奧地利作家斯特凡・茨威格（Stefan Zweig）試著在其散文〈戰時的花園〉（*Gardens in Wartime*）裡面概述英國人對於自然的態度。茨威格曾於一九三四到一九四〇年間住過英格蘭，英國人在一九三九年知道戰爭爆發時的冷靜與沉穩表現令他感到很困惑。一九一四年的時候，當維也納人知道戰爭發生時，全都湧上街頭，許多人自動自發地高唱國歌與揮舞國旗，許多自命有將才的人紛紛擠進咖啡廳裡與人辯論戰事布局，直到凌晨。相形之

下，英國人每天該做的事還是照舊。茨威格深信，這種引人入勝的民族性背後之秘密在於英國人與自然世界保持著規律但是有限的互動關係。「曾有很長一段時間，我跟大家一樣都認為英國喜愛與眷戀的是他們的家。但事實上，應該是他們的花園才對。」

奇怪的是，德國人對於森林的迷思並未隨著第二次世界大戰而終結。只是換了一個黨而已。納粹的「德國橡樹」觀念於一九四五年崩解後，森林的專利權馬上換到了德國左派手上。一九四七年出現了一個聯盟，其任務是保護德國森林免於被渴求木柴的德國人砍伐。如今，那個叫做「德國森林保護協會」的組織仍在，儘管與綠黨相較，其規模已經算是很小了，而綠黨向來是以德國林地保護者的角色自居。綠黨的前身是一股反對運動力量，德國綠黨在一九八三年建黨，成為全歐洲第一個進軍中央層級國會的綠黨。他們登上政治舞台的處女秀所使用的是一種令人熟悉的道具。那一年三月二十九日，綠黨的國會議員們推著一個紙做的地球，從波昂的街道一路走到聯邦議院；走在人群前面的是後來成為全國第一個綠黨籍外交部長的約胥卡‧費雪（Joschka Fischer），他的肩頭就扛著一棵遭到酸雨嚴重侵蝕的針葉樹。

綠黨在一九八〇年代崛起，與此時間點剛好相吻合的是瀰漫於德國的一股焦慮感，大家深恐工廠排放的二氧化硫與氮氧化物會危害林地的健康，這就是所謂 *Waldsterben*（森林滅絕）的現象。一九八四年，《亮點》（*Der Stern*）週刊宣稱，到了一九九〇年代，

全國的針葉森林都會滅絕，山毛櫸森林也撐不了多久，到了二
○○二年，「不管哪一種森林都會所剩無幾」。有些政治人物說這
是「廣島核爆一般的生態浩劫」。德國綠黨崛起的主因之一就是
大家深怕森林滅絕；到了一九九○年代中期，在費雪的領導下，
他們與格哈特·施洛德（Gerhard Schröder）的社會民主黨曾組過
一個成功的聯合政府，而且至今在全國政壇仍是一股不可小覷的
勢力。

　　然而，如今綠黨的政要們聽到 Waldsterben 一詞，已經不會
感到驕傲，取而代之的是尷尬，因為到了一九九○年代初期，全
國各地大多數的針葉森林都還在。一九九五年的時候，根據一份
由林業專家發表的論文指出，德國的森林不只沒事，還以有史以
來最快的速度成長。德國人深怕失去所有森林，新種的與垂死的
樹木在數量上之比例是九比一。令人氣餒的是，這似乎暗示著柴
契爾夫人所說的那些令人不悅的德國民族性仍然存在：焦慮不
安、自負、自卑，還有過度感性。一九四五年的終戰時分應該
是 Stunde Null（歸零的時刻），意思是系統重新開機，完全清盤。
Waldsterben 暗示著，所謂 Stunde Null 根本就是空談與自欺欺
人，民族心靈的深層缺陷仍然存在。這讓德國的行為表面上看來
像個理性的知識分子，但骨子裡的思維模式仍然與浪漫的青少年
相去不遠。

　　庫特·許威特斯與哈利·皮爾斯的相遇顯示，民族性並非總

是如此一成不變。許威特斯是個浪漫的現代主義藝術家：他具有抽象藝術的鑑賞力，同時也懂得享受傳統景觀花園所帶來的樂趣。同樣地，德國的綠黨所承繼的不只是傳統的德國林地迷思，還有「美而茲」藝術精神的良善影響。他們原來就把自己當成是一種反對傳統政黨的新政黨，一如達達運動是反對傳統藝術的新藝術，同時也能將某個藝術家納為其創黨黨員，這人就是約瑟夫・波依斯（Joseph Beuys）。約瑟夫・波依斯是個眼窩凹陷的高個兒，總是穿著老派服飾，頭戴一頂波薩里諾帽──他用隨手可得的東西來創造裝置藝術作品，像是條狀的毛氈、油脂罐頭與糖包等等。他在一九八二年把卡塞爾市（Kassel）給他的補助款用於種植七千株遍佈全市的橡樹，讓他成為二十世紀下半葉最具「美而茲」精神的藝術家[58]。如今，綠黨的核心價值已經與德國對於林地的迷思沒什麼關係，比較有關的反而是「美而茲」的哲學。他們最大的成就之一是讓德國某些地區擁有高達百分之七十的資源回收率，全國各地的平均則在百分之四十五左右。如果說這不是實踐了許威特斯的原則，把再利用的廢物拿來變成藝術品，那又是什麼呢？

————

一九九七到一九九八年之間的冬天，我爸媽跟我一起到漢諾威去找他們的朋友過新年，元旦那天我們依循過去每年的慣例，

---

58 約瑟夫・波依斯是德國著名的行為藝術家和裝置藝術家，這個種樹計劃是他「社會雕塑」（Social Sculpture）的實踐，因為這計劃不只是藝術家的個人創作，更是整個社會的參與，突破了藝廊的界限，向外影響了環境生態。

到哈茨山去健走。哈茨山是全德國最具象徵價值的一片林地。從一九四〇到一九九〇年之間，東西德就是以這一片森林做為邊境的。布羅肯峰是一個經由雙方議定的 *Sperrzone*（禁區），一個由一道三公尺高牆所圍繞的禁入地區，因為東德秘密警察機構史塔西（Stasi）在那裡建了一座無線電塔台，最遠可以攔截到英吉利海峽的電話訊號。一九八九年十二月三日那天，一群又一群抗議者分別從哈茨山的東西兩側登上山巔，逼使蘇聯警衛重新開放禁區，讓民眾進入。他們有些人舉牌抗議，上面寫的標語是：「解放布羅肯峰就是解放公民」。

在德文裡，「布羅肯」一詞的原意是大塊或者大片的東西，似乎是個很貼切的名字，因為當我們往上穿越陡峭的林中路，前往山巔時，每幾公尺就會因為倒下的樹或者巨岩擋路而停下來。林中路在山裡蜿蜒，形成一個個往內縮的同心圓，但是因為我深怕如果我不看路就會跌倒，摔斷脖子，因此在步行的兩個小時裡我幾乎沒有欣賞到身邊的美景。一直等到一陣很強的涼風襲來，我才發現自己已經登上山巔，身邊沒有任何樹的遮蔭。

曾於一八二四年登頂的詩人海涅寫道：「布羅肯峰是帶有德國特色的山巔。他用一種德國人慣有的效率把廣袤的全景呈現在我們面前。」但是，從布羅肯峰往下看，令我驚詫的是，我眼前並非一片井然有序的景緻——透過俯瞰，我才知道德國有多亂：並非一塊塊整齊方正的土地，而是許許多多奇形怪狀，相互

交纏，如拼圖般的土地。那景色看來很亂，但也令人心曠神怡。從這個角度看到的德國，不是卡斯帕・大衛・弗里德里希浪漫地想像出來的劃一景象，而是一種美而茲拼貼畫，處處充滿不完美與個人特色。（多年後我才欣然發現，就連弗里德里希這位德國浪漫主義大師的內心也是個美而茲藝術家：他那一幅巴伐利亞田園風景畫《瓦茨曼山》事實上是描摹全德各地山景而成的拼貼作品，把卑微的布羅肯峰以及高它許多的各個阿爾卑斯山山峰並列於畫中。）

新學期開始後，我返校詢問同學們放假時通常與爸媽到哪裡去。我這才發現，與我先前印象相反的是，英國人畢竟還是在意鄉下的，只是他們對於「鄉村」抱持著非常明確的概念，它必須符合某種樣貌，擁有某些他們喜歡的特質。我所得知的是，所謂「鄉村」不是走 M25 號高速公路就能抵達的地方，或者說事實上它不能位於倫敦周遭的一個小時車程範圍內，但卻又不能太遠，因為我那間學校的許多孩子們會趁著學期中的放假日或者與銀行假日[59]連在一起的週末到鄉下去一趟。當我問他們說，鄉下的風光如何，我發現答案都是有乾草堆、母牛，以及伊夫林・沃說的凶惡狗群，但這些特色都不是非有不可。「鄉下」唯二不可或缺的，是一定要有「鄉下酒吧」，還有「鄉下花園」，也就是一個修剪整齊，不會太乾，又不會太泥濘的方正草坪，草坪上站滿了穿著白色板球球衣的男人，他們偶爾會到鄉下酒吧去喝兩杯。多年

---

59 銀行假日是指「banking holiday」，國定假日以外的休假日，全英國各地的放假天數皆不相同。

後我第一次到英格蘭「湖區」去才發現，那裡之所以在英國人的民族想像中比其他地方都具有更崇高地位，原因在於，在整個不列顛島上就屬它最能符合英國人的「鄉下」理念。那裡的景緻粗獷狂野，同時卻又適合居住而舒適，點綴其間的一個個小村落又能令人覺得與文明世界不會相隔太遠。英國人的鄉下永遠不只是一片綠色的世界，而是宜人的綠茵（在英國，反對風力發電的聲音與反對高速鐵路的聲浪之所以永遠比在德國更強烈，理由之一在於，儘管那種裝置完全符合「自然令人敬畏與恐懼」的觀念，但將會破壞上述的宜人地景）。

位於西北英格蘭的安伯塞德鎮有家小博物館，其中有一半都擺放著許威特斯定居當地時的紀念物品。另一半的擺設則是碧雅翠絲‧波特（Beatrix Potter）的圖畫與速寫作品，它們可說是展現了英式鄉村概念的最佳範例。她筆下的動物不曾是張牙舞爪的，而是身穿燈籠褲，戴著頭巾式女帽。如果說德國人到鄉間去是為了發現他們那狂野的內心世界，英國人在鄉下所發現的，只會讓他們想起自然固有的端莊面貌。

CHAPTER 5
金龜車尬贏奧斯汀MINI

　　搬進我們位於英格蘭的新家那天，我爸走到客廳窗邊，慢慢把窗框的下半部往上推。他說：*Ein* sash window － *hast du so was schon mal gesehen?*意思是「一扇上下滑窗──你有見過這種東西嗎？」他把窗戶的銅製把手放掉。下半截窗框沒有往下掉，我爸不由自主地吹了個口哨，碎碎唸了一下，然後點點頭。我們家的人都知道當我爸發出這種聲音時，是什麼意思：口哨聲洩露了他對於某件堅固家具或機器的欽佩之情。我爸解釋，上下滑窗是英國工藝的傑作：它是一種優雅地隱藏在窗框裡的作用力與反作用力機制，儘管已有幾百年歷史，但仍是最先進的。

　　對他來講，上下滑窗所具有的低調魅力，可說是我們英國新家的典型吸引力。新家也許很小──比我爸媽在德國買得起的房子還小，但是在那狹小的空間裡，各種東西的運用卻都很靈巧，

造成一種從外面看來很小，進去裡面後感覺卻很大的錯覺。赫曼·慕特修斯[60]於一八九六年接下駐英德國使館文化專員一職之後，英國居家建築的種種巧思曾令他大感驚訝。英國人把「家」這個空間詮釋得淋漓盡致，也就是說，儘管你住的是公寓，卻有透天厝的感覺。維也納或者柏林都會區常見的是多層樓的透天厝，屋子的中間有寬闊樓梯，天花板是挑高的，維多利亞時代的建築師們卻率先使用凸窗與「舒適的角落」等元素，雖然看來凌亂，但馬上就營造出一種友善的印象，讓人覺得舒服。慕特修斯在《英國住宅》（*Das englische Haus*）一書裡面寫道，也許英國曾經是個「沒有藝術的國家」，但是就居家建築而言，它正「朝一條向世界邁進，還有讓世界跟隨的路發展」。身為德國人，我們很驚訝地發現，大多數倫敦人至今仍然住在慕特修斯將近一百年前所描述的那種房屋裡。而我們跟慕特修斯一樣深深受到英國新家的吸引，包括屋子裡那些隱蔽的角落，還有使用樓梯的特異方式，以及那潮濕的浴室地毯——對我爸媽來講，感覺上這就像他們從德國人變成英國人的最後一步。

然而，要習慣英國的生活方式並不總是那麼容易。很快我們就發現，每次有飛機從我家上面飛過去時（這是常有的事，我們家就位於希斯羅機場的航道上），上下滑窗就會在窗框裡發出惱人的吱嘎聲響。有一兩扇窗不會發出聲音，因為它們被油漆卡住了，這一樣也很惱人。還有，清洗上下滑窗雖不能說是不可能

60　Hermann Muthesius，德國建築師，他在德國推廣英國的「藝術與工藝美術運動」理念，啟發了德國第一代的現代主義，例如：包浩斯。

的，但終究是個困難的差事，因為你總是清洗不到兩片玻璃的交疊處。幾週內，窗戶中間的汙垢就形成了一個平整的長方形。當冬天來臨時，為了避開從窗框縫隙鑽進來的冷空氣，我們必須把沙發移開窗邊。

我們一開始佩服不已的其他房屋特色也開始惱人了。我媽的鑰匙斷在前門的鎖頭裡，此後有好幾天的時間我們都感到納悶：為什麼沒有人想到應該在門板上裝個把手，這樣開門時就不用藉由鑰匙施力？某位水電工在花了一整週幫我們修理爆掉的水管後，尷尬的時刻來了：他居然哭了出來，承認根本不知道自己在幹嘛。

我家外面的道路工程也惹毛了我爸媽：那用柏油與水泥修補路面的計畫變個不停，從未完成。*Eine Arbeits-beschaffungs-massnahme*，我爸一口氣說了一個長長的複合字，意思是：這是

讓人一直有工作可做的伎倆。難怪英國的失業率會這麼低。

我爸媽仍然喜愛英國，儘管有些地方令他們感到越來越不耐。某天晚上，我爸下班返家時手裡拿著一台折疊式滑板車，宣稱從今以後那就是他上班用的交通工具，令我媽感到困惑不已。英國人都是這樣──他們真怪！但有些事我們還是不懂。照理講，當時我們對新家應該都已熟悉，但實際上仍覺得它很奇怪。最奇怪的莫過於洗手間。

如果你已經習慣德國的洗手間，再去用英國的，我想那應該是一種會把你搞瘋的經驗，突然間，那些最基本的東西都讓你感到不再熟悉了。例如，英國的洗手間裡面沒有任何開關──儘管房子裡到處都有。他們用的是一條從天花板垂下來的線，線的尾端偶爾會有一顆木頭或陶製的小珠珠，但最常見的是打了一個毫無用處的小結。洗手間裡沒有插座，就算有，插孔也是奇形的英規三孔。英國的洗手間跟酒吧一樣，常常可以看見地毯──後來我有個女朋友解釋道，「那是用來讓腳保暖的」。馬桶的前面都會擺一塊長方形地毯。

美國小說家埃麗卡・容（Erica Jong）在其小說《怕飛》（*Fear of Flying*）裡面解釋道，德國馬桶「是這世界上獨一無二的裝置」。獨特之處在於，「你的大便會先掉落在瓷馬桶底部的小平台上，如此一來，在被沖下去前你還可以先看看它」。德式馬桶與法式馬桶的最大差別在於，等到你沖水時，馬桶裡才會有水──事實

上，法式馬桶的主要功能在於讓大便盡快而且準確地掉入水底世界，眼不見為淨。而我發現，典型英國馬桶與法式馬桶的最大差別在於沖水裝置。它通常是堪用的，但是使用的過程中，你必須全神貫注、相當謹慎，而且就像在發動老爺車引擎一樣，需要維持某種本能的節奏感。相較之下，德國馬桶的沖水裝置是由兩個按鈕構成，一大一小（小的是省水按鈕），啟動後會發出宛如火箭筒的轟隆聲響。

無論如何，馬桶並非英式洗手間的重頭戲，洗臉槽才是。有兩個水龍頭，一熱一冷。冷水冷得要死，熱水如開水滾燙。就這方面而言，彷彿是英國的清教徒精神對舒適的現代生活宣戰似的：他們堅拒使用溫水水龍頭。多年後我才習慣了洗手這件事，如今就算是睡著了也能辦到：我一邊要控制水龍頭的出水量，一邊還要交替使用兩邊水龍頭。我的字彙筆記本裡面寫著「acquiescence」與「bugle」這兩個字的中間留下了我用潦草字跡寫的一排字：「bog standard: average quality, verging on poor」（普普通通：一般的品質，幾近糟糕）。我還記得當初這個片語引起我多麼強烈的共鳴，因為英式「bog standard」（廁所的標準）實在品質低落。

某個晴朗的一月清晨，有個東西終於裂開，但受損的絕對不只是那個東西本身而已。我走進客廳，發現先前備受讚賞的窗戶的下半部因為前一晚結霜而出現了一道很大的裂痕。我爸說，真

是受夠了。我們需要新的窗戶：不要再裝那種老式的普通窗戶，要裝德國人慣用的內掀內開式窗戶（tilt-and-turn）。那一刻我靈機一動，建議我爸跟當地的窗戶公司聯絡，那公司的負責人是我新學校的同學父親。山姆・W，他總是穿著一雙黑色滑板鞋去上學，躲在體育館後面抽菸。工人來到我家，裝完新窗子就走了，但是山姆沒有成為我的新好友，在等巴士時反而對我視而不見。兩年後我才發現理由何在。換過窗子後，我爸寫了一封信給山姆他爸：「感謝你幫我們修理窗戶。然而，我還是得說：德國的所有東西都比較有效率。」

　　事後回顧起來，這個故事聽來很像某個愚蠢笑話裡面的笑點。就像有一個笑話說，有個德國小孩從不說話，直到有一天他媽媽忘記幫他換床單，他才開口（「媽，我的床單亂了。」「你會說話喔！但為什麼你一直等到現在才開口，以前都不說話呢？」「媽，因為直到現在為止，我對生活的一切都很滿意。」）到英國的學校去上課幾週後，我很快地發現一般人對於德國人的刻板印象包括：沒有幽默感、有效率，像機械人似的。顯然，他們以為德國人每句話結束前都會像放靜電似的不由自主地大聲說「*Ja?*」（是嗎？）德國人的效率是怎麼一回事？是我們做事都井井有條嗎？我就不是那種人。還是守時？我第一次去參加文憑考試那天還遲到咧。或者是指德國產品的做工都比較好，像是西門子的電話、Miele精品家電，還有奧迪汽車？不可否認地，我爸在這方

面就是個十足的德國人。從小他就整天待在他家外面的長堤上，仔細端詳那些在易北河上面來來往往的貨櫃船：葛德・歐爾特曼對於每一艘進出漢堡港的船都瞭然於胸。為了取得工程學博士學位，他花了六年時間研究高壓環境中接近沸點時水的黏性。他曾對我們解釋，那是很重要的。水變成蒸氣時會膨漲，而蒸氣變成水時則會濃縮──這一切變化都是大自然在控制的。這就是所謂的 *Horror vacui*（空虛恐懼症），大自然懼怕空間中有真空，而如果想了解為何物質可以活動起來，這可是一個關鍵的概念。每當他說起這些東西，我的腦袋就開始放空了：沒有什麼東西比引擎更能讓我感到無聊。但是，說到要製造與修理東西，我爸可是個天才。在我們的德國老家有個 *Bastelkeller*（地窖），有時候他從那裡冒出來的時候會用勝利者的姿態揮舞著一把剛剛修好的椅子或者烤麵包機。而我則完全相反，是個DIY白癡。有天下午我爸跟我一起到地窖裡，他想教我修補輪胎上的破洞。幾個小時候我們離開地窖，輪胎還是沒氣的，我爸的頭因為絕望而低垂著，我則是因為羞愧。

───

對於我爸那個世代的人而言，機械重要無比。他在第二次世界大戰結束的前兩年出生，他成長於所謂 *Wirtschaftswunder*（經濟奇蹟）的年代，因為馬歇爾計畫的金援，德國馬克幣制的建立，

再加上經濟部長路德維希・艾哈德（Ludwig Erhard）的自由主義市場改革措施，德國才能夠以奇蹟似的速度走出戰後的衰敗，讓經濟繁榮起來。最能象徵生活水準提升的，莫過於汽車了：在一九五一到一九六一年間，德國轎車的數量成長了七倍。德國工業不只迎頭趕上競爭對手，還躍升為前段班成員：到了一九五三年，它已經取代英國，成為全歐第一的汽車工業大國。

我爸的第一輛車是福斯的金龜車，在所有的德國機械中，它是德國風味最重的。它跟德國的所有事物一樣，都有一段不堪回首的過往：納粹非常愛金龜車，並不在意它與斯拉夫民族的淵源——金龜車的前身是捷克汽車廠塔特拉（Tatra）的某款汽車。希特勒資助福斯公司開發金龜車的原型，並將這種國民車賜名為「從歡樂中獲得力量」[61]：一款能讓德國民族動起來的車輛。然而，這種車的外觀卻幾乎讓人覺得逗趣而無害。羅蘭・巴特（Roland Barthes）曾說它宛如「現代的哥德式教堂」，但是這小小的金龜車卻一點也不能令人油然敬畏，看來也不華麗。如果說美國車那種像火箭一樣的大燈與超炫後照鏡之靈感源自於B級片裡面的太空船造型，那麼金龜車的設計理念與二十世紀的辦公室文具根本就是一致的：其重點不是要把東西做大，而是盡可能使用最小的空間。像它那種車頭大燈宛如青蛙眼睛的車子，會有什麼威脅性嗎？

我爸媽花了兩千三百馬克買下他們的第一輛金龜車，價格相

---

61 「從喜悅中獲得力量」，原文為「*Kraft durch Freude*」。此一口號是納粹政府所實施的計畫，透過休閒計畫的安排讓全國民眾得以休養度假，並且鼓勵大家存款買車。

當於他們倆薪水加起來的兩倍。那是一九六七年，我爸還只是個主修工程學的學生，不久後，我媽就懷了我哥。我哥瑞夫還是小嬰兒時拍了一張照片：當時他們正要去度過第一個家庭假期，他坐在後座，從車窗往外看。照片是在一九六九年拍的，當時我爸媽本來應該到街上去參與抗議遊行，或至少跟其他學生一起鬼混，吸食大麻。但他們沒有，他們開始過起類似當年那些福斯汽車廣告裡的生活：鏡頭往前推，陽光燦爛的一九六〇年代出現在畫面上，一對年輕夫妻與孩子咧嘴微笑，他們正要開新車去野餐。當年的廣告都會帶著類似這樣的標語：「這是他們的重要日子⋯終於成為福斯汽車的車主」。照片裡那一輛車最棒的地方是，其顏色跟披頭四於同一年推出的專輯《艾比路》（Abbey Road）封面上那一輛金龜車完全相同，都是蛋殼色的：在他們的刻意安排下，那輛車出現在穿牛仔褲的喬治・哈里遜（George Harrison）與打赤腳的保羅・麥卡尼（Paul McCartney）中間，這個視覺把戲有點明顯，但無傷大雅：意思是，那輛Beetle（金龜車）是第五個Beatle（披頭四團員）。

———

英國人也有他們自己的「國民車」。奧斯汀Mini的形狀比金龜車還要方正，輪子很小；看起來好像有一隻看不見的手想要把它壓在地上似的。Mini比金龜車更能令人聯想到某種特定的

披頭四《艾比路》專輯封面

生活風格，因為它與音樂、藝術與時尚是密不可分的。一開始 Mini 賣得很差——三百五十英鎊對於戴鴨舌帽的工人來講是太貴了。轉捩點發生在 Mini 的發明人亞列克‧伊席格尼斯（Alec Issigonis）送了一輛車給瑪格麗特公主與其夫婿安東尼‧阿姆斯壯—瓊斯（Anthony Armstrong-Jones）當結婚禮物之後，因為英國人是個力爭上游的民族，看到那一對新婚夫婦搭乘 Mini 之後，引發大家的無限想像。等到人們看到瑪麗安‧費斯芙[62]開著 Mini 到勒戒所去接米克‧傑格[63]以後，銷售量更是一飛衝天。彼得‧塞勒斯[64]也送了一輛 Radford Mini de Ville GT 給布莉特‧艾克蘭[65]當生日禮物。史提夫‧麥昆[66]的 Mini 則是帶著鉻金屬輪框還有天窗。崔姬[67]還穿著迷你裙幫 Mini 做廣告。

　　一九六九年不是只有披頭四的專輯封面上出現了金龜車，那一年大家也看到米高‧肯恩（Michael Caine）在電影《大淘金》（*The Italian Job*）裡面，從杜林（Turin）的上帝之母教堂（Gran Madre di Dio）階梯上，把 Mini Cooper 往下開，而且該片把 Mini 這種車所具有的英國特色發揮得淋漓盡致，在低調中帶著傲慢。現在回

62　Marianne Faithfull，英國六〇年代知名歌手，七〇年代因吸毒而沉寂，一九七九年以專輯《Broken English》重出歌壇。曾與滾石樂團（The Rolling Stone）主唱有過一段情。

63　Mick Jagger，滾石樂團主唱。

64　Peter Sellers，英國演員，最有名的是演出嘲諷冷戰核彈風雲的《奇愛博士》，一人分飾三角。

65　Britt Ekland，瑞典歌手和演員，長年在英國發展，曾擔任「〇〇七」第九集的龐德女郎，與彼得‧塞勒斯有過一段情。

66　Steve McQueen，美國動作演員，六〇、七〇年代紅極一時。

67　Twiggy，六〇年代英國名模與演員。本名 Lesley Lawson，以大眼、長睫毛、短髮為形象，因為身形纖細，獲得 Twiggy 暱稱。

頭看那部片，給人的強烈印象是它用一種很酷的方式把音樂、時尚與低俗喜劇融合在一起，夾雜其中的是對於幾個歐陸鄰國的惡劣揶揄，歐洲的車子更是其目標。大多數的玩笑都是針對義大利人：電影開場才不到十分鐘，我們就可以在一場時間很長的戲裡面看到一輛紅色藍寶堅尼穆拉跑車於山邊撞毀。另一場戲裡，許多輛 Mini 在飛雅特汽車廠的屋頂與義大利警方展開追逐戰。還有輛德國車也跑了一下龍套。在那知名開場戲結束前幾秒，一輛金龜車被困在山路旁，但因為只是驚鴻一瞥，很容易被忽略。

　　事實上，一九六○年代時英國人很喜歡拿金龜車開玩笑。一九五九年，英國BBC電視台在一則新聞報導裡不只稱讚Mini「轉彎時仍能保有驚人的速度」，還指出，「看來該是福斯等類似的外來車輛退出的時候了」。一年後，伊席格尼斯出版了一本名為〈輕型車輛設計新概念〉（A New Concept in Light Car Design）的小手冊，在其中他還大略地指出「那一款德國車」的種種瑕疵。他解釋道，那輛車在車身重量配置的設計上大錯特錯。它的車尾太重，另一個汽車專家們詬病的問題是所謂的「過度轉向」（oversteer）：當車子子高速轉彎時，很容易失控。此外，因為變速箱在車尾，因此換擋很麻煩。車子裡有兩個小的行李廂——伊席格尼斯認為，一個大行李廂不是比較實際嗎？油箱在車身的前段，增加了車禍時火燒車的風險。與其他車輛相較，金龜車引擎加熱或者通風時需要更多物料，所以車內不是熱得要死，不然就是冷得快要結冰。

但是Mini的引擎卻是橫置於車頭引擎蓋裡，與變速箱使用同一個空間。因為輪胎只有十吋大，幾乎不會占用到乘客的空間。車內空間只有百分之二十擺著機器，因此其餘百分之八十都可以讓人乘坐。伊席格尼斯深信，打造出第一輛國民車的不是德國人，而是他。

———

發生窗戶裂開的事件後，我坐在我爸的電腦前查了一下，發現「bog standard」（一般的）一詞與廁所一點關係也沒有。事實上，那是「British Or German standard」的縮寫，而語言學家宣稱，這個詞彙源自於一九六〇與一九七〇年代的汽車工業，意指高標準的工程品質。我喜歡這種說法：它暗示著那個年代的英德兩國共享著某種價值，彼此尊重欣賞，而不是像我所觀察到的那樣，在一九九〇年代兩國互虧對方已成英德關係的常態。

幾週後，我到英國國家電影院（National Film Theatre）去看高達（Godard）於一九六九年推出的《不列顛之聲》（British Sounds）一片，電影開場後是一場長達十分鐘的跟拍戲，描繪著汽車工廠裡一條生產線裡的工人們進行切割、焊接與上螺絲等工作，讓一輛汽車慢慢成形。影片的旁白是一個男人朗讀《共產黨宣言》的聲音，現在回頭看來，幾乎讓人覺得像是在諧仿共產時代的政宣影片：「大量的勞工湧入工廠與辦公室裡工作，其組織宛

如士兵」。高達拍攝那場戲的地點就是在牛津郡考利鎮（Cowley）的英國汽車公司（BMC）工廠裡，他們正在生產的就是Mini。後來我才發現，那間考利鎮工廠的工作條件惡劣是非常有名的。光是在一九六九年，就發生了六百次罷工事件。廠裡的健康與安全標準幾乎可說是蕩然無存：工廠裡的燈光昏暗、地板覆蓋著油汙，空氣裡瀰漫著鉛粉粉塵。夏天的那幾個月裡，廠方偶爾會在酷熱時把工廠的玻璃屋頂拿開。在陽光的照射下，你可以看得見鉛粉在空氣中閃閃發亮。工人於返家路上吐在人行道上的痰，都是黑色的。

有一年，考利鎮的那些工人們受邀前往德國下薩克森州沃夫斯堡（Wolfsburg）的福斯汽車大型工廠參觀。戰時那家工廠曾遭盟軍空襲猛攻，當英國占領軍於一九四五年抵達當地時，發現有百分之六十的建築與設備不是受損就是被摧毀了，工廠幾乎癱瘓。最後，英國人的務實態度解決了問題：帶頭的軍官伊凡・赫斯特（Ivan Hirst）下令修復建築，訂製新的機器零件，於一九四七年出口第一批金龜車到荷蘭，為該車款的成功奠立基礎。但是，當英國工人們於二十年後來到沃夫斯堡後，驚訝地發現德國工廠的勞動環境竟與英國如此不同。大廳明亮乾淨，工廠中央有個開放區域是讓工人們全體集合開會的地方。用來製造德國汽車的機器有三分之一固定會於夜間進行保養，大幅減低了瑕疵與意外發生的比例。在考利鎮，如果想幫Mini裝門的話，需要十

五到二十個人。在沃夫斯堡，他們把車身擺在一個像十字架的機器上，讓車子用側邊站著，只需要一個作業員就能完成裝門的程序。根據其中一位前往參觀的工人大衛‧巴克（David Buckle）回憶，去過後他才了解到，「德國的科技領先英國十年」。德國人非常擅長組裝他們那一輛設計有問題的車子，而英國那輛車儘管富含設計的巧思，但英國工人的組裝效率卻很差。

也許我們可以把當年的情況稱之為「上下滑窗症候群」：因為習慣或者只是感情因素，大家都沿用過時的手法與機器。有些人說這是「英國病」：而此一詞彙後來較常指稱的則是英國足球流氓四處鬧事的行徑。從德國人的觀點看來，在所謂「搖擺的六○年代」（the Swinging Sixties）期間，英國人普遍都不擅認真工作，但是卻很會從國外進口昂貴物品。最早在一九六六年，英國《衛報》的財經新聞編輯威廉‧戴維斯（William Davis）就曾被許多德國經濟學家告誡，說他們「為英國人民感到遺憾」。他們說，「再過不久，你們就會成為各國的笑柄了」。從一個具有歷史縱深的角度看來，英國的工業會淪落到這種地步，實在是個大笑話。身為發明了蒸氣引擎與電燈的國家，十九世紀末的許多英國人都擔心歐陸進口貨物的品質低劣問題。一八八七年八月通過的《商品標示法》（*The Merchandise Marks Act*）規定，所有的貨物都必須帶有一個標示著產地國別的印記或標誌，而第一次世界大戰期間，為了抵制敵國貨物，此法的規定變得更加嚴格了。因此，當初就

是在英國的規定下，德國才開始使用「德國製造」一詞，而就在英國自己的生產量開始大幅下滑的時候，此一口號卻開始在世界各地變成高品質貨物的代名詞。

另一個令人津津樂道的故事是，一九六○年代初期，亞列克‧伊席格尼斯曾到瑞士去滑雪度假，結果車子被困在山腳下，除了一輛福斯金龜車幫他把車拖回山上，他別無其他選擇。伊席格尼斯終究答應了，不過在回山頂時卻沿路大叫，咒罵著「那一款德國車」。這個悲劇象徵著二十世紀中葉的經濟大局轉變，德國持續往新的高點攀升，但英國卻被困在谷底。

在接下來三十年的發展過程中，「BOG standard」一詞已經與事實不符。在一九七○年代末期到一九八○年代的保守黨主政期間，英國製造業的衰退不但沒有止住，而且速度加快。柴契爾的政府忽略工業，犧牲了競爭策略。如同 J. B. 普瑞斯利[68]於一九七○年發表在《新政治家》（New Statesman）週刊上的文章所說的，「好像光是提起要關照一下機器就會讓英國人的心靈受傷似的」。中產階級認為工業部門的職涯前景黯淡，於是紛紛湧入倫敦的西堤區，那裡到處是英國北部工廠所欠缺的豪華辦公室，易於博取社會聲望。倫敦西堤區在此時崛起，成為歐洲最有影響力的金融中心，英國經濟欣欣向榮。但在此同時全國各地的工廠卻紛紛關門大吉。

一九九○年代晚期，工黨政府重新上台，但也難以挽回此一

68 J. B. Priestley，英國小說家，持左傾觀點，最有名的小說是一九二九年的 *The Good Companions*。

頹勢。事實上，等到我們遷居英國時，英國的製造業部門又已進一步萎縮，英國製造商紛紛遭全球各國買家併購。就連Mini的所有者也不再是英國公司了。一九九四年，生產Mini的路華汽車集團（Rover Group）被總公司在慕尼黑的汽車大廠BMW收購。主導此一併購案的該公司總裁伯恩德·畢睿德（Bernd Pischetsrieder）正是亞列克·伊席格尼斯的表親。畢睿德曾說，對於伊席格尼斯這位表親，他唯一而且永難忘懷的記憶是伊席格尼斯不肯把火車玩具拿出來分他玩，這也讓這樁汽車品牌的買賣變成好像兒戲似的。事實上，這樁買賣並沒有他講的那樣輕鬆：路華集團被BMW買下，意味著大不列顛過去九十幾年來第一次沒有任何本國的汽車大廠。有許多箴言流傳於世的浪漫主義時期作家讓·保羅（Jean Paul）曾這樣嘲笑英國人對於機械的偏好：「有一天，英國人一定會發明出一種能夠發明機器的機器；如此一來，他們就完了，毫無用處」。他不知道有一天他講的話會成真：一九九〇年代期間，英國政府唯一在意的機器，似乎只有那種能幫他們計算利潤的機器。

結果，BMW與路華集團之間的合併並未持續太久，其中至少有一部分原因在於工黨政府似乎不認為製造車輛能夠帶來多少利潤。BMW也備受批評，尤其是他們沒辦法落實德國工程那種遠近馳名的高標準。因為英鎊是強勢貨幣，英國車輛的出口成績極差，路華集團的工廠持續虧損，這使得在德國，該公司獲

得了 *der englische Patient*（英國病人）的稱號。到了一九九八年，BMW開始慌張了。當時工黨政府的貿易及工業大臣彼得·孟德爾頌（Peter Mandelson）是個曾當過電視公司製作人的政治人物，伯恩德·畢睿德找上他，希望政府出面扶持該公司岌岌可危的製造部門。在德國，這種國家出面補助的情況是很常見的。但是孟德爾頌拒絕了畢睿德的請求。從這一刻起，BMW與路華集團之間的戀情大致上可說是走到盡頭了。畢睿德在一次訪談裡面表示：「如果他們都不在乎了，我們為什麼應該在乎呢？」兩年後，路華集團被賣掉，不過他們還是把Mini留了下來，稍後再度問世時，它已經變成一種空有英式外觀，但是骨子裡講求安全，一點也不刺激的德國車。

差不多就是在這個時候，我發現「BOG standard」一詞也許本來就根本不存在。某天晚上我亂轉電視時偶然發現，根據一個機智問答節目主持人的仔細解釋，「bog standard」實際上是一個拼錯的詞彙，原來應該是「box standard」（盒裝標準型）：這是當年許多大量生產的玩具常用的一種分類方式，麥卡諾公司（Meccano）製造的火車玩具組就是一例。該位主持人接著表示，事實上還有另一個常用的語彙也與麥卡諾公司的玩具有關。如果爸媽比較有錢的話，可以買該公司生產的另一種「box deluxe」（盒裝豪華型）火車組：後來經過字首誤置，變成「dox beluxe」，接著以訛傳訛，進一步衍生出大家常用的「dog's bollocks」（最

棒的）這種說法。

這我並不意外。這種解釋是否屬實並不重要：但聽起來的確像是真的。對於跟我同為第六學級學生的英國男孩們而言，跟他們的爸媽有所不同的是，汽車對他們早已早已失去了光環。這不是說汽車不受大家歡迎：我發現我的同儕們最常提起的電視節目之一就是《頂級跑車秀》（Top Gear）這個電視節目：裡面出現的車輛不是「box standard」（普普通通）就是「dox beluxe」（最棒的）——如非玩具，就是能讓你發洩男性賀爾蒙的酷車。然而，《頂級跑車秀》這個節目很少講製造車輛的事，這一定是製作人覺得重複性太高、太過汙穢骯髒，與新工黨政府主政下，蓬勃發展的英國太過格格不入了。

———

同時，製造業在德國已經變成不可或缺了。過去英國曾經是個煙囪與工廠林立的國家，工業擴張的速度與規模驚人，這一切德國都看在眼裡，深感生存受到威脅，為此痛苦不已。現在，至少就工業規模來講，過去曾像哈姆雷特一樣痛苦的德國如今已經是巨人了。二〇一一年的時候，德國是全世界的第二大貨品出口國，其第一大的地位才剛剛在二〇一〇年二月被中國取代。然而，即便被中國取代了，德國人也不怎麼感到驚慌，因為二〇一〇年也是兩德統一以來經濟成長幅度最大的一年。

　　德國工業為何能夠這樣不斷奮起？有人提出各種理論來回答
此問題。許多人都認為原因之一在於那有名的新教工作倫理觀，
也就是努力工作可以達成個人的救贖：二次世界大戰後，德國人
不是到聖壇去求取贖罪，而是到工廠去。其他人認為理由在於聯
邦政府體制，如此一來可以避免像英格蘭那樣把公司都吸引到英
國東南部去，而是讓全國各地區的中小型家族企業蓬勃發展，製
造的東西從太陽能板、雲霄飛車零件到義肢都有。還有另一些人
則是歸因於德國的強烈師徒制傳統以及任何一種製造業都具有的
同業公會基礎。跟英國不樣之處在於，有許多德國人在中學畢業
後就開始工作，成為同業公會會員。還有一個原因是，儘管歐元
制度一路走來跌跌撞撞，但是德國的表現相當不錯，理由在於其
他歐盟國家不但需要德國的高品質產品，也買得起。就目前而
言，汽車業在德國已經是不可或缺的。汽車占全國出口量的比例
幾乎達到一半，每年大約有四百八十萬輛汽車離開生產線，而每
七個工作裡就有一個是多少與汽車工業有關的。

　　汽車仍然是德國人的自信之終極象徵，最能反映此一事
實的，莫過於一張在一九七四年推出的專輯。在發電廠樂團
（Kraftwerk）《高速公路》（*Autobahn*）這張專輯的封面上，我們看見
一段幾乎沒什麼車子的德國高速公路。在其中，我們看見一輛即
將從前景離開畫面的黑色賓士轎車，鏡頭正前方則是對向車道上
的一輛小金龜車，它正朝著榮耀的旭日開過去。金龜車不只是專

發電廠樂團《高速公路》專輯封面

輯封面上的明星級車款,也是參與唱片演出的特別來賓:第一首歌即以福斯汽車引擎啟動時特有的嘎嘎聲響開啟。一聲輕快和諧的汽車喇叭聲響過後,一陣經聲碼器(vocoder)處理過的合唱樂音出現,不斷哼著「高速公路,高速公路,高速公路」。接著引擎聲被合成的鼓聲取代,一開始那聲音慢條斯理,接著全速加快了起來。歌曲播放到一分十八秒的時候,我們聽見一陣幾乎沒有切分音的高音合成樂音:宛如投射在擋風玻璃上的陽光。到了一分五十五秒,出現一陣低沉的合成樂音,從右往左移動:有車子從對向車道經過。然後人聲合唱的聲音唱著:「我們在高速公路上開車,開車,開車」。

〈高速公路〉(Autobahn)這首歌曲巧妙地諧仿海灘男孩樂團(Beach Boys)作品〈快活、快活、快活〉(Fun, Fun, Fun)──它也是一首歌頌汽車的歌曲,因為汽車可以幫助我們擺脫日常塵俗,就像歌詞裡面所說的:「她要盡情快活、快活、快活,直到她爸把那一輛雷鳥轎車(T-Bird)開走」。但是,這首在節奏上帶有高科技舞曲雛形的歌曲也是一首批評德國人偏好機器的諷刺作品。更具體說來,發電廠樂團想要揭露的是德國工業崛起後對於人心所造成的一種奇怪副作用:我爸媽他們那一代人不只是喜愛機器,甚至想要讓自己變得更像機器。經濟奇蹟年代的德國人努力工作,但卻也變得越來越陰鬱、沒幽默感與極度無聊。從一九四九年到一九六九年之間,保守的德國基督教民主聯盟(CDU)至

少連續勝選過五次。當時，康拉德·艾德諾（Konrad Adnauer）用
「不要冒險實驗」這種無趣口號競選，當上總理，而他那看來很
想睡覺的容貌也變成全國最具代表性的一張臉。

在德國急於發展成一個徹底工業化國家的過程中，一些比較
敏感的議題不是先被擱置，就是直接被忽視。大家很容易忘記的
一件事是，一九五三年雖然是德國經濟發展的高點，但光是那一
年因為汽車意外而死亡的人數卻高達一萬零九百三十六人。接下
來的二十年內，隨著德國製造出來的車輛越來越多，死亡人數也
成長了兩倍多。到了一九七三年，歐洲每個擁有大量汽車的國家
都已設定最高速限，只有西德不願照做。時至今日，任誰都可以
在高速公路上全速飆車，這反映出德國人深信機器完美無缺的盲
點。好像德國人不願意接受機器有時也會令人失望的這個事實。
當我爸還是個小孩時，他坐在祖父大腿上，結果他們搭乘的那一
輛歐寶（Opel）汽車過重，在鄉間路上與一輛救護車相撞。他從
破掉的擋風玻璃摔出去，雖然並未受傷，但他的祖父喪生。多年
後，我父親的兄弟駕駛一輛福特，因為急轉彎失控，結果終究要
了他的命。在這之前，他們還有另一個兄弟因為機械引起的類似
悲劇而死去。我們家的人不太談論這件事，在我成長的過程中，
對這兩位我不認識的叔伯也所知有限。我祖母家客廳櫥櫃上擺了
一張我爸的照片，只有從他身邊那兩張陌生的臉看得出我家曾有
此缺憾。快速的擴張後隨之而來的是快速的減少，這就是讓物質

活化的公式：「空虛恐懼症」的理論不是只能用來解釋蒸汽引擎的物理現象，也可以說明德國人於一九四五年以後在心態上的改變。一旦我們上路了，大家似乎都覺得，為什麼要停下來回顧過去呢？

發電廠樂團於一九七八年推出另一張名為《機器人》（The Man Machine）的專輯，但如果說因此而做出結論，認為德國人實際上跟自己假裝的一樣冷漠、精於算計，像機器一樣，那就錯了。海涅於一八二七年造訪工業大國英國的時候就犯過這種錯，他說他眼裡「到處都整齊劃一，所有的律動都跟機械一樣」。儘管德國人迷戀汽車，但內心仍有感性的一面。我童年居住的漢堡郊區有很多汽車回收廠——在那堆滿了生鏽報廢汽車的汽車墳場裡，常可以看到五十幾歲的男男女女在走道上漫步，陷入哲學的沉思中。如果有人問起他們在做什麼，他們會咕噥地說自己在找「備用的雨刷」或者「奧迪汽車多年前就已經停產的引擎蓋固定桿」，但他們知道自己實際上只是想去聞一聞汽油的味道，沉浸在那比較安全、比較不易受傷，比較像在車子裡規律震動的白日夢裡。

———

把焦點擺回英格蘭，此時我們的英國新家感覺起來開始有點像德國的房子了。我們新裝了有兩層玻璃的內掀內開式窗戶，生活過得溫暖舒適，我開始習慣英式的洗臉槽，我媽也發現後院那

小小花園所蘊含的樂趣。慕特修斯在《英國住宅》一書裡指出，英式住宅最重要的特色就是欠缺門檻，他寫道：「完全沒有門檻的蹤跡，一路只見地板。」這一點的缺陷比優點明顯多了，因為這意味著英國的房屋在門底下總會有一個縫隙，房間易受冷風侵襲。但是這也有出乎意料的好處。我們的英國新家比過去在德國的房屋感覺起來更像是一個內部互相關聯的單位，而不是一個個獨立封閉的小房間。你可以砰一聲把臥室的門關起來，但是卻切不斷與外在世界的聯繫。

一開始，想到要花那麼多時間跟我爸媽住在如此接近的空間裡，讓我感到很害怕，但實際上整體而言這沒那麼糟。在德國時，我永遠是家裡的寶貝：沒有姐姐，我就不會綁鞋帶或者走路上學。到了英國，我只是獨子而已，地位比較像是與他們平等的。因為我比爸媽更能融入種種無形的英國習俗，有些事是他們沒有我就做不到的。每當我媽必須打電話給英國天然氣公司（British Gas）的時候，她會等我下課回家，由我幫她發言。當我爸必須寫一封重要的電子郵件給他的高爾夫俱樂部時，我會幫他翻譯。我們是個團隊。跟他們一起去餐廳再也不會讓我感到尷尬了。

Schwellenangst 這個德文詞彙並不太好翻譯成英文。一般人都用它來指涉任何隨著改變而來的焦慮，不管是過渡期，或者是從一個地方遷移到另一個地方這種改變。它可以被直譯為「門檻的恐懼」。在英格蘭住一年後，我開始覺得，*Schwellenangst* 一

詞無法直接翻譯成英文是很合理的，因為我們很驚訝地發現，像這樣被夾在英德兩國之間也是一種很自在的生活方式。

CHAPTER 6
德國人學英式幽默

　　當時的情景可能是這樣：那是一九六二年八月的一個下午，時間不早了。英格蘭黑潭市（Blackpool）的某個夏日，大雨打在人行道上，好似節奏亂掉的擊鼓聲。彼得・佛蘭肯菲爾（Peter Frankenfeld）與海因茲・當哈塞（Heinz Dunkhase）沿著海邊的路面奔跑，即使用被大雨淋濕的報紙遮頭也沒有用。他們在維多利亞街陡然右轉，最後幾百公尺路程用狂奔的，衝向冬園劇院（Winter Gardens Theatre）的入口。他們在門廳裡把濕漉漉的大衣脫掉。兩人當中比較矮的當哈塞說：「*Scheussliches Nest*」（討厭的鳥地方）。佛蘭肯菲爾向來以方格花紋西裝為其特色，他拉一拉西裝，摸一下花白的鬢角。

　　他們倆都是德國北部地區性電視台NDR[69]的員工。當哈塞是名製作人，佛蘭肯菲爾則是喜劇演員兼脫口秀主持人，傑出的全

69　全名為Norddeutscher Rundfunk，北德廣播公司。

方位電視圈人士，名氣相當響亮。一九五〇年代末期曾有人以德國名人為題對一大群年輕人進行調查，所有人都說他們一看到佛蘭肯菲爾就能認出他是誰。能夠與此一紀錄匹敵的，就只有當時的首相康拉德‧艾德諾——只有百分之九的人知道卡爾‧馬克思是誰。佛蘭肯菲爾是在一九一三年誕生於柏林市的克羅伊茨貝格區（Kreuzberg），到了一九四〇年，年紀已經很大時才被德意志國防軍徵召入伍，而其喜劇生涯的起點就是在陸軍，當時他在馬倫巴鎮負責表演餘興節目給美軍部隊欣賞。當時美國已經有一種深夜娛樂節目的表演風格，亞特‧林克萊特（Art Linkletter）與亞瑟‧高德菲（Arthur Godfrey）兩人為其鼻祖，而佛蘭肯菲爾則是第一個模仿那種風格的德國人——從一九四八年開始，一直到一九七五年去世為止，佛蘭肯菲爾固定主持與表演的電視與廣播節目有二十幾個之多。柏林市有一句俚語「*toi toi toi*」，意思是「祝你好運」，而它之所以會成為全國都能朗朗上口的一句話，都是因為主持人佛蘭肯菲爾在請節目參賽者去做一些怪事之前，都會先喊一句：「祝你好運！」到了一九六二年夏天，佛蘭肯菲爾開始覺得當時他手上的節目《晚安，彼得‧佛蘭肯菲爾》（*Guten Abend, Peter Franenfeld*）已經是強弩之末，因此就和製作人一起到國外去找節目題材。

他們會選擇英格蘭黑潭鎮似乎很奇怪，實則不然，就整個二十世紀的前五十年而言，它是一個以音樂廳的娛樂節目而遠近馳

名的城鎮。每年夏天，成千上萬的民眾蜂擁而至，某些月份總讓人覺得好像全英國都停擺，遷移到黑潭鎮去度假一週。許多德國人也會去：西格蒙德・佛洛伊德（Sigmund Freud）曾於一九○八年到那裡的海灘度假，覺得很高興；瑪琳・黛德麗也曾於一九四三年造訪黑潭鎮的歡樂海灘（Pleasure Beach），在名為「北斗七星」（the Big Dipper）的新建木造雲霄飛車前面拍照。暖暖的夏夜裡，大家都盡情揮霍著辛苦賺來的錢。同樣地，在黑潭鎮的那些大音樂廳裡，像是冬園劇院、大劇院（the Grand theatre）以及皇宮劇院（the Palace theatre）裡面也上映著華麗而壯觀的節目。每天晚上都會有兩場演出，第一場於六點十分開始，第二場則是八點四十。一般而言，晚上的節目包括耍把戲、變魔術、鳴鐘表演、女性歌舞團與十八人大樂隊演出，舞台邊有噴泉特效，而舞台上則常常會有一些「壯觀戲碼」，像是火車出軌之類的意外。

然而，黑潭鎮的音樂廳早已開始走下坡。一九五五年，英國獨立電視台（ITV）開始營運，許多表演團體都看好在電視上演出的前景，於是都往南遷移。全國各地的劇院為了尋找戲劇與各類表演節目於晚上演出而焦頭爛額。黑潭鎮的大劇院還因此被迫於冬天暫停營業，而皇宮劇院則是被迫於那一年年底關門大吉。如今，黑潭鎮的鎮民都說，綜藝節目早已於一九五五年冬天消亡了。

當彼得・佛蘭肯菲爾與海因茲・當哈塞走進冬園劇院的禮堂，他們看不見前面的舞台。有雨的時候，劇院的演出會被耽

攔，因為觀眾全身都被淋濕了，頭部與衣服散發出來的水蒸氣籠罩著舞台。然而，一旦霧氣散去後，表演內容實在沒什麼能讓那兩個德國人感到興奮的。沒有噴水特效，也沒有火車意外的畫面，只有五個歌舞女郎以及一個規模不怎麼大的「大樂隊」。當哈塞翻翻白眼，開始在位子上坐立難安。節目結束前二十分鐘，為了換場，燈突然都熄掉了。燈光恢復後，觀眾眼前出現一個空蕩蕩的舞台，舞台中央只擺了一張長桌子，右邊鋪了一張虎皮。一位優雅的年邁女士從左側出現，後面跟著一位穿燕尾服的管家。二十分鐘後，當哈塞與佛蘭肯菲爾跑到後台去，急切地敲著化妝室的門。

———

那兩個德國人看的短劇叫做《一個人的晚餐》（*Dinner for One*），內容很簡單。帷幕升起來時，觀眾看見管家詹姆士正在鋪設一張豪華的餐桌。家裡的女主人蘇菲小姐穿著優雅的晚禮服，從左側的樓梯走下來，坐在餐桌的一頭。觀眾很快就發現這是她的生日（看不出來的人也應該看得懂劇名副標題的暗示：「九十歲生日」），同時也發現有件事不太對勁。蘇菲小姐問道：「大家都來了嗎？」詹姆士對著空桌周圍的椅子做做手勢，回答說：「是的，蘇菲小姐，他們都在這裡等著呢。」蘇菲問說：「托比爵士？」詹姆士說：「托比爵士就坐在這裡」，他拍拍蘇菲小姐右手邊的椅

子椅背，然後隨著女主人把她想像的那些賓客名稱一一唸出來，他也一個個幫他們指派座位。「馮・史奈德海軍上將」、「波莫洛依先生」以及「我最親愛的朋友溫特巴騰先生」。

晚餐就以這種方式進行著。詹姆士上了四道菜：咖哩肉湯、黑線鱈、雞肉，還有水果。每吃一道菜，蘇菲小姐就要了一種酒：她先喝了雪利酒，接著依序是白酒、香檳以及波特酒。在餐桌邊都沒有任何人的狀況下，詹姆士必須扮演不同賓客的角色，一一舉杯向女主人敬酒：他裝成托比爵士大叫「恭喜啊！」馮・史奈德海軍上將則是說北歐人常用的「skôl!」（乾杯！）波莫洛依先生有氣無力地說了一聲「新年快樂，蘇菲小姐」，溫特巴騰先生則是用家人一般的口吻說：「親愛的，歲歲有今朝啊！」從他講話時把母音發得特別長，可以聽出來他是個來自約克郡的酒家老闆。每上一道菜，詹姆士的腳步就變得比較不穩，遊走在餐桌四周的他開始步履蹣跚了。

跟許多好的喜劇一樣，《一個人的晚餐》也是以重複的元素為橋段：它先建立了自己的規則與模式，等到規則與模式被打破時，觀眾就會感到很意外。每次詹姆士經過舞台右邊那一張虎皮時，都幾乎被虎頭絆倒——所以，有一次他沒有踢到虎頭時，他反而覺得意外，困惑地停了下來。《一個人的晚餐》這齣戲大部分的喜劇元素都是低俗嬉鬧的：詹姆士會把酒灑出來，食物不小心掉到地上，撞到傢俱，本來該喝杯子裡的波特酒，卻喝到花瓶

裡的水。但是，這齣短劇中最好笑的東西是對話。每次換酒時，
詹姆士都會暫停一下，問道：「順道問一下，跟去年一樣嗎，蘇
菲小姐？」女主人用責難的眼光看著她的僕人，她說：「每年都
一樣，詹姆士。」短劇結束前，蘇菲小姐決定回臥室去休息。詹
姆士此刻已經喝得醉醺醺，他舉起手來讓她扶。短劇裡一再重複
的兩句話最後一次出現，但這次營造出不一樣的效果：

> 「跟去年一樣嗎，蘇菲小姐？」
> 「每年都一樣，詹姆士。」
> 「好吧，我會盡力而為的。」

當詹姆士被拖著離開舞台時，他對著觀眾眨眨眼，露出上排
門牙牙縫很大的牙齒，臉上浮現一抹柴郡貓[70]的咧嘴微笑。化妝
室裡的兩個演員是誰？飾演管家詹姆士的，叫做佛萊迪·芬頓
（Freddie Frinton）。一九一一年，芬頓生於葛林斯比鎮（Grimsby），
十四歲時輟學到魚肉處理工廠工作，但是因為讓同事們分心而被
炒魷魚：老闆抓到他把頭穿過一隻比目魚的魚肚，然後對著同事
們擠眉弄眼。二次世界大戰後，他開始過著南北奔波的日子，到
各地渡假村的劇院去表演。跟大多數在音樂廳裡表演的演員一
樣，芬頓很快就發現自己在演戲方面的某種專長：他的專長是演
醉漢。在一九六八年因為心臟病去世的幾年前，他在某次專訪中

---

70 英國小說作品《愛麗絲夢遊仙境》（*Alice's Adventures in Wonderland*）裡面
的虛構角色。

表示：「我飾演醉漢的角色已經很久很久了。」在彼得・謝勒（Peter Sellers）的銀幕處女作《彩金讓我上天堂》（*Penny Points to Paradise*）裡面，他也獲得了第一個電影的角色：飾演一個酒鬼，後來在他所演出的大多數滑稽劇與綜藝節目裡，還是演酒鬼。每次登台時，他的外套口袋裡都會塞著一根折一半的香菸，那已經成為他的註冊商標。白天時他在黑潭鎮的路上散步，總有人對他大叫：「佛萊迪，再來一杯吧？」真實生活中，芬頓這個人既不好笑，也不是醉漢。舞台下的他不太微笑，喜歡穿好穿而不花俏的鞋。他是位有著四個小孩的慈父，一個居家型的男人，禮拜六晚間最後一場節目結束後他常常會火速前往黑潭鎮的火車站趕搭最後一班回倫敦的列車。早上到家時，他會幫全家人烹調煎餅。他幾乎滴酒不沾，不管在演出結束後或者家人的婚禮上都是如此。

芬頓是在一九四九年十月首次登上黑潭鎮的劇院舞台，但當時《一個人的晚餐》還不在他的戲碼裡面。甚至，那一齣短劇也不是他自己原創的：它出自於一個由兩齣戲構成的節目，其中一個是《廁所服務生》（*The Lavatory Attendant*）這個短劇，整個一九二〇年代期間都是碧妮・海爾（Binny Hale）與巴比・豪斯（Bobby Howes）這個雙人組經常演出的戲碼，由綜藝短劇作家羅瑞・威利（Lauri Wylie）撰寫。芬頓在一九五四年第一次看到那齣戲之後，就愛上了它：芬頓的家人曾說，它好像變成他的第五個小孩。一九五四年夏天，第一次跟他搭檔演出那齣戲的是年輕的女演員

史黛拉‧莫瑞（Stella Moray），後來她成為音樂廳劇場界傳奇人物
喬治‧馮比（George Formby）的固定班底。等到當哈塞與佛蘭肯
菲爾在冬園劇院看到《一個人的晚餐》時，芬頓已經找過好幾個
女演員來當配角了。

　　一九五四年夏天過後，芬頓開除了史黛拉‧莫瑞，聘了另
一個二十幾歲的女演員一起跟他到澤西島（Jersey）的劇院去表演
《一個人的晚餐》。當時奧黛莉‧梅耶（Audrey Maye）剛剛生了第
三個小孩，但是她急於跟隨她丈夫連恩（Len）一起到澤西島去
──連恩自己也是個擅長表演醉漢的演員。《一個人的晚餐》非
常受到觀眾歡迎，芬頓經紀人的辦公室接到來自全國各地的表演
邀約。因為奧黛莉‧梅耶已經與人約定好要參加下一季的音樂劇
演出，所以當芬頓邀請她一起到舒茲伯利鎮（Shrewsbury）與布萊
頓鎮（Brighton）去演出時，她不得不拒絕了。芬頓求她，但梅耶
不為所動。梅耶建議，他為什麼不找她母親呢？芬頓大笑一陣。
梅耶說，他該跟她母親見一面，見完後他就笑不出來了。一九六
二年，海因茲‧當哈塞與彼得‧佛蘭肯菲爾去敲冬園劇院化妝室
的門，待在裡面的是當時五十二歲的芬頓，還有奧黛莉‧梅耶的
母親，七十二歲的資深女演員梅‧渥登（May Warden）。

　　芬頓把門打開。這兩個穿著花俏格紋西裝的男人想幹什麼？
他本來想開口問，但是話還沒說出來，佛蘭肯菲爾就先講話了。
他說他很喜歡那一齣短劇，那是他看過最好笑的演出，時機的拿

捏如此精確，而且他們是從哪裡弄來那一張虎皮的？還有他們想要邀請他到漢堡市，去上他製作的黃金時段德國電視節目去演出。芬頓看看佛蘭肯菲爾的手，然後又看看他的臉，接著看看梅·渥登，最後又把視線移回那隻手上面。教芬頓演戲的喜劇演員吉米·愛德華茲（Jimmy Edwards）曾跟他說過，節目結束後，靜靜地吃自己的三明治就好，不要說話。但是他喜歡佛蘭肯菲爾的熱忱。跟佛蘭肯菲爾一樣，早年芬頓也都是在士兵面前表演：最開始是為駐守在威爾斯的皇家工兵部隊（Royal Engineers）表演單人演出的節目，後來加入了「戰士劇團」（Stars in Battledress），而比爾·派特威[71]與亞瑟·海因斯[72]也都是該團團員。他從來沒有提槍上戰場，與德國人也無私人恩怨——他家甚至還曾經是某個德國學生的寄宿家庭。他一直夢想著能夠上電視表演《一個人的晚餐》。於是芬頓點點頭，與佛蘭肯菲爾握握手。

　　一九六三年三月八日那一天，芬頓與渥登搭機前往漢堡市，在佛蘭肯菲爾的節目《晚安，彼得·佛蘭肯菲爾》上面表演短劇。七月時他們又回到漢堡，這次是要到歷史悠久的貝森賓德霍夫劇院（Theater am Besenbinderhof）去把節目錄下來。芬頓的演出酬勞是四一五〇馬克，相當於三一〇〇英鎊。《一個人的晚餐》這部影片隨即開始在德國的各個地區電視台播出。一九七二年的除夕夜，NDR電視台在晚間六點播出《一個人的晚餐》，觀眾有所迴響。事實上，驚人的事發生了：德國人瘋狂地愛上那一齣短劇。

71　Bill Pertwee，英國著名喜劇演員，最著名的作品是 *Dad's Army*。
72　Arthur Haynes，英國喜劇演員，著名作品為 *The Arthur Haynes Show*。

人們放下手裡那一盤馬鈴薯沙拉，任由盤子裡的法蘭克福香腸冷掉，原本在開派對的人都聚在電視前面看著芬頓與渥登表演他們的奇怪橋段。隔年，每個地區電視台都會在晚間六點播放《一個人的晚餐》，其中有幾家還在四個小時後重播。自從一九六三年以來，該齣短劇在德國觀眾面前播放了二三一次（光是在二○○三年就播放了十九次之多），讓它成為德國電視史上重播次數最高的節目，而且根據一九八八年的《金氏世界紀錄》指出，它也是世界電視史上最受歡迎的節目。光是在二○○四年，在電視上欣賞那兩位英國演員演出的德國人，就有一五六○萬人。

儘管《一個人的晚餐》在德國越來越受歡迎，英國的音樂廳演出仍在持續衰退中。一九五○到一九六○年間，擁有電視機的英國家庭數量從大概五十萬成長為超過一千萬。至於那些不喜歡整天待在家裡的人，則是一窩蜂地到法國與西班牙的海灘去度假，而非黑潭鎮的歡樂海灘。芬頓與渥登也背棄了音樂廳，轉而前往電影圈發展。幾年內，他們成為全國知名的演員。梅‧渥登獲得了《說謊的比利》（*Billy Liar*）這一齣電視喜劇的祖母角色，本來演五集就應該在戲裡面死掉的，但卻一路繼續演下去，直到一九七八年去世才退出。芬頓也成為全國家喻戶曉的人物，數以百計的觀眾看過他在電視喜劇《與妻有約》（*Meet the Wife*）裡的演出：他飾演女演員索拉‧赫德（Thora Hird）劇中的丈夫佛萊迪‧布萊拉克（Freddie Blacklock），而該劇後來也因為被寫進披頭四的

名曲〈早安，早安〉（Good Morning, Good Morning）裡面而永垂不朽——歌詞中寫道：「該是一邊喝茶，一邊欣賞《與妻有約》的時候了」。芬頓自己未曾有機會目睹他在歐陸有多麼出名：短劇開始不斷在德國重播的兩年前，他就已經因為心臟病發而於一九六八年病逝。在英國，很少有五十歲以下的民眾記得他的名字。時至今日，還沒有任何紀錄顯示英國的電視台曾經播放過《一個人的晚餐》。

———

我幾乎可以背出《一個人的晚餐》的內容。我第一次收看時只有五歲——如果那不是我第一次獲准在除夕夜晚睡，就是第一次我有力氣撐到那麼晚。在德國，除夕夜那天又被稱為聖希爾維斯特節（Silvester），而且我們過的方式跟英國人不一樣。德國人會喝酒跳舞，摟摟抱抱，但是最後會在一種神秘而儀式性的氛圍中結束那一天。英國在十一月五日的「蓋伊・福克斯之夜」[73]也放煙火，但其理由可說是相當無聊的，畢竟，蓋伊・福克斯雖然想炸掉上議院，但並未真正動手，所以何必用煙火與營火來紀念那個日子呢？相較之下，德國人放煙火的象徵性意義就極為神秘了：大人總是跟小孩子說，放煙火是為了把元旦那一天在空中飛來飛去的惡魔與鬼魂嚇跑。傳統上來講，煙火受歡迎的程度並不如勝利火花。除夕夜之前的那個禮拜，德國實在是個很可怕而危

73 Guy Fawkes Night，一六〇五年蓋伊・福克斯陰謀炸掉上議院，但未果。為了紀念英王詹姆士一世逃過此劫，十一月五日英國人放煙火慶祝。

險的地方。我有個小學男同學會把煙火塞進三明治裡，然後丟進郵筒，理由為何我迄今仍不明瞭。另一個我認識的女孩因為手握鞭炮時間過久而被炸斷兩根手指頭。晚間餐桌上的娛樂已經變得不太像是個宴會，而是像薩滿教的儀式。我們流行一種叫做 *Bleigiessen*（鎔鉛占卜）的遊戲：把小小的鉛質雕像放在湯匙上，用蠟燭加熱，直到融化，然後很快地把它丟進一碗冷水裡。結果雕像變得跟賈科梅蒂（Giacomettis）的表現主義作品一樣，從水裡把它撈出來後，根據一本小冊子來解讀。如果像馬蹄的話，會帶來好運，心型鉛塊表示你會墜入情網，蜜蜂則是預示著你快要結婚了。根據我的經驗，那些鉛質雕像不曾像過什麼東西，最多也只是不能分辨種類的魚──意思是大家都在討論你。

這種瀰漫著儀式性的氛圍只會讓我那天的經驗顯得更為神秘：一九八六年十二月三十一日那一天，我不小心進了爸媽的臥室。我的兄姊們還有堂親、表親都聚在電視機前面，我問他們說：「你們在這裡做什麼？回客廳跟我玩──」

我姊姊打斷我：「噓！我們要看《一個人的晚餐》。」

那感覺好像我湊巧目睹了一群學校的朋友在偷喝啤酒，或一起偷抽一包香菸。接下來的二十分鐘裡，我仔細盯著螢幕上發生的事，想要理出頭緒。當詹姆士第一次踢到虎頭時，他們咯咯笑，我也是。等到詹姆士第五次踢到虎頭時，他手上那一盤雞肉飛到鏡頭外，他們爆出哄堂大笑──我也跟著大笑。當詹姆士把一整

瓶水喝下去的時候（嘴裡還唸唸有詞地說著：「我要殺了那隻大貓！」），他們發出歇斯底里的尖銳笑聲，我也是。

我整個青少年時期不斷看著電視台重播那一部短劇，每次都會發現一些新意：讓我沾沾自喜的是，當我十一歲，也就是剛剛讀完中學一年級時，第一次發現節目主持人海因茲・皮伯（Heinz Piper）犯了一個文法上的錯誤，他說「**比去年一樣**」而非「**跟去年一樣**」。當青春期的賀爾蒙開始作祟時，有句語帶雙關的台詞是讓我感到最驚奇的。「**我會盡力而為的。**」盡什麼力？他不是在說**那件事**吧？他們都…那麼老了。如果真是那一件事，他們會在哪裡做？怎麼做？做多久？一堆弦外之音快把我給搞瘋了。為什麼大家對於《一個人的晚餐》會如此入迷？也許，一部分原因就在於它所處理的兩個主題在各國都是禁忌話題：一個是老人的性愛，另一個則是在大家面前喝醉。但是，為什麼這齣短劇只有在德國那麼流行呢？

理由之一也許在於影片的對白很少。芬頓逗觀眾笑的方式不是靠言語，而是身體姿勢，他的短劇直接連上了德國的各種傳統：默片、歌舞表演與語言危機[74]。即便是在今天，德國大多數的喜劇還是比英式喜劇更講求肢體語言與嬉鬧元素。我的意思不是說德國喜劇都跟班尼・希爾（Benny Hill）的喜劇一樣粗魯而簡單。在德國長大的我，從小就欣賞過各種各樣的喜劇。光譜的一邊，是奧圖・瓦克斯（Otto Waalkes）：現代版的馬戲團小

---

74 參見註釋76。

丑，身穿大一號的粗布工作褲，頂著禿頭，像兔子跳躍的走路方式以及愚蠢的笑聲是他的註冊商標。光譜的另一邊，則是已經去世的維科·馮·布婁（Vicco von Bülow）——他的藝名「羅瑞歐特」（Loriot）的名氣比較大。他的表演就比較細緻一點，通常用短劇來呈現上層中產階級的尷尬社會處境，一個享用美食，參加讀書俱樂部，沒事開開會的世界。然而，羅瑞歐特的喜劇核心基本上是一種肢體語言。他最有名的一齣短劇就會讓人聯想到《一個人的晚餐》[75]。一對情侶坐在餐廳的桌子喝湯；男的顯然很緊張。當他用餐巾擦嘴時，一條麵條黏在下巴。那個女人試著告訴他這件事，但被他打斷。接下來的短劇裡，那惹人厭的麵條從下巴依序移位到手指、額頭與耳垂等地方。短劇的喜劇效果極強的原因在於，那個男的試著用嚴肅的態度談論他們的感情問題，但是整齣戲的焦點卻都在那麵條上面。從這裡我們可以看出羅瑞歐特為什麼只有一齣短劇是藉著語言來表達的，這實在不是巧合：那齣戲與英語有關，說得更具體一點，其主題是德國人講英語時所碰到的問題。在他的短劇《英語節目預報》（*Die englische Ansage*）裡面，女演員愛芙琳·哈曼（Evelyn Hamann）飾演電視主持人，她負責介紹一集新的經典英語電視連續劇《表兄弟倆》（*The Two Cousins*），但是要唸「North Cothelston Hall」、「Nether Addlesthorpe」以及「Gwyneth Molesworth」這些英國人名時，卻唸到舌頭打結。

75　可參考 Youtube（https://www.youtube.com/watch?v=ytLTSJxmMas）

　　不只從電視上可以看見德國人用身體來表達其幽默感，從他們的日常生活表現也可以。線索全都在肢體語言裡。許多德國人在開玩笑之前或之後都會用身體的姿勢來表達其意圖：有時候只是意味深長地抬抬眉頭，有時候則是動作比較大一點。因此，「笑話」一詞在德文中被稱為 *Schenkelklopfer*（讓你拍大腿的東西），實在是其來有自。

　　英國人說笑話的方式實在與此相差十萬八千里。當我的中學同學們說笑話時，從他們的肢體語言是看不出來的——他們不會發出好笑的聲音，不會裝鬼臉，也不會拍大腿。特別是，第一年轉學時我不知道為此犯了多少錯。有同學警告我，說老師要考字彙，但根本沒有那麼一回事；還有個男孩說他父親是首相，但並不是；有老師說他在最後一刻才被徵召上場，參加牛津與劍橋大學的划船比賽，結果也是鬼扯。他們全都睜眼說瞎話，連眉毛都不抬一下。這種滿臉「正經八百」的說笑策略跟他們喜歡保守的說法似乎是源自於同一種心態：重點在於，英國人總會不計一切地掩飾內心想法，不表現出來。

　　在德國，特別常見的是用肢體語言來表達雙關語與笑點，不管是在慕尼黑啤酒節的巨大啤酒帳篷裡，還是在美因茲市與科隆市，每年十一月人們穿上小丑衣服進行表演的嘉年華會上都一樣（嘉年華會湊巧也是在十一月十一日的早上十一點開始慶祝，跟歐戰停戰日時間一樣）。*Büttenreden*（嘉年華會演說）在德國的嘉

年華會傳統裡是不可或缺的。在嘉年華會上，有個喜劇演員會站在一個翻過來的木桶（*Bütt*）上，用抑揚格五音步的格律來講述一個押韻的詼諧故事。如今，嘉年華會演說的進行地點已經改為大帳篷或者音樂廳裡的舞台上，電視台會轉播此一活動，但是表演的內容是幾百年都沒改變過的。這種演說的訣竅是規律的押韻結構，如此一來演說中的「笑話」就會變得非常容易預料而且守規矩。這等於是為觀眾提供一個非常清楚的指示，讓他們知道何時該笑出來——這是非常有用的，因為演說的內容通常很無聊。以下就是一個例子：

> *Ihre Gesichtszüge sind ihr total entglitten,*
> *Sie dachte wohl jetzt an ihre Titten.*

這兩個子句唯一的有趣之處只是句尾音節的押韻，其原意為：「她已經控制不住她的臉部表情／可能她正好想到她的奶子」。為了避免觀眾們忘記笑出來，每次有笑點出現後都會有人吹一聲喇叭：噠嘟，噠嘟，噠嘟。也許你可以把喇叭聲當成一聲號令：*Bitte lachen sie jetzt!*（現在請大聲笑出來！）

透過觀察科隆市的嘉年華會，也許我們可以瞭解為什麼《一個人的晚餐》的吸引力會歷久不衰。嘉年華會顛覆了社會階層：在科隆的嘉年華會期間，成年男人會表現得跟小孩一樣，而孩子

們則被授予象徵性的公職——年度嘉年華會的高潮就是「嘉年華會小王子」與其妻子 *Funkenmarie*（火紅女孩）的加冕典禮。儘管嘉年華會具有一種無政府的特性，但因為這種活動一年只舉辦一次，結束後科隆的市民們又回歸到他們的正常工作，此一特性也因而被破壞與打壓。就此而論，一年一次的嘉年華會與拍打你的大腿具有相同的功能：拍打大腿有助於讓別人知道你是在開玩笑，而非認真的；同樣地，嘉年華會也有助於區分什麼是「工作的時間」，而什麼是「休閒時間」。管家詹姆士與蘇菲小姐每年都會在一固定的日期出現於德國人的想像中，而嘉年華會也是這樣——這不只讓人想起了十九世紀末的語言危機（*Sprachkrise*）[76]，還能聯想到最近才重新獲得確認的工作倫理。若你有機會於嘉年華會期間造訪科隆，除了覺得他們幹了很多蠢事之外，也會發現事實上活動非常有效率而有組織。除了「嘉年華會小王子」，活動的重點還包括「藍火花遊行隊伍」（*Blaue Funken*）——參加此一軍事組織的人頭戴灑了香粉的假髮，身穿十九世紀軍裝，似乎很好笑，但是看到他們的軍容嚴謹，卻又讓人不太笑得出來。德國嘉年華會的一切活動內容都不是自動自發形成的，也沒有讓人難以預料之處，就連要加入「藍火花」的精銳隊伍，都必須先經過兩年的見習階段。，

　　到了夜裡，科隆的市民們總是會到那些被稱為 *Sitzungen*（大會堂）的禮堂去參加備受重視的嘉年華會演說，他們手勾著手，

---

76 十九世紀末，德國思想界反省語言對真實世界所能指涉的準確性，以為語言只是符號，並無法反映外在世界，我們的感知只不過是語言系統操弄的結果。於是促成詩歌、戲劇的進一步發展。

隨著當地樂隊演奏的輕快樂曲一起搖來晃去。那些歌曲都是大家
耳熟能詳，甚至能背出來的。事實上很多歌詞所述說的就是每年
嘉年華會期間大家齊聚唱歌的事——他們就是藉這種陳腔濫調的
活動來自我肯定。我認識的科隆人都喜歡把他們的城市當成一個
與眾不同的地方：在一個嚴肅無比的國家裡，他們把科隆當成一
座歡樂的孤島。他們跟巴伐利亞人一樣，喜歡把來自外地的德國
人稱為「普魯士人」。但就我個人而言，科隆的嘉年華會卻是全
德國最具普魯士風味的一種活動。但是，話說回來，身為一個德
國北部人，我深知老家的說法是「*zum Lachen gehen wir in den
Keller*」，意思是，如果我們想要放聲大笑，我們就會到地窖裡
去，如此一來就沒有人會看到我們。但是，儘管我是個嚴肅的北
部人，我也了解並且可以明確指出德國人把笑話與笑聲跟什麼樣
的精神連結在一起：*Gemütlichkeit*，一種能自在地與人相處的
姿態。不是那種充斥於每個英國家庭的古怪舒適感，而是一種整
齊劃一，與社會主流同調的舒適感。

————

　　《一個人的晚餐》到底為何那麼受歡迎？上述的觀念將會引
導出足以解答問題的最後、也許是最關鍵的因素：德國人對於
「英式幽默」的看法。直到一九九八年二月我隨著爸媽一起回到
德國去度週末假期之前，我都不算真正了解此一看法。那一次回

德國是為了參加母親娘家的年度家聚，德國北部稱此一傳統為
Grünkohlessen（羽衣甘藍宴），在宴會上我們吃的是綠色甘藍菜與
肥豬肉片、香腸以及暢飲荷蘭杜松子酒（schnapps）。餐宴結束前，
我的一個舅舅（家人都稱他為「克奴帝」）朝我走過來。他問說：
「怎樣，英國人對你好不好？」

我說：「很好，我很高興。」

「那他們的英式幽默呢，你搞懂了嗎？」

在那個聚會中，我第一次發現德國人對於所謂「英式幽默」
感到非常好奇而入迷。對德國人來講，「英式幽默」永遠會是另
一種語言，一種他們很少能夠解讀的謎語。對於我舅舅來講，能
夠搞懂英式幽默，是一種了不起的成就。就另一方面來講，他們
也無法想像有德國人能夠用英式幽默說笑，或者讓英國人笑出來。

德國人不是最近才被人貼上了沒有幽默感的標籤，但也不是
自古以來就是這樣。十八、十九世紀期間，德國文學界曾經出現
過許多世界第一流的諷刺作家：冉・袍爾（Jean Paul）、格澳爾格・
克里斯多夫・利希騰貝格（Georg Christoph Lichtenberg）、奧古斯
特・威廉・施勒格爾與弗烈德里希・威廉・施勒格爾兄弟（August
Wilhelm Schlegel and Friedrich Wilhelm Schlegel），還有尼采（Friedrich
Nietzsche）。他們當中有許多人跟海涅一樣都是猶太人。即便在
二十世紀的前二十年裡面，德國仍然有過一個具有強烈諷刺性格
的歌舞劇傳統，其中通常混雜著帶有無政府主義精神的達達藝術

元素，這是一種對於所謂 *Gemütlichkeit* 進行對抗的喜劇文化。約翰‧哈特費爾德（John Heartfield）的另一幅拼貼畫作就可被視為此一傳統的完美總結。在畫裡面，有個可敬的中年紳士頭上戴著一頂普魯士軍裝頭盔（*Pickelhaube*），頭盔上又頂著大禮帽，他的晚禮服外面披著一件軍裝，嘴上留著充滿傲氣的八字鬍。他的嘴巴是開著的，從嘴裡冒出來的是舊日德國國歌〈至高無上的德意志〉（*Deutschland, Deutschland über alles*）的第一句歌詞。然而，這種強調民族統一的精神卻因為那位紳士宛如破布娃娃的外表而蕩然無存：哈特費爾德就是要以這幅拼貼畫來諷刺國家社會主義。後來這幅畫被諷刺作家庫爾特‧圖霍爾斯基（Kurt Tucholsky）拿來當作他的一本書的封面。而那一句永垂不朽的詩句，「德國同胞們，多買一點德國檸檬吧！」，就是出自圖霍爾斯基的筆下。

然而，到了一九四〇年代，德國人在幽默感這方面的自信心早已崩潰。根據來自奧匈帝國的劇作家喬治‧塔伯利（George Tabori）之回憶，一九四〇年代他移居好萊塢時，曾與托馬斯‧曼、查理‧卓別林（Charlie Chaplin）與葛麗泰‧嘉寶（Greta Garbo）一起參加過某個宴會。托馬斯‧曼的小說向來以充滿了各種輕描淡寫的諷刺著稱，而在他抵達美國時，有人跟他說所有以英語為母語的人都會以一個笑話為演說的開場白。托馬斯‧曼眼見查理‧卓別林用五彩碎紙來惡搞餐桌旁的賓客，他心想該是他開開玩笑的時候了。起身後，他跟大家說想要分享一個小小的笑

話。他說，他從來沒有想過要把那一本篇幅長達一千頁的《魔山》
（*The Magic Mountain*）寫成一本嚴肅的小說，只是打算諧仿自己的
中篇小說《魂斷威尼斯》（*Death in Venice*）而已。沒有人提到卓別
林的反應如何，但我想他應該不至於笑倒在地。重點是因為頂尖
的猶太劇作家與詞曲作家都逃亡國外了，納粹等於是把德國本土
的幽默元素給扼殺殆盡。

　　然而，所謂英式幽默的觀念從來不只是反映出一般德國人在

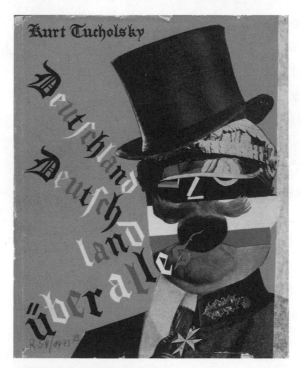

約翰・哈特費爾德的幅拼貼畫作，
後來這幅畫被諷刺作家庫爾特・圖霍爾斯基
拿來當作他的書的封面。

這方面有自卑感。成長於一九五〇與一九六〇年代的德國人非常清楚所謂英式幽默的要旨為何，如何進行。一九五七年，某位幫《柏林之聲》（*Berliner Stimme*）這份報紙寫劇評的作家提到，他在看過一齣於德國上演的英國喜劇之後感到非常震驚：「這一部戲讓我們笑不出來。首先我們必須先學會如何消化這種『黑色喜劇』。」彼得·佛蘭肯菲爾也覺得英式幽默有其引人入勝之處。讓他感到特別著迷的是，這種幽默讓德國人得以在不該大笑的時候笑出來。「美國人的黑色幽默感源自於盎格魯—薩克遜傳統。黑色幽默往往以怪誕而可怕的元素為題材；死亡與謀殺、疥瘡、腰傷與肺癆，這些東西都透過胡鬧的情節而正常化了，其中充滿了令人寒顫的笑點。」最能充分表達出這種英式幽默的，莫過於芬頓的女配角梅·渥登生前的一個小故事。一九七八年十月，垂死的渥登躺在病榻上，痛苦的抽搐，再加上時而昏睡，時而清醒，讓她飽嘗苦頭。她的病床邊站著醫生與護士各一位。為了減緩抽搐的症狀，醫生建議護士應該讓渥登喝一點白蘭地。護士問道：「我該在裡面摻牛奶還是水？」突然間，梅·渥登打開眼睛，說了兩個字：「純的。」那就是她的遺言。她在凌晨就辭世了。

　　到底什麼時候應該大笑，什麼時候不該？在德國，很少有人比阿多諾花更多時間去思考這個問題。阿多諾於一九五八年試著以一篇論文來理解他剛剛欣賞過的一部戲劇作品。他寫道：「那一部戲所引發的笑聲應該會扼殺其他所有的笑聲。因為，自從幽

默變成一種過時的美感媒介之後，就是變成那個樣子，我們沒有任何關於看到什麼之後該大笑，什麼不該大笑的共識，沒有一個可以讓我們大笑的和解之處，而在天地之間，也沒有任何一個可以讓我們大笑的無害之地。」阿多諾對於幽默的看法比我的克奴帝舅舅激進多了。他不只是認為自己不擅於耍幽默，他甚至覺得，會讓人大笑的東西基本上就是錯的。很少人知道阿多諾曾經透過一九六七年的一篇論文修改他的那一句名言：「奧許維茲之後，撰寫詩歌是一件野蠻的事」。在〈藝術是愛樂的嗎？〉（Ist die Kunst heiter）裡面，他寫道：「在奧許維茲之後，我們無法想像還有任何藝術是幽默的。」對於阿多諾而言，想要用大屠殺為題材來撰寫喜劇是不可能的：「有人愚蠢地以為法西斯主義已經被擊敗了，而喜劇就是這種想法的幫兇。」阿多諾似乎認為，每一個笑話都會涉及伯根—貝爾森集中營（Bergen-Belsen），每一個雙關語都像是一把抵著人頭的毛瑟槍。

首先促使阿多諾開始思考喜劇問題，並且形諸文字的，當然不是《一個人的晚餐》，而是貝克特的《終局》。這兩部戲劇作品截然不同：前者是庸俗的大眾娛樂，而後者則是一部發人深省的荒謬派戲劇作品；但是，就某些方面而言，兩者又很相似。《終局》是在一九五七完成的，五年後佛蘭肯菲爾與當哈塞才發現了《一個人的晚餐》這部音樂廳短劇，不過兩部戲在德國各地都受到熱烈歡迎。《終局》以及《一個人的晚餐》都是以主僕關係為主題

的戲劇作品，也都涉及主人差使僕人去做一些沒有意義的工作，
在舞台上不斷繞圈圈，小步快走。兩部戲的場景都是在一個難解
的封閉世界裡，時間似乎於其中停止了。兩部戲都帶著憂鬱的色
彩，因為我們看見主角都是老人，因為無法忘掉過去而選擇活在
虛幻而非真實的世界裡。而且它們也都令人感到有點不安。兩者
都影射了戰爭、死亡與毀滅；畢竟，那些已經離開詹姆士與蘇菲
小姐的英國與德國紳士們究竟發生了什麼事呢？然而，最重要的
還是兩者都很有趣，儘管題材淒涼，但卻妙趣橫生。兩部戲於德
國之所以如此受歡迎的秘訣在於，它們讓德國人能夠在體會一個
非常不幸的觀念之餘，還能咯咯大笑：歷史總是以無意義的方式
重複循環，未曾改變過。而這兩部戲就是用一種迂迴的方式來打
破最大的歷史禁忌：嘲笑戰爭。

———

　　一個待解的問題是，為什麼《一個人的晚餐》在其祖國不曾
那麼受歡迎？一九九八年三月，我帶著一捲VHS錄影帶去參加
學校的課後電影俱樂部。學校的許多同學們都咯咯笑，有些人認
為那部短劇真的很搞笑，但是沒有任何人像一九六二年的當哈塞
與佛蘭肯菲爾那樣為之傾倒。悲劇所探討的是關於對錯而超越時
空限制的規則，但喜劇是一種重點就藏在細節裡的作品，很快就
會退流行。低俗鬧劇本來被視為喜劇創新性的最高成就，如今卻

已過時，就像枯燥無味的班尼・希爾短劇，而非黃金時段的電視
節目。那些視覺效果很炫的綜藝節目，像是噴泉、火車意外與動
物表演之類的，也都是過去式了。我的高年級同學們都喜歡獨角
喜劇（stand-up comedy），而且每個人總能把他們最愛的台詞拿來
當口頭禪。當然，獨角喜劇脫胎於音樂廳短劇的傳統，但卻是一
種比較精簡的修改版，表演的重點就在台詞裡面。

　　因為英語的彈性本來就比較大，能伸能縮，所以與德國相
較，喜劇從肢體語言到口頭語言的發展也順遂得多。德文的結構
就像吊橋一樣嚴謹死板，還有一堆語助詞，因此並不適合用於進
行令人驚訝的語言遊戲。喬治・艾略特曾說過：「德國喜劇就像
德文的句子一樣。就結構來講，實在看不出它們會有結束的時
候。」而就另一方面而言，英語的發音比較有彈性，而且有大量
的單音節字彙，感覺起來根本就是一種為了喜劇而量身訂製的語
言。英語的句子可以像煎餅那樣被翻來覆去，光是更動一個音
節，就可能徹底改變其意義。透過《一個人的晚餐》結尾的笑點，
也就是「每年都一樣，詹姆士」這句話，我們可以隱約看出英語
的可能性。一九九〇年代的艾迪・伊薩茲（Eddie Izzards）、喬・
布蘭茲（Jo Brands）或者比爾・貝利斯（Bill Baileys）等喜劇演員說
得話更快，對語言的運用也更靈活。我還記得曾經看過一集電視
喜劇《我有消息給你嗎？》（Have I Got News for You），演員保羅・
莫頓（Paul Merton）說：「戒菸的方式有很多種──尼古丁貼片、

尼古丁口香糖…以前我姑姑每天早上都會在自己身上倒一加侖汽油。」與佛萊迪・芬頓的表現相較，這是更為強烈的黑色喜劇元素，更大膽也更具超寫實主義風格。這讓《一個人的晚餐》顯得如此無傷大雅而且欠缺力道。

　　此一短劇為何在德國是如此受歡迎，但卻遭其母國忽略？許多德國人都曾經猜測背後的原因何在。二〇〇三年，就在這齣短劇問世的四十周年之際，德國《明鏡週刊》刊登了一篇標題為〈為何BBC電視台仍然不願播放「一個人的晚餐」〉（Why the BBC is still shunning 'Dinner for One'），作者賽巴斯汀・克瑙爾（Sebastian Knauer）認為，對於社會階級的焦慮感也許是其中一個因素，因為該部短劇以顛覆性的手法嘲弄了英國的階級體系。他在文章中表示，因為戲裡有托比爵士那種醉醺醺的貴族，另一個貴族蘇菲小姐也具有危險的誘惑力，這讓該齣短劇被視為「宣傳反對王權思想」，所以走傳統路線的BBC電視台是絕對不可能同意播放的。但是，最多我們也只能說這種主張是欠缺紮實研究的結果。一直以來，階級問題都是英國喜劇的重要元素，特別是音樂廳短劇：那些在度假勝地飯店裡上演的短劇中，常常會出現的角色不是只有醉漢或者老女人，還有人稱「香檳查理」（Champagne Charlie），頭戴大禮帽的上流社會公子。不管是否具有顛覆性，總之在英國喜劇的許多名作中，階級關係（特別是主僕關係）常常是其重要元素，從賀加斯（Hogarth）的系列畫作《浪蕩子的墮

落》（*A Rake's Progress*）到 P. G. 伍德豪斯（P. G. Wodehouse）那些以男僕吉維斯與主人伍斯特（Jeeves and Wooster）為主角的小說，再到喜劇作家羅伊・克拉克（Roy Clarke）於一九九〇年代推出的情境喜劇《虛有其表》（*Keeping Up Apperances*），都是如此。甚至，在那一部讓芬頓於英國揚名的電視劇裡，階級問題也扮演關鍵角色：索拉・赫德在講「是的」與「佛瑞德」的時候都把中間的音拉很長，她演活了那個一心一意地渴望上層中產階級生活方式的海雅辛絲・巴奇特（Hyacinth Bucket）——總是堅持把自己的姓氏唸成「布凱」（Bou-quet）。

　　就算我們把聚焦在階級問題的英國喜劇史略去不論，那篇文

賀加斯的系列畫作《浪蕩子的墮落》

章的邏輯顯然有其缺陷。在《夢的解析》一書裡面，佛洛伊德把喜劇定義為「一種必須靠大笑才能夠釋放出來的多餘能量」。透過這種複雜的論述，他想要表達的是喜劇吸引人的地方在於它具有一種安全閥的功能：當我們大笑時，我們把體內累積已久的怒氣釋放出來。喜劇讓我們能夠打破禁忌，把幻想表達出來——如同佛洛伊德於後來說的，所謂笑話，其實是我們的超我（superego）以一些好話來安慰怯懦的自我。正因如此，才會有那麼多笑話與喜劇以我們對於財富與地位的焦慮感為題材——而佛洛伊德在《笑話以及笑話與無意識的關係》（*Jokes and Their Relation to Unconscious*）一書裡面以有人宣稱自己是「與羅斯柴爾德男爵（Baron Rothschild）很熟悉的百萬富翁」，並不是個巧合。因此，如果有人說《一個人的晚餐》不受歡迎是因為其題材太過露骨，當然是一種荒謬的看法。如果說芬頓與渥登之間所呈現出來的社會動力能夠造成甚麼影響的話，應該是能夠增加其受歡迎的程度才對。

也許，《一個人的晚餐》未曾在英國出現擁護者的主要理由，並不是在於它以階級關係中的尷尬處境為主題，而是因為電視短劇再也不是能夠呈現出這種尷尬處境的唯一方式了。在二次大戰前，英國海邊的渡假勝地簡直就像科隆市的嘉年華會，是一個能夠把英國人的多餘壓力釋放出來的安全閥，或者是如同喬治·歐威爾在一篇知名文章裡面論及濱海城鎮的低俗明信片時所說的，

就像「一場狂歡喧鬧，一種對於美德的無害反抗」。但是，迄今仍是如此嗎？根據黑潭鎮當地史家巴瑞‧班德（Barry Band）的回憶，他曾於一九五四年看過冬園劇院的短劇表演，當時他還是個青少年。「讓我們笑得最開心的就是佛萊迪的表演：好笑的是，居然有人會喝那麼多酒，喝到醉醺醺，腳還會被絆到。一輩子有機會喝得那麼醉的觀眾應該沒幾個。」如今，大多數到黑潭鎮去的人都不是去看短劇表演，而是去喝酒。市政府唯一能夠仰仗的固定客源，就是那從來不曾中斷過，來此地開趴狂歡的人群。所謂「喝到醉醺醺」與「腳被絆到」並非罕見的事，而是在週五晚間司空見慣的景象了。

二十一世紀的英國喜劇已經不是一種打破成規的東西：它自己已經化身為成規。我的同學們崇拜的公眾人物並非政治人物，也不是作家，或者流行巨星以及好萊塢演員，而是喜劇演員。跟我同年的那些最聰明的男孩都渴望進入牛津或劍橋大學，但不是因為兩校的課程有多棒，而是因為他們的喜劇偶像們都是那裡的畢業生。在英國，喜劇演員往往兼任報紙專欄作家，他們主持政論節目，並且為改革選舉制度而發起活動。在德國，喜劇則是仍然堅守著正經八百與愚蠢嬉鬧之間的那一條嚴格界線，工作就是工作，休閒就是休閒——然而，在後工業化社會已經來臨的英國，這種界線已經逐漸被打破了。對於那些人數越來越多的投資銀行家、地產開發商與媒體創意人員而言，他們很難分辨工作自

何處開始,從何時應該開始停止嬉鬧。英國已經成為喜劇演員的天下,英國人只要遇到任何重大、巧妙或者隱約令人害怕的事情,喜劇就是他們直覺的反應方式。

到了我遷居英國時,德國媒體常常說英國實在是個把自己困在過去的可悲國家,它沉迷於自己在二次世界大戰期間的光榮角色,無法用一兩個笑話把納粹的事情帶過去、跟德國人握手——就某個程度而言,講的都沒錯,但也非真相的全部。就許多方面而言,有一部英國喜劇已經找出一個比較具有說服力的解釋方式了。在《非常大酒店》(*Fawlty Towers*)這部電視喜劇裡面,某天由演員約翰・克利斯(John Cleese)扮演的角色貝西爾・佛帝(Basil Fawlty)於酒店裡與他的德國賓客們見面時,努力試著保持嚴肅的態度,但總是情不自禁地顯露出英國人喜歡玩文字遊戲的黑色幽默本性:「所以你們點的菜是兩份雞蛋美乃滋、一份戈培爾明蝦、一份赫曼・戈林,還有四個科爾迪茨沙拉。」[77]貝西爾提醒了我們,讓戰後英德關係日趨複雜的,不只是因為兩國的經濟情勢消長以及歐盟計畫的快速進行,也是因為兩國對於幽默的可能性與規範有了越來越分歧的看法。

---

77 戈培爾(Goebbels)是納粹的宣傳部長,戈林(Hermann Göring)是納粹的空軍總司令、蓋世太保首長,他們都是納粹政府的高層人士。而科爾迪茨堡(Colditz)則是納粹戰俘營。

CHAPTER 7
足球魂相遇

　　門票上面畫有兩隻正在打鬥，羽毛顏色鮮豔無比的憤怒公雞。左邊那一隻的顏色半藍半綠，右邊那一隻則是粉紅與紅色夾雜。門票上面寫著幾排字：歐洲足球協會聯盟、羅馬奧林匹克體育場、歐洲盃決賽、利物浦足球俱樂部（FC Liverpool）對決普魯士門興格拉德巴赫足球俱樂部（Borussia Mönchengladbach）。一九七七年五月二十五日晚上，在羅馬奧林匹克體育場外面大概有兩萬五千個足球迷的口袋裡有這種門票。從英國默西賽德郡（Merseyside）過來的球迷占四分之三左右，其餘則是德國球迷或者當地義大利人。那是個炎熱的夏夜。

　　德國與英國電視台的攝影機把鏡頭轉往場內。兩支隊伍聚集在場上。德國WDR電視台的球評羅爾夫・克拉莫（Rolf Kramer）說：「穿著七號球衣的是凱文・基岡（Kevin Keegan），各位女士，

各位先生，接下來你們一定會認得他。無疑地，德國隊的後衛一定會擔心凱文‧基岡。」BBC電視台的巴瑞‧戴維斯（Barry Davies）也這麼說，他還藉機提醒觀眾們，當兩支球隊四年前於歐洲足球協會聯盟的歐洲盃決賽上遭遇時，基岡踢進了兩分。利物浦隊以三比零獲勝。基岡只有五呎五吋高，但他是英國足球界的超級巨星。

戴維斯說：「不知道門興格拉德巴赫會不會派人盯死基岡。還有，如果真是這樣，他們能把這任務交給誰。」攝影機拍攝著聚集在球場中圈附近的球員們。利物浦隊身上的T恤、短褲與襪子都是紅色的。門興格拉德巴赫隊則是穿著白色球衣，只有袖子與褲子側邊上有黑綠相間的條紋。原本在移動的鏡頭停在穿著二號球衣的金髮德國球員身上。WDR電視台的克拉莫說：「這位是貝爾蒂‧福格茨（Berti Vogts）。」球評們口中的貝爾蒂就是漢斯—胡柏‧福格茨（Hans-Hubert Vogts），他比基岡還矮兩英吋。他是德國國家足球隊的左後衛，今晚他戴著門興格拉德巴赫的隊長臂章。基岡與福格茨站在中圈旁，兩人分別矗立在白線的兩側。就在裁判於七點四十五分吹哨之前不久，福格茨拉一拉他的短褲縫線，對著基岡眨眼。

「比賽開始了！」比賽由格拉德巴赫開球。邦霍夫（Bonhof）傳給海內克斯（Heyneckes），結果海內克斯的球被休斯（Hughes）給抄走了。一記長傳把球踢進德國隊的半場。「基岡來了，福格

茨在他身後。」基岡跳了起來，福格茨跳得比他還高。福格茨跌倒，但是克林克海默（Klinkhammer）把球擋下，將它踢出禁區。克拉莫說：「這是足球場上兩個最矮球員的對決。這場比賽裡面將會出現更多這種場面。」比賽開始二十七分鐘之後，基岡在德國隊的半場左邊接到球。福格茨試著要去鏟球，但是滑倒了，基岡轉身加速，假裝要射門。福格茨爬了起來，沒能攔住基岡。戴維斯說：「是基岡！」他用左腳把球勾回來，再次閃過福格茨，加速前進，射門！是一記球門球（goal kick）。克拉莫說：「對於貝爾蒂・福格茨來講，這將會是一個艱難的任務。」兩分鐘後，利物浦隊又發動攻擊。海威（Heighway）從右邊切進中間。快速把球傳給麥克德默特（McDermott）。福格茨在哪裡？「得分，得分了！」「利物浦隊以一比零領先！」開賽五十二分後，門興格拉德巴赫靠著西蒙森（Simonsen）扳平比數。八分鐘後，基岡衝進罰球區，福格茨伸腳鏟球。兩個球員都跌倒了。克拉莫用充滿企盼的口吻說：「不要罰球，不要罰球。」戴維斯說：「裁判說不用罰球。」福格茨站了起來，想要跳過對手的身體，基岡把他絆倒，他又跌倒在地。難道曾於一九七四年在慈善盾球賽（Charity Shield）上朝著里茲隊的比利・布蘭納（Billy Bremner）揮拳的基岡又要發脾氣了嗎？當攝影機鏡頭跟著球轉往另一個半場時，兩個球員瞪著彼此，眼睛像要噴火。

　　到了開賽後的第六十四分鐘，利物浦隊踢了一記角球。身穿

紅衣的四號球員跳得比所有的德國隊後衛都還要高。戴維斯說：「得分了！」「喔，太棒了！利物浦隊以二比一領先了。」一位利物浦隊的球迷被四個軍裝大漢請出場外。球評鴉雀無聲。聚集在球場裡北邊的利物浦隊球迷歡聲雷動。他們把一條布條拉開，上面寫著：**喬伊吃掉青蛙腿**[78]，**做了瑞士捲，現在他把門興格拉德巴赫吞下去了**。德國隊的球迷們緊張得要死。場邊的跑道上，攝影師們聚集在一起，像一群群在等待風暴結束的企鵝。

到了球賽的第八十一分鐘，突然間發生了幾件事。球在基岡腳邊。他距離球門四十碼，站在中圈的右邊。克拉莫說：「是基岡！」福格茨擋在基岡與球門中間，兩腳開開，眼睛盯著球。基岡試著要從福格茨的左手邊把球帶過去，兩個人都跑了起來，拉拉扯扯，用手肘頂來頂去，彼此推擠糾纏著，死拉著對方的T恤。「基岡！犯規了，但他還是繼續往前衝！」福格茨跳起來，想要在最後關頭把球剷掉，戴維斯亂吼亂叫，基岡跌倒了。克拉莫用沙啞的聲音大叫：「**要罰球了！這一切發生得好快…對於貝爾蒂·福格茨與普魯士門興格拉德巴赫隊來講，這真是令人心痛的幾秒鐘！**」穿著喇叭褲的攝影師們從場邊衝往球門後面就定位。利物浦隊的菲爾·尼爾（Phil Neal）輕輕地把球擺在罰球點上，好像那是一顆珍貴的恐龍蛋。他深深吸一口氣，快跑，不，是慢跑——然後踢球得分。最後的哨音響起時，基岡朝著炎熱的空中舉起雙拳。福格茨則是垂頭喪氣地離開球場。

78 喬伊指的是利物浦隊球員喬伊·瓊斯（Joey Jones）。

———

　　已過世的美國人類學家克利弗德・紀爾茲（Clifford Geertz）曾以其知名論文〈深層遊戲：略論峇里島的鬥雞比賽〉（Deep Play: Notes on the Balinese Cockfight）來分析一個社會如果對於運動過度狂熱，將會發生什麼事。根據他與妻子居住在峇里島時的觀察，島上的男人「都對公雞有一股狂熱」：他們對於鬥雞比賽是如此入迷，平常總是花很多時間幫雞整理羽毛，修剪牠們的雞冠，用溫水與草藥幫牠們洗澡，彷如儀式，而且還染上鬥雞比賽賭癮——賭上他們根本負擔不起的賭金，還會被警察破獲。比賽不但是政府嚴令禁止的，而且他們根本就付不起賭金。紀爾茲以「深層遊戲」一詞來描繪他們與運動之間的關係。鬥雞不只是一種休閒活動，不只是能幫他們舒緩日常生活壓力的消遣，而是象徵著峇里島社會所珍視的一切。

　　「深層遊戲」一詞也非常適合用來描繪英德兩國在足球賽這方面的關係。足球盛行於世界各國，但是很少國家像英國與德國一樣，足球在民眾心中已經占有根深蒂固的重要地位。遷居英國時，我的心裡急於忘卻一九九六年歐洲盃決賽的那些回憶，但卻發現這是個足球無所不在的國家：電視、大型廣告看板還有雜誌封面上，到處都有足球，就連糖果紙上也是。當我跟新同學開始交談時，第一句話就是「你支持哪一隊？」這句話，在我畢業後，

不管到哪裡工作，讓大家凝聚在一起的話語，則是「昨天晚上你看了兵工廠隊（或熱刺隊，或曼聯隊）的比賽嗎？」足球是如此重要，以至於還有政治人物把敗選歸咎於足球，例如一九七〇年的哈洛德‧威爾遜（Harold Wilson）就是這樣，而且國家元首親臨觀賞的球賽不只是世界盃的決賽，就連相對來講較不重要的資格賽也去，同時賽後還要求在更衣室裡面與得分的球員們握手致意，合影留念，像二〇一〇年德國隊以三比零擊敗土耳其隊後，安格拉‧梅克爾就曾這麼做。

至少，就歐洲而言，德英兩國的足球熱是無人能出其右的。義大利、法國、西班牙與荷蘭都曾有過令人難忘的勝場或者敗績，但是從歷史的角度看來，他們對於足球開始感興趣仍然是不久之前的事。為現代足球制定比賽規則的是十九世紀的英國公立中學，而德國則是從一九二〇年代就開始把足球視為國球，並於一九五四年奪得第一座世界盃冠軍獎盃。有幾個足球比賽瞬間在德國人心中始終無法抹滅，簡直像神話一樣，包括所謂的「溫布利球」[79]、「上帝之手」事件[80]、「伯恩市奇蹟」（Miracle of Bern）[81]以及德國隊於慕尼黑以五比一輸給英國隊[82]等等。不管是法國左岸的知識分子或者西班牙的巴斯克分離主義分子都有可能忘掉最近

---

79 Wembleytor，指充滿爭議的進球。其來源是一九六六年世界盃決賽中英國球員喬夫‧赫斯特（Geoff Hurst）踢進的那一球。

80 Hand of God，指一九八六年世界盃四強準決賽中，阿根廷球員馬拉度納（Diego Maradona）疑似用手把球撥進球門的那一球。因為英、阿兩國才剛剛打完福克蘭群島戰爭，那是一場國際矚目的賽事。

81 指一九五四年於瑞士伯恩市舉行的世界盃足球賽，西德贏得一場奇蹟似的比賽。

82 指二〇〇一年的世界盃決賽。

的國際足球比賽分數，但是在德國與英國，自從《浪漫足球熱》
（*Fever Pitch*）這部電影上映後，如果你真的忘了足球比數，你身
邊的人可不會原諒你。從德文 *König Fussball*（如國王的足球）一詞
就可以看出足球的地位舉足輕重。

紀爾茲還觀察到，當比賽的雙方都是社會的權貴成員時，「深
層遊戲」就進行得更熱烈了。鬥雞的身價越貴，身形越漂亮，人
們下的賭注就越多。換言之，當比賽棋逢敵手時，獲勝者就越有
成就感，輸家也會覺得自己更慘。只要是英、德兩國之間的國際
賽，不管對壘的是兩支國家隊或者兩支職業足球隊，從來就不只
是一場二十二個球員在綠色草坪上追逐一顆球的比賽，而是一場
外交盛事，雙方所爭取的則是民族榮耀與聲響。任誰都看得出來
籌碼有多高。

為什麼每當德國與英國在足球場上對壘時，總是那麼重要？
另一個理由是，我們都會不禁把比賽結果當成檢驗兩國行事作風
優劣的憑藉。重要的不只是要贏得比賽，贏球的過程也是焦點所
在。因此，在一九七七年歐洲盃決賽上對決的不只是歐洲最強的
兩個隊伍，也是兩個作風截然不同的球壇代表性人物。在凱文．
基岡那個世代的足球員中，也許他就是「長傳急攻」（kick and
rush）這種球風的最完美代表人物。基岡具有足球技巧的天賦，
儘管不是特別出色，但速度是其強項。基岡的速度快不只在於他
有極佳的衝刺速度，也在於球到了腳下後他總能很快做出決定。

基岡最典型的得分方式是以高高的長傳球，在兩側邊線或者中圈開啟攻勢，由比較高的另一位前鋒用頭把球擋下，擋球的通常是利物浦隊的六呎高前鋒，來自唐卡斯特市的捲髮球員約翰‧托雪克（John Toshack），接著由他用力或輕輕一踢，用頭一頂，或者只是在混亂中把球送進網中，讓對方的後衛連擋都來不及擋。當其他球員把球給控制住，然後往側邊傳的時候，基岡會大膽試著把球傳過對手的兩腳之間，凌空踢球，或者倒掛金鉤。他的計策常常失敗，但是矮小的凱文會一次又一次演出神奇戲法。基岡之所以能夠成為英國足球隊的第一位國際巨星，就是因為他能在最不可能的情況下用腳隨機應變，與貝爾蒂‧福格茨之間那彷彿捉迷藏的對決就是完美的範例。在他球員生涯所踢進的二二五球裡面，我最愛的是他在某場比賽踢進的第一球。在那場一九七三年歐洲盃與門興格拉德巴赫隊的比賽中，他那一記角度如此奇怪的頭球凌空而去，完全出乎德國隊門將的意料之外。如果他多想個一秒的話，那一球就無法奏效了，那完全是出於本能的一球。

　　基岡並不是只有在足球場上才有這種慣常的本能反應。當他於一九七九年錄製流行歌曲時，他給了那首歌一個非常適合的歌名：〈為愛神魂顛倒〉（Head over Heels in Love）。如果凱文‧基岡真的墜入情網，還有什麼比「倒掛金鉤」的方式更適切？[83]他的英國國家代表隊總教練生涯很短，在某次中場休息上完廁所過後，他突然決定不幹了，因為他「就是無法勝任」。事實上，他

83　Head over Heels 有倒立的意思，指基岡有倒掛金鉤的能力。

的球隊雖然握有主場優勢，但卻仍以一比零輸給德國隊，賽後沒有多少人同情他。當我為了寫這本書而試著要訪問基岡時，他已經完全退出職業球壇，正打算在格拉斯哥市（Glasgow）興建一個叫做「足球馬戲團」（the Soccer Circus）的主題樂園。我打了幾通電話給他過去待過的幾支球隊，沒有任何媒體聯絡人能幫得上忙，我只好在Google上用他的名字去搜尋，撥打第一個查到的電話號碼。結果接電話的是一個男人。

我問說：「我能跟媒體聯絡人說話嗎？」

「她不在，有什麼事？」

「我想知道要怎樣才能連絡上凱文・基岡。」

「我就是。你想幹嘛？」

我先讓自己鎮定下來，禮貌地問說他是否願意接受我的訪問。

「聽起來很麻煩，因為我正在專心籌備事業，不想被麻煩。等到十二月再說吧。」然後他就把電話掛了。

這就純粹是基岡的風格：一種非正統，而且讓人耳目一新的直來直往態度，再加上一種令人感到挫折的短視思考方式。當然，到了十二月凱文・基岡就不用「專心籌備事業」，因為他已經暫時把足球馬戲團擺在一邊，去當紐卡索聯（New castle United）的球隊總教練——但無可避免的是，這個位子他也沒幹太久。

相較之下，貝爾蒂・福格茨就不會做出這種令人神魂顛倒

的決定。多年來，大多數足球球員常會在民眾心目中留下一個綽號，因為綽號能讓人想起他們球員生涯的某些事跡。基岡因為身材矮小以及短距離衝刺時的驚人速度而被稱為「太空飛鼠」（Mighty Mouse）。速度一樣很快的阿根廷球員阿爾弗雷多・迪・斯蒂法諾（Alfredo di Stefano）的外號則是 *Saeta Rubica*，意思是「金箭頭」。而矮胖的前鋒蓋德・穆勒（Gerd Müller）則是因為具有摧毀對手陣地的力量而被尊稱為「轟炸機」（*Der Bomber*）。德國足球隊的傳奇人物，隊長法蘭茲・貝肯鮑爾（Franz Beckenbauer）的舉手投足都像個政治家，因而成為「足球皇帝」（the Kaiser）。然而，貝爾蒂・福格茨卻始終都是獷犬（*Der Terrier*）。會有這個外號不是因為他的運球功力精湛，傳球視野極佳，或者得分的手法非常戲劇性，而是因為他整個球員生涯都致力於鏟球。這並不是低估了福格茨對於球隊的貢獻，但與其說他對於自己的球隊有很大貢獻，不如說他虛耗了對手的力氣。在他最傑出的一場球賽中，也就是一九七四年世界盃與荷蘭的決賽，敏捷的荷蘭隊前鋒尤翰・克魯伊夫（Johan Cruyff）就是被他這樣苦苦糾纏，陷入絕境。

像基岡、克魯伊夫以及貝肯鮑爾這一類的足球員常被稱為「天生好手」，只因他們總是讓困難的事變得看來很簡單。反之，貝爾蒂・福格茨卻讓簡單的事變得看來如此困難。他的肩膀看來總是下垂的，頭部永遠往前傾，好像他正拉著犁，在泥濘的土地上往前衝。每次他跑步與截球時都像用盡吃奶的力氣，而不是本

能反應。法蘭克福隊的前鋒克勞斯・托普莫勒（Klaus Toppmöller）就是另一個天生好手，他曾說過：「如果我像貝爾蒂・福格茨那樣踢足球，我的鞋子可能會燒起來。」退休後，福格茨努力改善自己的形象。他在一九九九年接受德國高人氣電視劇《犯罪現場》（Tatort）邀約，客串劇中角色，劇中是他扮演名友善的鄰居，把一隻脫逃的小兔子送回主角的家裡，發現廚房裡的瓦斯漏氣，因此解救了年輕夫婦與小孩。YouTube上面就可以看到這部影片。當福格茨聞到空氣裡有瓦斯時，他臉上的厭惡表情看來就像一個看見四個後衛無法成功執行越位戰術的球隊隊長。那一瞬間實在讓人擔心他會發起脾氣，一腳將小兔子踹飛。貝爾蒂的演技就像是個手戴隔熱手套彈鋼琴的人。

　　這兩位球員的個人特質不只讓人聯想到根深蒂固的民族性，也顯現出兩個球隊不同的戰略與戰術。尤其是我們可以看出基岡的速度與冒險性格戰勝了福格茨的苦幹精神——因為門興格拉德巴赫實在是一支把「踢球有如工作」的精神發揮到極致的球隊。面對每個球員都有如狷犬的德國隊，破解之道就在找出其體系的漏洞，透過創意來善加運用。在接受布萊恩・格蘭威爾（Brian Glanville）訪問時，基岡解釋道：「在球場上，英格蘭球隊總是靠中場區域來定江山，但德國隊卻放棄了中場。他們在後場多擺了一個人，就是自由後衛（libero），但其他每個人都只是在等待，都一對一盯著對手的某個球員。這意味著，如果我們甩開一個德

國隊的球員後，過了五十公尺的空檔後才會遇到下一個球員。」

反之，英格蘭足球隊則發展出一種能將場上空檔發揮最大效用的戰術。這種被稱為「長傳急攻」或者「長傳戰術」的進攻方式是退休的英國皇家空軍中校兼業餘體育統計分析師查爾斯·里普（Charles Reep）於一九五〇年代首度倡議的。分析了幾千場職業球賽後，里普注意到，在能夠朝球門射過去的球裡面，有高達百分之八十的轉傳次數在三次以下。里普認為，球技的重要性被高估了：如果沒有把球傳往靠近對手球門的區域裡，球員用腳控球的能力再強又有什麼用？就另一方面而言，機率這個因素卻被低估了。長距離傳球的確可能有其風險，但是在短距傳球的過程中，球被對方截走的可能性其實更高。但是，如果能夠透過長距離傳球直接把球送往對手的罰球區裡，你才是在球場上真正重要的區域裡與對手展開機率的對決。因此，任何足球隊都應該專注把球快速而直接地送進對手的那半場，藉此提高得分機率。就許多方面來講，里普的長傳理論也徹底反映出英國人那種不說廢話的經驗主義。

球隊的教練也越來越愛這種戰術。從一九七〇年代末期以降，越來越多英格蘭球隊開始貫徹這種球風。近來，「長傳急攻」一詞已經不再流行，變成一種取笑球隊欠缺球技的負面詞彙。但是里普的理論核心卻未曾被屏棄。就算你不去觀看那些低階聯盟的英國足球賽，也能聽見「把球賽重點擺在機率上」、「把球踢進

罰球區」等言論，或者只是大伙兒彼此喊著「踢出去啊！」。你只要等到英格蘭球隊參加重要比賽的日子，挑一家酒館走進去。如果球隊正落後，球賽還剩十分鐘，你一定能聽見有人大叫，要總教練開始「把球往罰球區的那個大個子那邊踢過去」。這種長距離傳球的精神仍然深植於英格蘭足球的球風，難以抹滅。

當然，任何一場足球賽總是難免有機運的成分存在。但是里普中校藉由率先強調「長傳急攻」的戰術也預示了英國體育界心態的大轉變。阿根廷作家波赫士（Jorge Luis Borges）的短篇故事〈巴比倫的樂透〉（The Lottery in Babylon）可以幫我們了解此一發展。一開始，樂透的進行方式就像我們所知道的那樣：在中午抽籤，幸運的中籤者將獲頒銀幣。然而，多年後樂透的規則改了。贏家「贏得」的除了獎品，可能還有懲罰。到後來，懲罰的種類也改以樂透的方式來決定到底是處以罰款、烙刑或者公開處決。後來，就連行刑者也用樂透的方式來挑選。過沒多久，任何極度重要的大事與雞毛蒜皮的小事都改以樂透來決定了，上至國家政策，下至「要從海灘上的無數沙礫中拿走（或者放進去）一顆沙礫」，都是如此。波赫士在這則故事裡所描述的，基本上就是紀爾茲所謂「深層遊戲」的下一步：這種遊戲將會滲透到社會的每一個層面。波赫士寫道：「樂透是用機率來改寫世界的秩序，接受錯誤並不是要否定命運，而是證實了命運。」

里普促使人們把足球賽的輸贏寄望於某個基本上取決於機率

的東西，英國足球也就此走進一條險路。龐大的運動博弈產業是英國運動令人印象深刻的特色之一，而且各種賭法都有。德國也有這種產業，但並不會那麼明目張膽。過去在我前往中學去上課的路上有許許多多的店面在窗口張貼令人好奇的足球分數，例如「威爾斯 4：巴西 1」之類的。如果仔細找一找，德國的各大城市也有運動賭博店，但都是位於城裡比較亂的地區，在火車站旁或者紅燈區裡。反之，在英國，那種店就開在大街上。不管你來自於哪個階級，「去找組頭」都不是什麼丟臉的事。大學畢業多年後，我碰巧遇到一個因為學生雜誌而認識的人，他是個身穿花呢外套的年輕人，非常優雅，曾寫過一些比較菲利浦‧羅斯（Philip Roth）與維吉爾（Virgil）的文章。當我問他在做哪一行，他只是說：「喔，主要是職業賭博。」我笑了出來，因為我以為他在開玩笑，但他不是。

跟波赫士故事裡的樂透一樣，講求機率的賭博似乎也讓比賽本身日漸失色。不管是從各個足球俱樂部願意在球員市場裡灑錢，或者是足球球風的改變，都可以看出這一點。只有在英國足球界你才能聽到人們說所謂「機率一半」的剷球：當你飛踢過去，攻擊對方球員，要不是把球截走，就是踢中他的小腿，機率剛好各半。對於許多英國球評來講，「機率一半」常常是好事一樁：一種熱情與執著的象徵。但是，如果有一半的機率會把對手的小腿踢斷，難道任何負責任的足球球員不是一開始就不該嘗試嗎？

所謂的「機率一半」，好像只是逃避責任的說法，讓比賽被蒙蔽在機率的陰影之下。

在足球賽中，最能反映出這種「碰運氣」心態的部分顯然就是罰球了。我幾乎無需贅言：在過去的九次錦標賽勝績裡面，有五次英格蘭隊都是靠罰球贏球；而在所有的足球大國裡面，他們的百分之十七罰球命中率卻是最差的。自從一九七四年以來，德國隊未曾因為罰球而輸過，而且其命中率至少有百分之七十一。就算你不是統計學家也能看得出其中的模式了。但是，英國的記者們卻始終堅守同一種看法：就像在一九九六年輸給德國隊後，《泰晤士報》的某位高層說過的，罰球就像「俄羅斯輪盤與拔槍決鬥的混合體」。在一九九〇年因為罰球而輸掉某場球賽後，《泰晤士報》也曾說過，英格蘭隊「何其無辜，它輸掉的不是一場球賽，而是一次樂透」。其論點是，罰球「向來都是一種奇怪的懲罰方式，因為罰球線到球門的距離短得讓得分與否不是靠技巧決定，而是運氣。」距離太短？說到罰球，英國人的邏輯突然間變得前後不一了。所以說，從中線長距傳球，踢進球門，就是因為技巧很棒，但罰球卻是純粹靠運氣？如果把這種邏輯運用於高爾夫球，意思是從果嶺把球推桿進洞就是靠運氣，從開球區擊球，拿下一記博蒂，卻是因為聰明的計算？英國體育部長東尼·班克斯（Tony Banks）甚至表示，如果要讓比賽靠這種類似樂透的方式結束，不如換成擲銅板決定好了，擲銅板那可是貨真價實的樂透。

　　英國人對於足球的心態完整地反映在經濟發展上。可以證明這一點的，當然包括英國不再熱衷於製造業，而是越來越習慣於以賭博過活。柴契爾夫人仍然對於博弈產業有相當多的批評——因為這讓「一分耕耘，一分收穫」的觀念蕩然無存，但是她的政策卻於後來造就出一個所有人都能靠某種形式的樂透謀生的世界：股票經紀人開始玩避險基金，有屋者靠買賣房屋套利，爸媽則是迷上了郵政編碼彩券（postcode lottery）。前首相約翰・梅傑（John Major）曾說：對於賭博「是否道德這個問題，他的立場是中立的」。彼得・曼德爾森[84]則宣稱工黨政府不只是已經習慣於人們能夠靠股市獲利這個想法，「也覺得如果大家都能賺大錢實在沒什麼好大驚小怪的」。進入二十一世紀之後，儘管美、法兩國都試著立法禁止網路賭博，但英國政府似乎反而抱持著鼓吹的態度，例如內閣大臣黛莎・喬威爾（Tessa Jowell）曾主動提出興建「超級賭場」的概念，接著則是有體育大臣理查・凱波恩（Richard Caborn）寫了一張被洩漏出來的便條給網路賭博公司「必發」（Betfair）的執行董事，他表示「英國政府從上到下，包括財政部都一致認為英國應該成為網路賭博的領導者，如此一來才能為我們的國民提供一個安全而且有完善規範的賭博環境。」二〇〇六年，全英國用於賭博的賭金有八百億英鎊。樂透不只能完美地反映出英國人對於罰球的看法，也能讓人看出他們治理國家的方式。

84　Peter Mandelson，工黨政治領袖，前首相東尼・布萊爾（Tony Blair）手下的第一國務大臣（First Secretary of State）。

　　值得一提的是，我在德國就不曾聽過任何人說罰球「只是靠運氣」。當然，就算要說，他們也不會用「運氣」（luck）一詞，而是 *Zufall*（意外）或者 *Glück*（好運），兩者都帶有「好運」或「幸運」的涵義。克里斯多福·伊薛伍德曾對德文表達過自己的意見：當你在學一個新字彙時，「絕對不能對自己說，『它的意思是⋯』」，因為「a table」與「ein Tisch」的內涵並不相同。這兩個東西非常不同，因為兩個擁有不同文化的國家對其想法就是不一樣。」德國人與英國人的不同之處在於，德文裡面也有 *Pech* 一字，意思是「運氣不好」，這暗示了德國人天生就對與機率有關的事物是抱持懷疑態度的。至於罰球一詞的德文 *Elfmeter* 則可直譯為「十一公尺」，讓它聽起來比較不像是即將接受處罰，而是仍把罰球當成比賽的一部分：簡單、可以達成、像例行練習，只有十一公尺而已。德國人認為罰球的技巧是可以經由磨練而臻完美境界的，但是仍然需要堅強的性格；在比賽中，罰球這一環比任何其他事都更能展現出某個球員是否能在聚光燈下發揮運動員的本色。

　　在足球賽裡面，罰球也是最符合傳統德國體育精神的一種比賽元素。十九世紀的民族主義者們選擇的消遣活動並非足球，而是體操。向來以高調的方式展現愛國情操的體操運動家弗里德里希·路德維希·雅恩（Friedrich Ludwig Jahn）宣稱，德文的 *Turnen*（做體操）一字與英文裡的「to turn」（轉動）絕無關係，而

是源自於古代德文的 *Torna* 或者 *Turna*，顯示古代德國人偏好打鬥與戰鬥。同時，體操也完全與英國人的運動概念相左：當時的體操並無比賽或者錦標賽，而是只有「持續性的考核」。在雅恩所舉辦的體操活動裡總是會有一本 *Kontrollbuch*（稽核簿），藉此監督運動員的進步情況，關於體操的每一個面向都會被記錄在裡面。當足球剛開始在德國流行起來時，很多人都批評那是一種「沒有德國味」的娛樂活動。如同體操運動家卡爾·普朗克（Karl Planck）在一八九八年出版的《暴力的足球》（*Fusslümmelei*）一書裡面所提出的警告，那是一種會讓人受傷的「英國疾病」，球員的姿勢「都像猴子一樣」。儘管雅恩與普朗克都阻擋不了這種「英國疾病」在德國的流行，當越來越多德國人開始踢足球後，德文在吸納「football」一詞時也將其改為 *Fussball*，原有的精神也已不同：它從一種講求速度與機率的運動變成聚焦在持續性的控制力與意志力。

　　大致上而言，這種球風可說非常適合德國人。直到一九六〇年代末期，英國不只在世界足壇占有宰制地位，在英、德兩國對決的球場上也是。英、德兩國的比賽曾經是如此地一面倒，以至於在一九六六年世界盃足球賽決賽之前有個《太陽報》的臭屁記者寫道，英國「不曾輸給德國，在足球場上也是。」但是，就在福斯金龜車尬贏亞列克·伊席格尼斯的奧斯汀 Mini 不久後，德國人不只趕了上來，甚至還能主導球賽。貝爾蒂那種「把踢球當

作在工作」的精神扮演了關鍵角色，綽號「 犬」的他在一九六七年首次效力國家隊，一年後，德國隊勉強地以一比零擊敗了有氣無力的英國代表隊，此事在當時看起來簡直就像友誼賽一樣沒有意義，但是卻造成了一種翻轉局勢的效果。自從那一場比賽之後，德國隊已經擊敗英格蘭隊十三次，只輸過五次——這個紀錄是令人感到如此受傷，以至於曾任英國隊前鋒的蓋瑞・林內克（Gary Lineker）宣稱，輸給那些「德國佬」已經變成一種普遍規則了：「足球比賽很簡單：二十二個球員在綠色草坪上追逐一顆球，追了九十分鐘後，比賽結束時由德國人勝出。」

貝爾蒂・福格茨退休後，於一九九一年被指派為德國國家隊總教練，傳統體操所重視的許多價值也都重新體現於足球上面。在狀況最好的時候，貝爾蒂的德國隊不只是一個由許多個人組成的鬆散隊伍，而是一個所有成員都能為彼此付出，密切合作的團隊。貝爾蒂曾說：「*Die Mannschaft ist der Star*」（只有球隊才是明星），因此他不挑選洛塔爾・馬特烏斯（Lothar Matthäus）與斯特凡・埃芬伯格（Stefan Effenberg）等超級巨星為隊員，而是專挑一些知道團隊至上的無私球員，例如沒有幽默感，來自德國北弗里西亞地區的球員狄特・埃爾茨（Dieter Eilts）或者馬可・波德（Marco Bode）——尼爾森・曼德拉（Nelson Mandela）曾說波德的長相「跟網球女將施特菲・葛拉芙（Steffi Graf）一模一樣」。貝爾蒂帶領的德國隊總是會設法完全掌控球賽，即便這意味著他們

必須把球從前鋒回傳給中場球員,再從中場傳給後衛,然後回到門將手裡——而且為了避免漏球,他們總會用腳的內側踢球。福格茨的德國隊是常勝軍,在其領導下,德國代表隊曾勇奪三次冠軍,包括他擔任助理教練的一九九〇年世界盃,還有他當家後一九九六年的歐洲盃,以及(相對來講較不重要的)一九九三年的美國盃。他帶領德國隊出征一〇二場比賽,獲得六十七場勝利,此一紀錄僅次於他的老師赫爾穆特·薛恩(Helmut Schön);他每場球賽的平均得分高達二一九六分(包括舊制的贏一場獲得兩分積分以及新的三分制),在所有德國隊總教練裡面,除了現任的尤基·勒夫(Jogi Löw)之外,無人能出其右。

諷刺的是,儘管德國足球隊因為採用德國球風而變得戰功彪炳,德國民眾卻一點也不覺得感動,結果剛好相反。在狀況最不好時,貝爾蒂的德國隊不只沒有受到鼓舞,也無法鼓舞人心,就像「十字遊戲」(Ludo,其原意是「我來玩」)一樣——一種在英國很流行的圖板遊戲,德國則是把它改為更適當的名字:*Mensch ärgere dich nicht*(「老兄,別生氣」)。這種遊戲的目標不是獲勝,而是阻止別人獲勝。一九九〇年代期間觀賞德國隊參賽時總讓人有一種兩難的複雜情緒。當球隊得分時,我們總是為其歡呼,但是看到他們慶祝的那個樣子,卻又震驚不已。難道這就是外國人口中的醜陋德國佬嗎?

為了解釋此一現象,克利弗德·紀爾茲的話是值得再度一提

的。紀爾茲強調，儘管舉國上下都風靡某種運動，但那並不代表每一位國民都認同那種運動。儘管峇里島的男人為鬥雞而著迷，但是像動物一般的行徑卻是一種社會禁忌。例如，峇里島人禁止嬰兒在公開場合爬行，而從法律的觀點看來，人獸交是一種比亂倫更令人髮指的罪。事實上，鬥雞是被政府立法禁止的。峇里島的男人把自己養的公雞當成理想中的自我，甚至於認為公雞代表他們的生殖器，卻也代表他們最看不起的那些東西。就德國而言，最能表達這種複雜情緒的一個複合字就是 *Siegesscham*：因得勝利而感到恥辱。就像記者羅格·威廉森（Roger Willemsen）所說的，貝爾蒂·福格茨「在德國人心目中已經變成能體現出他們自身所有缺點的人物」。

　　也許這就是我幼年時期在德國未曾喜歡過足球的理由：我總是懷疑足球賽也許是其他活動的替代品，其外表只是帶著一點點偽裝而已。據說溫斯頓·邱吉爾曾說過，義大利人輸掉戰爭時總覺得自己像是輸掉一場足球賽，而輸掉球賽也好像輸掉戰爭。德國人踢足球的樣子不也像在戰爭嗎？為德國勇奪一九五四年世界盃冠軍，曾為納粹黨黨員的國家隊總教練塞普·赫爾貝格（Sepp Herberger）曾寫道，「一個好的足球員也會是一位好士兵」。英國媒體常說德國足球隊善於「發動閃電戰反擊」，「德國有坦克般的後衛」，看來的確有其根據。

————

　　我們回到一九七七年五月二十五日的羅馬奧林匹克體育場。球賽最後哨音響起的兩個小時後，荷蘭記者艾德‧凡‧歐普紀蘭（Ed van Opzeeland）走進羅馬拉斐爾飯店的大廳裡，發現滴酒不沾的貝爾蒂‧福格茨居然靠在吧檯上，手拿著一杯威士忌。

　　歐普紀蘭問道：「貝爾蒂，你為什麼要喝酒呢？」

　　福格茨說：「為了基岡。」

　　一個小時後，有人看見德國隊隊長貝爾蒂走進利物浦隊正舉辦慶功宴的「旅遊客棧」。福格茨經過一堆搞不清楚狀況的英國人，在凱文‧基岡面前停下來。客棧外面，英國與德國球迷聚集在市中心納沃納廣場周圍的酒吧裡。當時二十歲的門興格拉德巴赫隊球迷克勞斯‧克里斯特（Klaus Christ）回憶道：「那些英國人讓我們怕得要死，我們還以為馬上要出事了。」

　　結果沒出事。福格茨跟基岡握握手，向他道賀；利物浦隊與門興格拉德巴赫隊的球迷們也請彼此喝酒；克勞斯‧克里斯特還跑回飯店房間把他的柯爾施啤酒（Kölsch beer）拿來請大家喝。十二年後，當九十四個利物浦隊球迷死於希爾斯堡球場的慘劇時，門興格拉德巴赫的球迷們還集資捐獻八千英鎊以上，至今每年都還有所謂的「友誼之旅」，讓兩隊球迷能互訪對方的主場，在開賽之前一起高唱利物浦隊的隊歌〈你再也不會獨行〉（You'll Never Walk Alone）。因為一九八〇年代那些發生於希爾斯堡球場與希素球場（Heysel）的球迷暴動與慘劇，使得職業足球賽球迷的名聲越

凱文‧基岡幫英國足球隊拿下一九七七年的歐洲盃冠軍。
圖片來源：Getty Images。

來越差,但人們常常忘了,在英國足球的那個「黑暗年代」來臨以前,是泛歐洲主義大行其道的時候,運動所彰顯出來的並非破壞人我關係的能力,而是讓大家團結在一起。因為利物浦隊常常在國際錦標賽中打進最後幾輪賽事,該隊的球迷們總是非常能夠融入歐陸的足球環境,能夠顯現其普世主義精神的除了他們總是身穿受到義大利人啟發的「隨興」服飾,還有那帶有大膽前衛現代主義的爆炸頭。從黑暗的一九九〇年代往回看,那逝去的十年可說是一段充滿了跨文化諒解與善意容忍的時光。

最能體現這種開放態度的足球員莫過於凱文・基岡了。他於一九七七年利物浦隊打進決賽那天辭職,成為史上第一個轉隊到德國足球俱樂部的英國球員,那一頭蓬亂捲髮也蛻變成充滿威嚴的獅鬃。來到漢堡體育俱樂部之後,基岡成為德國甲級聯賽天王,兩度獲選為歐洲足球先生,他的單曲〈為愛神魂顛倒〉還打進德國排行榜前十名,也促使一整個世代的德國人將自己的孩子命名為凱文。當時他的一萬五千英鎊年薪與二百三十萬德國馬克轉隊費創下了歷史紀錄,任誰如果只是把他的轉隊當成無私的理想主義行徑,那就太天真了:基岡之所以轉到他國球隊,是因為他是個厲害的生意人。值得一提的是,一九七〇年代時,效力於外國球隊的球員往往被禁止參加國家代表隊。一九七八年世界盃開打前,在一次現場直播的電視節目上,講話向來尖刻的諾丁漢森林足球俱樂部(Nottingham Forest)總教練布萊恩・克拉夫(Brian

Clough）問基岡說：「呃，年輕人，你會拿你的德國馬克去賭哪一隊贏啊？」向來能急中生智的基岡回答道：「你的皮膚會曬得那樣黝黑漂亮，也不是因為你很愛國吧？」

足球就像一面哈哈鏡，向來足以反映出每個國家差勁的那一面。但這與球賽本身無關，而是因為它是一種廣為流行，而且深具吸引力的運動。事實上，我們常常忘記足球是一種講求道德與德性的比賽，因為它教人如何在法律的界線內行事，並且要尊重敵人。撇除足球場上的那些加油歌曲與犯規舉動，還有那些臭屁的慶祝行徑不論，它可說是社會化的極致典型，它不會分化不同國家的人，而是讓大家團結在一起。

———

轉到英國的學校就讀後，春季那個學期快要結束時，我爸媽找我在客廳沙發上聊一聊。我們約好的「試讀期」快要結束了，該是我決定是否要把高級程度的課程修完，或是回德國唸書的時候了。他們注意到我不常出去，但是我的成績已經有所進步，而且某一晚開家長會時甚至有個老師提議我們該「好好考慮」是否想讓我申請「牛津與劍橋大學」。

我說「我不確定」，而那可是真話。德文裡面有一個詞彙用來描繪人們對於可能會錯過更好人生而產生的不安心緒：*Torschlusspanik*，不管是女人想要趁變老之前把自己嫁出去，

男人面臨中年危機，或者青少年不想成為朋友裡面最後一個失去童貞的，都可以用這個字來形容其心情。它可以被直譯為「關門恐慌症」，源自於城市還設有城門、入夜後會關起來的古代，儘管常常有人會把這個字給拼錯，變成 *Torschusspanik*（「射門恐慌症」），但這可不只是因為兩個複合字的發音很像，也是因為「站在足球場的罰球線上」往往讓人想起那種承受沉重壓力的處境，而在足球那麼受歡迎的德國文化中，這是容易讓人產生共鳴的。坐在那沙發上的我被爸媽左右包圍著，的確像是聽見了關門聲，只是我不知道該留在城裡還是城外。回到比較自在而安全的德國會比較好，只因我可以回原來學校，用我的英國腔與對於英國流行樂曲的知識去把馬子嗎？或者我在倫敦的人生將更為豐富，因為在倫敦很多外籍人士，而且年輕人不只是聽音樂，還會玩樂團？*Torschusspanik* 的另一個問題是，人們往往越想越恐慌，越難做決定。爸媽與我決定一個月後再讓我做決定。

隔天我做了一件怪事。在我滿十八歲的前一個月，我買了這輩子的第一顆足球：一顆擺在 JJ Sports 運動用品店便宜貨架上的藍白相間足球，架子的一片板子上還印有利物浦隊的隊徽。剩餘的每一天放假日我都會一大早就將足球、一份三明治與筆記本裝袋，走路到鄰近的公園裡。我會對著一面牆或者樹的殘根用腳側踢球，等彈回來後再將它凌空踢回去。十次。五十次。幾百次，直到夕陽西下，我再也看不見球是否彈到牆上為止。夏季的學期

開始後，我加入這輩子的第一支足球隊。試踢幾回後，我被第一支隊伍刷掉，第二支、第三支也是，但是學校裡有一支組織鬆散的高年級球隊，隊名叫做「雷鬼男孩」，球隊的經營者是跟我同年齡的幾個小伙子，他們說我長得很高，在跟教師隊進行年度賽事時可以用來充場面。

那天的天氣用來比賽實在太棒了。在下了幾週雨之後，那天下午又潮濕，風又大。我們穿著黃衣黑襪，老師們則穿著黑衣藍褲。球場泥濘濕滑，上半場雷鬼男孩們努力咬住對手。十分鐘後，我們因為一記爭議的罰球而落後。中場時間不久前，我們設法把分數拉平，不過我個人對球隊的貢獻有限。原來誤以為那只是一場友誼賽的我只能盡力試著跟上可怕的比賽速度。我還一度認為我終於甩開那個負責盯住我，長得簡直跟「豆豆先生」一模一樣的數學老師，結果卻被人一腳鏟倒，害我趴在泥巴裡，鼻涕往下巴流。把我鏟倒的那個商學研究課老師伸出手，想拉我一把。我真不確定這是間接恭維我，抑或是一種直接的侮辱。

到了下半場，我開始感覺比較進入狀況了。我開始體會到，踢英式足球至少不只是需要動身體，還要動嘴巴：每當球到了你腳邊，至少就會有五個人從各個不同方向隊你大吼大叫。「長傳球！」「把球傳回去！」「把球送出去！」「後門啊，兄弟，後門啊！」一開始，我很害怕，但就另一方面而言，隊友們會不斷跟你講話，即便你已經丟了球。「別在意，兄弟！」「幹得好！」「鏟

球！」如今，在跟英國球隊踢過幾場國際賽之後，我深信強調口頭溝通是英式足球獨有的特色。對於外人來講，也許聽起來、看起來都有一點尷尬（特別是因為隊員們的聲音變大通常就是他們失去球賽主導權的時候），但是等到你自己上場時，會發現那讓人感到非常安心。

等球賽踢到延長賽時，突然間發生了好幾件事。山姆・G是個戴金鍊，留平頭，幾週後將會被退學的搗蛋鬼，他在中圈附近設法甩掉了西班牙文部的主任，踢了一記長傳球到對手的半場去，穿過他們的防線，勢如破竹。在潮濕的地面上，球不斷往前滑。朝我滑過來。這就是很多書裡面那種「時間彷彿變慢」的時刻。對於作家們來講，時間放慢的戲劇性時刻讓他們便於坐下來好好想一想，該怎樣才能用充滿震撼力與詩意的方式來描述故事的關鍵處：雨水不斷啪噠啪噠打在足球上，看來就像一隻朝我衝過來的飢餓美洲獅。但是，難道足球員跟作家一樣有足夠的時間思考決定嗎？當然不是真的。

接下來的實際狀況是：球進了網子裡。說得具體一點，是掛邊網進球，球還在打轉。我抬頭一看，心裡隱約覺得自己可能跟眼前的狀況有關，讓我確信此事的是看見我的每個隊友都一邊尖叫，一邊朝我衝過來，領頭的是欣喜若狂的山姆・G。幾週後，學校交誼廳裡仍然流傳著我在歡呼時還把自己的球衣給拉了起來，整個人撲倒在濕潤的草地裡，但如今這也已經是模糊的記憶

了。那天下午，我學會如何用腳做決定，所幸它們不會講話。我能確定的是，那一季我繼續為雷鬼男孩踢球。就在那場球賽結束後的那個週末，我在吃早餐時跟爸媽說：我想留在英國。

CHAPTER 8
紅色叛逆在英德

　　維多利亞公園又被稱為「維琪公園」，是一片位於倫敦東區的八十六公頃首都綠地，其西邊是哈克尼（Hackney），東邊則是波（Bow）。十九世紀時，維多利亞公園享有「人民的公園」的令譽，主要是因為公園裡有幾個「演說者角落」（speakers' corners），可供人們聚集，公開針對政治與宗教上的要事進行辯論。當時的人就常能看見工藝美術運動領導者威廉・摩里斯（William Morris）站在維多利亞公園裡的肥皂箱上，也常遇見知名的女權運動分子安妮・貝桑（Annie Besant）。但是，在一八〇〇年代的時候，這座倫敦「人民的公園」可沒見證過一九七八年四月三十號的那種人潮：當時，多達八萬名的年輕男女湧入公園草地上，其中許多人帶著旗子與標語。「肥皂箱」的尺寸也比過去任何一個時代都還要大，而且就位於公園正中央，面對著哈姆雷特塔（Tower

Hamlets）地區的那些高樓大廈，升起成為高聳的舞台。

　　大概在三點左右，四個男人走上舞台。其中兩人肩膀上背著吉他，一個全身黑衣，上台後就把頭上那警帽似的帽子往觀眾裡面丟；另一個頂著一頭染成橘色的刺蝟髮型，身穿黑長褲與寶藍色外套。最後一個走向群眾的人穿著米黃緊身褲與白鞋，還有一件顏色像郵筒一樣紅的 T 恤。T 恤上有一排像是用模板印出來的字母：*Brigade Rosse*，在 *Brigade* 與 *Rosse* 中間印著一枝 AK47 機關槍，機關槍下面襯著一顆白色的星星。機槍上面帶有三個字母：「RAF」。

　　曾有人以這一場維多利亞公園的演唱會為主題拍了一部名為《粗魯男孩》（*Rude Boy*）的紀錄片，片中有個青少年撞見穿著那件 T 恤的男人於演唱後在清洗 T 恤。

　　那個青少年說：「T 恤上面那兩個字是什麼意思？*Brigade* 什麼？」

　　那個男人說：「*Brigade Rosse*。」

　　那個青少年說：「那是什麼？」

　　那個男人說：「是一間比薩餐廳的名字。」

　　在那八萬名觀眾裡，有多少人知道如果把 *Brigade Rosse* 這兩個字拼對，拼成 *Brigate Rosse*（紅色旅），就不是比薩餐廳名字？很難說。但可以確定的是，至少有一個人知道。在那人山人海裡面，有位年輕女子一看到 T 恤上的 AK47 機槍圖樣就突然感到一

陣驚慌，不過她並未跟那一群從波跟她一起來看衝擊合唱團（the Clash）演出的女同志多說些什麼。他們知道她是德國人，但也就只是這樣而已——儘管在那龐克精神達到高峰的時代，年輕的英國人還是非常有禮貌，不會問太多。即便她們真的問了，她也會說她叫做安娜·普提克（Anna Puttick）。她不會跟她們說她的真名叫做艾絲崔德·普洛爾（Astrid Proll），說她曾於一九七一年遭德國警方逮捕，還有她正在躲避歐洲各國政府的追捕。她也不會跟她們說「紅色旅」是一個激進的義大利組織，最近才剛剛綁架了義大利前總理阿爾多·莫羅（Aldo Moro）——演唱會結束十天之後，他的屍體被人發現遭棄置在一輛滿是彈孔的車上。艾絲崔德·普洛爾不會告訴她們，喬伊·史川莫那一件T恤上的三個字母「RAF」是Red Army Faction（紅軍派）的縮寫，那是一個德國組織，通常被稱為巴德—邁因霍夫集團（the Baader-Meinhof group），而她就是創立該組織的成員之一。

————

自從巴德—邁因霍夫集團於四十年前左右創立以來，就令人議論紛紛。大部分的人稱他們為「恐怖分子」，其他人則說他們是「反抗階級體制的戰士」。集團的成員則自認為是「都市游擊隊員」。有些人將他們貶為「帶槍的時尚偶像」，其他人認為他們對社會治安是一大威脅。在一本以該集團為主題的書裡面，南非

記者、恐怖主義研究者吉莉安・貝克（Jillian Becker）則說他們是「希特勒的子孫」。有些人覺得他們是冷血殺手，其他人認為他們的動機很浪漫。現在回顧起來，好像他們的組織名稱本身就暗示著其動機與意圖是混淆不清的。儘管媒體很快就用安德列亞斯・巴德（Andreas Baader）與烏爾麗克・邁因霍夫（Ulrike Meinhof）兩位集團領導人的名字幫他們命名，但他們比較喜歡「紅色旅」或者「RAF」這個稱號：但這兩個選擇都很不討喜，因為會讓老一輩的德國人想起狂轟濫炸漢堡與德勒斯登的英國RAF（皇家空軍），或者聲名狼藉的蘇聯紅軍（Red Army）。

另一種看待巴德─邁因霍夫集團的方式，是把他們當成一批認為T恤上的政治標語不再算是一種行動的年輕人，但這必須說明一下其背景。如果不提到一九六八年五月的那些事件就很難理解巴德─邁因霍夫集團集團──儘管 *Achtundsechziger*（六八世代）本身的真正意圖與其成就至今仍跟紅色旅一樣讓人爭論不斷。至少，就定義而言，他們是第一個大聲說出自己有多挫折的世代，因為即便第二次世界大戰都已經結束二十年了，但國家似乎仍然掌握在那些曾經是國家社會主義分子的人手裡。詩人漢斯・馬格努斯・恩岑斯貝格（Hans Magnus Enzensberger）過去也是個活躍的左派激進分子，他曾經向我解釋他那個世代的心態為何：

當你只有十八或十九歲時，你是不能忍受沉默的。戰爭結束後不久，我們認為當務之急就是該擺脫那些混蛋。而那實在是一件很麻煩的事，因為我們不可能把全部的人口都換掉。有百分之五十的德國人是希特勒的追隨者，百分之三十五是機會主義者，只有少數人抱持不同意見。有許多教授、法官以及警察首長過去都曾是納粹黨人，我們必須擺脫那些人，如果想要清理門戶就需要暴力手段。有幾年的時間我們都像是在淨化思想的部門裡工作。

就一方面而言，德國版的「一九六八年五月」比法國的狀況安靜多了，而且社會上的共鳴也較少——在法國，至少有九百萬工人放下工具，與學生站在一起。在德國這個所謂的 *Kulturnation*（文化大國），抗議活動一開始侷限在大學校園裡。當時重新回到法蘭克福大學講課的哲學家阿多諾曾用模糊的言論支持那些抗議活動，他聲稱「學生們所扮演的角色在某種程度上很像猶太人」，但是對於學運領袖們而言，這種說法不夠直接。一九六八年夏天，當阿多諾以歌德的劇作《在陶里斯的伊菲革涅亞》（*Iphigenie auf Tauris*）發表演說時，學生就在禮堂後面掛了一個布條諷刺他，上面寫道：「*Die Anti-Faschisten grüssen Teddy den Humanisten*」（意思是：反法西斯主義的學生歡迎人道主義者阿多諾）。他為自己辯護道：「我的著作不曾為任何行動或活動提供模式，

我是個提出理論的人。」看來，一九六八年五月就像是一八四八年的歷史重演：法國人民走上街發動革命了，德國人卻還在反覆思考，猶豫不決。

然而，就另一方面而言，德國版的一九六八年也是血腥的。最早，慕尼黑市充滿波希米亞風味的史瓦賓根地區（Schwabingen）從一九六二年開始就曾發生過街頭暴動，起因是警方以武力解散了一個學生的爵士音樂會──但是，分屬兩個世代的警察與學生之間的緊張關係累積了五年之後，於一九六七年六月二日因為一顆從某支警用瓦爾特PPK（Walther PPK）配槍發射出來的子彈而爆發衝突。開槍的人是海因茲・庫拉斯（Heinz Kurras），當時因為波斯的君主到西柏林訪問，他負責到一場示威抗議現場去維持秩序；而被子彈擊中後腦勺的則是一個參加畢生第一場抗議活動的二十六歲學生班諾・歐內索格（Benno Ohnesorg）。歐內索格被殺後，庫拉斯不曾被定罪，對於許多德國的年輕人而言，這實在是一記警鐘，象徵著「六八世代」無法用和平的手段讓大戰期間掌權的那些人下台，如果要他們下台得採取真正的行動才可以。人群散去後，一位女學生在社會主義學生會的辦公室裡大聲疾呼：「我們必須發起一個反抗組織！以暴制暴是必要的！他們是奧許維茲世代，沒必要跟他們講理！」

槍擊案的隔天，那位女學生又去參加了一場規模比較小的抗議活動。在西柏林最高級的購物街區選帝侯大街上有八個年輕人

排成一列，每個人的白色Ｔ恤上面各有一個用手寫上去的字母。從前面看起來，剛好拼成了「Albertz!」──那是西柏林市市長的姓氏。從後面看起來，則是「Resign!」（辭職）。在德國各大報章雜誌上可以看到這次抗議活動的照片一再被刊登出來，也許是故意為了抵銷歐內索格被殺那張照片所造成的血腥與痛苦印象。照片中的學生們看起來快活而自豪，就像一群剛剛做好一艘木筏，正在等待獲頒徽章的童子軍。只有那個留著瀏海的金髮女學生與其他人站得有點開。她的Ｔ恤上面寫的是驚嘆號。

那個金髮女學生叫做古德倫・安司林（Gudrun Ensslin），是個牧師的女兒。留影的幾個月後，她跟曾當過演員的男友安德列亞斯・巴德在一家百貨公司的布料店裡面丟了一枚汽油彈。一九七〇年六月五日，安司林、巴德、一位名叫烏爾麗克・邁因霍夫的記者、年輕律師霍爾斯特・馬勒（Horst Mahler），還有一群跟他們一起旅行的人聯名發表了一篇「公報」，宣稱他們有必要「發動一場階級鬥爭」，「把無產階級組織起來」，「開始武裝抗爭活動」，「並且創建一支紅軍部隊」。

從本書前面的各個篇章，我們可以看出德國人心靈世界的兩大元素：一種浪漫的抽象理想主義，還有對於進行理性而有效率的組織活動之天分。我們很難想像這兩種截然不同元素可以透過實際作為結合起來，因此巴德─邁因霍夫集團的創立目的好像就只是為了證明此一結合是可以辦到的。無論如何，就那些恐怖分

子的領袖居然是個作家而言，這實在是一個德國獨有的特色。在邁因霍夫加入此一團體之前，她就已經是德國最頂尖的政治記者之一，其作品大多刊登在曾接受東德政府資助的左翼週刊《具體實踐》上面。如果你想做個比較，不妨想像一下保羅·梅森[85]與波利·湯恩比[86]等人拿起貝瑞塔手槍，與地下組織一起對抗全球化帝國主義的模樣。

透過那些於一九五九到一九六九年之間出版的專欄文章，邁因霍夫展現出她不只能以銳利的目光揭發那些被德國經濟奇蹟掩蓋住的社會問題，也讓人看見她有天份，能創造出讓人朗朗上口的吸睛詞句。她最棒的專欄文章之一是一篇發表於一九六八年有關電視節目的評論：〈破解電視節目「檔案編號 XY」〉，而這篇文章意外地變成聚焦在政治分析上。邁因霍夫表示，那真是個讓她感到非常奇怪的時代：為什麼數以百計的德國人寧願收看一個個以刑案為主題的實境節目，沉迷於追捕小賊，但卻放任那些納粹黨的戰犯與集中營守衛們逍遙法外？

身為德國人，我們比其他國家的人更小心地壓抑自己的憎惡情緒……我們曾經仇視過猶太人與共產黨。但現在我們不能仇視猶太人了，仇視共產黨好像也已經行不通；而仇視

85　Paul Mason，英國記者和主播。曾主持過 BBC 的 Newsnight。著有 Live Working or Die Fighting: How the Working Class Went Global 和 Why It's Kicking Off Everywhere。

86　Polly Toynbee，英國記者。著有 Hard Work: Life in Low-Pay Britain，堪稱英國版的《我在底層的生活》。她化身為醫院清潔人員、學校煮飯工等薪資微薄的工作人員，批評英國的貧窮問題。

學生則是仍然被民主國家的上層結構禁止的。所以齊默曼（Zimmermann）（「檔案編號XY」的主持人）要我們仇視罪犯。

能夠寫出這些文字，表示她的確有一顆機敏而敢於提問的聰明腦袋——儘管她終究還是不夠聰明，不懂如何處理自己的滿腦子仇恨。巴德—邁因霍夫集團後來提出的聲明就比較空洞。在那些他們所謂的「公報」裡面，充斥著「上層結構」（superstructure）這一類的專有名詞，還有 *Unterdrückungsapparat*（壓迫工具）等等複合字。

「巴德—邁因霍夫集團」一詞之所以讓人朗朗上口，主要是因為它剛好將集團分為兩個陣營，組織的主腦以邁因霍夫為代表人物，其骨幹則是以好戰的巴德為核心。事實上，幾乎所有與這個組織有關的年輕人都有某種藝術上的企圖心，紅軍派可以說是一個由文化公民組成的恐怖組織。安司林在認識巴德的時候就已經是一家小出版社的負責人，而且也曾與馬克斯·布洛德[87]、埃利希·佛瑞德[88]以及漢斯·馬格努斯·恩岑斯貝格合作過。巴德是名業餘演員，他積極參與慕尼黑極具實驗性的「行動劇場」，曾在劇場裡與名導演雷納·華納·法斯賓達（Rainer Werner Fassbinder）合作過。在被囚禁於史坦海姆監獄（Stammheim）期間，組織的領袖們用梅爾維爾小說《白鯨記》裡的人物來互稱，巴德是亞哈船長，安司林則是廚子史慕吉。邁因霍夫的代號就更為高

---

87 Max Brod，捷克的猶太作家。他與卡夫卡是好友，卡夫卡去世後，他並未依照卡夫卡的遺願將其作品燒掉，而是陸續將它們編輯出版。

88 Erich Fried，奧地利詩人。納粹占領奧地利期間，逃往英國。最有名的貢獻是將莎士比亞的作品翻譯成德文。

深了：她叫做德瑞莎——其典故來自於加爾默羅修會的修女兼神學家聖德瑞莎。就他們刻意營造出這種知識分子的光環看來，尚一保羅・沙特獲邀於一九七四年十月前往監獄探視他們實在是太適切了。

紅軍派就是這種藝術與政治激進主義的奇怪混合體，而最能凸顯出此一特色的，莫過於以下這則軼事：一九七一年十二月，雕刻家迪耶克・霍夫（Dierk Hoff）位於法蘭克福市中心的工作室來了兩個不速之客。兩個年輕人出現在門口：其中一個是叫做霍爾格・麥恩斯（Holger Meins）的柏林電影學院學生，另一個則自稱為列斯特，但真名是揚一卡爾・拉斯普（Jan-Carl Raspe）。在吸了幾管大麻菸，聊一聊「嬉皮與次文化」之後，那兩個年輕人問霍夫是否能幫他們的電影製作道具。原則上他同意了。什麼道具？麥恩斯讓他看了一張手榴彈的圖。霍夫問說他們正在籌劃哪一種電影，麥恩斯答道《一種虛構的革命》（*Eine Art Revolutionfiktion*）。等到麥恩斯（他的代號是《白鯨記》裡的「星巴克」）與拉斯普（代號「木匠」）於一九七二年六月遭捕時，霍夫做的那些「道具」已經被用於五次重大炸彈攻擊案中，造成六人死亡，至少四十五人受重傷。

他們的行事風格展現出德國人有效率卻無情的一面。紅軍派的歷次恐怖攻擊至少造成了四十七人死亡，其中包括十七名自己的成員，還有兩位無辜民眾遭警方誤殺。在此同時，在歐洲與

此一組織最接近的相似組織，是英國「憤怒軍旅」（the Angry Brigade）。據警方表示，「憤怒軍旅」一共犯下二十五起炸彈攻擊案，但只有一人受到輕傷。在美國，則是有五條人命被證實可以直接歸咎於「地下氣象人」（Weather Underground）這個組織的活動，但死者全都是他們自己的成員，其中有三人因為一枚土製炸彈沒有做好，提早爆炸而喪生。在這激烈競爭中擊敗德國的，只有義大利，因為「紅色旅」而喪生總計有七十五人，他們也因為喬伊‧史川莫穿的T恤而成為一種流行文化元素。

　　紅軍派認為他們是一整個國際戰線的「支派」，受到法國哲學與南美游擊隊的啟發，就字面而言容易讓人聯想到英國皇家空軍與蘇聯紅軍，但他們盡力向世人展示對德國宣戰的使命。他們覺得只有自己正試著阻止德國回歸到法西斯極權主義的老路上。他們認為自己是「德國問題」的解答。但挺諷刺的是，從外國人的觀點看來，巴德─邁因霍夫集團本身就是德國問題的一部分。把巴德、安司林與邁因霍夫這些人稱呼為「希特勒的子孫」並不是一種很細緻的作法，但無可否認的是，有時候極右派與極左派的確有其共同點。儘管這個團體以好戰的手段來對抗法西斯主義，但卻還是欣然從極右派那裡取得武器。該團體的專屬律師霍爾斯特‧馬勒在一九七〇年被捕，後來經歷了令人感到不安的事：他居然可以在思想上經歷一百八十度的大轉變，加入極右派的國家民主黨（NPD），出版宣傳手冊，鼓吹禁止德國境內的所有猶太

組織，並且將所有尋求政治庇護的人都逐出境。他在二〇〇七年接受德國猶太裔記者米榭‧佛里德曼（Michel Friedman）專訪，一見面就開口說：「希特勒萬歲，佛里德曼先生。」在同一次專訪中，馬勒表示：「呃，所謂的『右派』與『左派』之類的詞彙來自於古代，它們跟政治人物在國會中的位置有關，有些人坐在右邊，有些人坐在左邊⋯而那是觀眾們關心的，不是我關心的。」

———

十九世紀時，第一次有人注意到德國有一種類似哈姆雷特的特色：一會兒覺得自己太老，一會兒又覺得自己太不成熟。但是，自此以後，德國始終有一種需要在後面迎頭趕上別人的自覺。社會學家海爾穆特‧普萊斯納（Helmuth Plessner）用 *verspätete Naiton* 一詞描述德國，也就是「陳舊的國家」的意思，這個國家始終無法發展出完備的民主政體。即使到了一九七〇年代，德國好像仍然不安地擺盪於極左與極右之間，對於權威人物往往懷有一種病態的喜好，因為他們總是宣稱能治好國家的潛在暈眩症。英國對於德國的看法的確是如此。鑽研希特勒時代的重量級英國史學家休‧崔佛－羅珀（Hugh Trevor-Roper）在一九七一年再版了他所寫的《希特勒的末路》（*The Last Days of Hitler*）一書，他在書的後記裡面表示，「對於政治的絕望」是德國最令人氣餒的國家特色，「德國歷史的特色是在政治上不斷失敗，因此好像已經累

積成一個傳統──而此傳統更進一步變成了看起來無可避免的永久重複…曾有哪個自由派或者人民所發起的運動成功過嗎？」在德國掀起的恐怖主義活動風波讓許多國際觀察家認為崔佛─羅珀說的也許有道理。德國是否終究能夠設法維持國家內部的平衡？民主體制在德國真能維持下去嗎？這讓人想起了邱吉爾的名言：「德國佬不是拿刀抵住你的喉嚨，就是跪地求饒」。

一九七二年的慕尼黑奧運應該是西德展現出現代化新風貌的好時機，但最後卻無法提升其國際聲譽。當地警方急於營造出對人沒有傷害，愛好和平的形象，因此立刻遭人奇襲成功。由巴勒斯坦人組成的恐怖主義游擊隊「黑色九月」（Black September）想透過談判迫使以色列從監獄裡釋放二三四個囚犯，結果卻失敗了；德國也不願意讓以色列的「外國同路人」安德列亞斯・巴德與烏爾麗克・邁因霍夫重獲自由，他們因而殺了十一名以色列人質。一幕讓人始終忘不了的畫面：當時德國邊境警察隊始終在狀況外，當他們身穿顏色鮮豔的愛迪達運動服抵達後，立刻就被恐怖分子給認了出來，因為恐怖分子從一開始就一直透過飯店的電視緊盯著包圍在外面的警方。

巴德─邁因霍夫集團動亂過後，德國政府又擺盪到另一個極端。聯邦議院於一九七二年通過一項名為《激進分子決議》的特別法，禁止極左組織成員出任任何公職。但沒有人搞得清楚這個法規所要達成的真正目的為何。難道是為了阻止小學老師拿《毛

語錄》出來教學生嗎？還是為了預防郵局員工製作炸彈包裹？或者是為了避免極左派的火車駕駛叛逃，把火車直接開往莫斯科？記者兼軍事史家丹恩‧范德‧瓦特（Dan van der Vat）曾於《泰晤士報》上發表一篇文章，強調此一舉措會令人不安地想起一九三三年也曾出現過相似狀況：也就是禁止猶太人擔任公職的《褫奪公職法》。政府官員似乎沒打算讓情況緩和下來，而是火上加油：犯法好像從來不曾是如此容易的一件事。范德‧瓦特表示，在英國，根本沒有多少人會把巴德當真，但在德國他卻把全國的司法部門搞得緊張兮兮。

　　似乎沒幾個政治人物相信恐怖主義威脅能夠靠武力以外的手段來解除。來自巴伐利亞的前國防部長法蘭茲‧約瑟夫‧施特勞斯（Franz Josef Strauss）生前是個極端的保守派，左派的死對頭，向來習慣在皮帶上配戴槍套的他曾經提議政府應該綁架巴德－邁因霍夫集團的成員，如果他們不釋放人質就開始一個個槍決。國內的氛圍似乎被搞得歇斯底里。某晚漢堡市警方將全市封鎖起來，一輛金龜車的荷蘭籍駕駛只是想伸手到置物箱裡拿證件，但卻有個警察因為太緊張而開槍，還消耗掉整支槍的子彈。一九七二年六月，斯圖加特市（Stuttgart）警方對一間曾暫時被巴德－邁因霍夫集團拿來當作藏身之地的公寓進行攻堅行動，一名年輕人被他們的機關槍打成蜂窩。那是一個叫做伊恩‧麥克里歐德（Ian MacLeod）的無辜蘇格蘭人，最近才搬進公寓，但忘記換掉門上

名字，結果被當場格斃。根據當時法律規定，德國政府仍無法動用軍隊來執行反恐任務，這意味著有必要成立一支特別警隊，於是才有德國聯邦警察第九國境守備隊（GSG9）的誕生——這又令人不安地想起特務警察在現代德國歷史上所扮演的重要角色。

到了一九七二年六月，所有巴德—邁因霍夫集團的主要成員都已經被捕了，然而社會的狂熱與歇斯底里氛圍仍持續了好幾個月，沒有消散。那個團體的故事以一種壯觀的方式達到高潮。一九七七年九月五日那一天，幾個第二代紅軍派成員綁架了高層商業界人士漢斯・馬丁・施萊爾（Hanns Martin Schleyer），因為他曾是一名效忠納粹的學生運動領袖，過程中有兩個守衛與一名駕駛遭到殺害。到了十月十三日，一個與巴德—邁因霍夫集團有關的巴勒斯坦恐怖主義組織劫持了一架載有八十六名乘客的德國漢莎航空飛機，飛機本來要從馬約卡島的帕爾馬市（Palma de Mallorca）飛往法蘭克福，結果被迫飛往索馬利亞的摩加迪休市（Mogadishu）。這兩個行動都是為了逼德國政府釋放被囚禁於史坦海姆監獄的第一代紅軍派成員。然而，事態卻未如其所願。五天後，大概在凌晨十二點半，德國警方對停在摩加迪休機場跑道上的飛機進行攻堅行動，擊斃綁匪，所有人質都毫髮無傷地獲釋。過沒多久，消息就傳回史坦海姆監獄，而巴德、安司林與拉斯普等人也在當晚於其牢房中自殺了。隔天，施萊爾的屍體被人在停放於亞爾薩斯地區的汽車後車箱裡找到。

在德國，一九七七年的十月份常被稱為「德國的多事之秋」（the German Autumn），此一辭彙的弦外之音不只是一種失敗主義。它似乎也暗示，當年那個情況的悲劇性結果是一種德國才有的特色。在一八四八年的春天過後[89]，德國真的成熟了嗎？像這種愚蠢得令人不勝唏噓的事也可能發生在其他國家嗎？

———

相對來講，艾絲崔德·普洛爾在「德國的多事之秋」之中只是扮演一個小角色。一九六九年十一月加入該團體後，才不到兩年就因為被漢堡市一家加油站的出納員認出來而於一九七一年五月六日遭到逮捕。接下來的兩年半，她都被關在警衛森嚴的科隆市歐森朵夫監獄，巴德─邁因霍夫集團鬧得最凶時她並未參加其活動。一九七四年，她因健康狀況不佳，其搶劫與殺人未遂案因而延後審判，她便藉機逃走，最後在倫敦東區落腳，在當地認識了一小群左傾的律師。

當普洛爾抵達維多利亞車站的時候，她所看到的第一件事就是《倫敦標準晚報》上面刊登著普萊斯姊妹（Price Sisters）絕食的消息──她們因為參與愛爾蘭共和軍（IRA）在倫敦進行的一連串炸彈攻擊事件而於一九七三年遭到囚禁。英國顯然也有恐怖主義活動正在進行。但是，英、德兩國在這方面的相似性只是表面的。只有紅軍派一廂情願地認為他們與愛爾蘭共和軍是盟友。當紅軍

---

89 一八四八年革命之聲席捲歐洲各國，德國改革者迫使當局成立法蘭克福國民議會。但會議支持的新方案（小德意志）使南部各邦退出議會，普魯士國王（腓特烈威廉四世）也不支持此議會。之後普奧聯軍進攻各邦，革命之聲瓦解。

派在一九八五年犯下實業家恩斯特・齊默曼（Ernst Zimmermann）的槍擊案之後，聲稱該案是為了紀念絕食而死的愛爾蘭激進分子派奇・歐哈拉（Patsy O'Hara），但是愛爾蘭共和軍卻嚴詞否認與該案有任何關係。對於普洛爾來講，英國的恐怖主義似乎是一種舶來品，從外國進口的，並非因為國內的階級鬥爭而產生。少數幾個對她伸出援手的英國左派分子也對整體政治制度提出質疑，但他們設法解決問題。也許這裡的政治激進主義較不具野心，但也比較實際。普洛爾的新同志們不會撰寫一些關於全球革命的宣言，而是會發動一些拒繳房租活動，組織食物合作社（food co-op），或者是將市政府忽略的一些老舊建築善加利用。在德國，作家斯特凡・奧斯特（Stefan Aust）就因為曾針對巴德—邁因霍夫集團寫了一本權威性的著作《巴德—邁因霍夫情結》（*Der Baader-Meinhof Komplex*）而惹火了該團體的「同路人」裡面的好戰分子，時至今日仍然經常收到死亡威脅。然而，普洛爾在倫敦的同志們用比較務實的方式來對待她的敵人：吉莉安・貝克那本關於紅軍派的書裡面（前文提過的《希特勒的子孫》）有她照片那幾頁都被他們給撕掉了。

儘管巴德—邁因霍夫集團的成員們大談要如何激勵無產階級，但卻很少與勞工階級直接接觸。反之，在倫敦的普洛爾接受汽車技工的訓練後，在哈克尼的萊斯尼火柴小汽車（Lesney's Matchbox）工廠裡擔任一年的裝配工助手。一九七八年九月十五

日，也就是維多利亞公園演唱會結束幾個月後，當時她已經是西漢普斯特地區（West Hampstead）一家工作室的汽車技工教師，在工作時被一群英國特警逮捕。她試著解釋，說她來到倫敦後就沒有跟其他紅軍派的成員聯絡了，不過他們不予理會。差不多在同一時間，衝擊合唱團也寫下了〈布里克斯頓的槍〉（The Guns of Brixton）這首歌，歌詞從一個恐怖分子的視角出發，描寫他被警方逼到牆角，準備好要進行最後決戰。

———

　　一九九八年三月，我開始聽「衝擊合唱團」的歌曲。加入足球隊後我的信心大增。我心想，如果我能設法成為足球員，成為一個真正的英國人應該也不難。有一天下課搭校車回家時，我發現自己坐在山姆・W的身旁，我沒有假裝看書，而是問他在聽什麼。等到車程結束，他已經同意我拿一捲德國龐克音樂精選樂曲錄音帶跟他換衝擊合唱團的合輯，接下來幾個禮拜我就重複聽著那一張合輯。

　　合輯中許多歌曲似乎都闡述著以武力與政府進行抗爭的理念。除了〈布里克斯頓的槍〉之外，還有〈屋頂上的槍〉（Guns on the Roof）與衝擊合唱團在那一場維多利亞公園的演場會上首度公開演出的〈衝鋒槍〉（Tommy Gun）。當然，衝擊合唱團的團員們不曾真正拿起武器（或者說，至少他們不是認真的：貝斯手西蒙

農〔Simonon〕與鼓手塔伯‧海登〔Topper Headon〕就曾經因為拿空氣槍打三隻賽鴿而被逮捕)。〈衝鋒槍〉這首歌曲至少就隱約承認了他們的態度不夠一貫,歌詞一方面把某名恐怖分子捧成「英雄」,但另一方面卻又說人們把恐怖分子當成搖滾巨星來崇拜,購買同款式的皮夾克來模仿恐怖分子。當然,更加反諷的是,他們嘴裡唱著那種歌詞,身上穿的是印有紅色旅與紅軍派圖樣的T恤,造就了「帶有恐怖主義元素的流行」(terror chic)一詞。

在衝擊合唱團的作品中,我最喜歡的是「I Fought the Law」,原唱者是巴比‧富勒(Bobby Fuller),歌詞是這樣的:「我與法律對抗…法律獲勝了」,而我喜歡原因在於這首歌為反叛的概念加上了一點英國風味,聽起來傲慢自大,同時又妄自菲薄。不過,這到底是反諷還是說真的,有時還真讓人搞不清楚。衝擊合唱團於一九七八年在維多利亞公園的表演可說是「以搖滾對抗種族主義」(Rock against Racism)這個活動的高潮,而進行此一活動的目的則是為了反制極右派的英國國家黨(British National Party)與英國民族陣線(National Front),因為前者於選舉時在附近的「波」有所斬獲,而後者則是可望於南哈克尼地區推出自己的候選人。但是,當他們走上維多利亞公園的舞台後,演唱的第一首歌曲卻是〈白人也想暴動〉(White Riot)──在一個以反種族歧視為主題的演唱會上,這首歌也許不是最適切的選擇。在表演〈白人也想暴動〉時,與衝擊合唱團一起演出的是吉米‧波西

（Jimmy Pursey），他是尚恩69樂團（Sham 69）的主唱，而該團兩個月前才在倫敦政經學院演出過。當時音樂廳裡的聽眾們高聲齊呼納粹口號「*Sieg Heil*」（為勝利歡呼），而且廳裡到處都貼著納粹貼紙。同時，值得一提的是，衝擊合唱團在改名為衝擊合唱團之前，原來有一個非常詼諧的名稱：London SS（倫敦親衛隊）[90]。

　　在德國小說家海因里希・伯爾（Heinrich Böll）所寫的《愛爾蘭日誌》（*Irish Journal*）裡面，他回憶自己於一九五七年抵達都柏林，幾乎被一輛鮮紅色的車子輾過去，那輛車上面「唯一的裝飾品就是一個納粹的卐字符號（Swastika）」。再仔細看看，他才發現車子側面用比較小的字母寫著「Swastika洗衣店，創立於一九一二年」。身為一個剛剛抵達倫敦的德國人，我也常常發現自己碰到這種狀況。例如，在我的故鄉諾德施泰特鎮，簡單的衣物都可能帶有秘密的涵義：在靴子上繫一條紅鞋帶就代表你是左派的，繫兩條白鞋帶則是新納粹主義的象徵。留龐克頭是左派，剃光頭是右派——而右派的人常常穿著英國品牌的服飾，像是弗雷德・佩里（Fred Perry）或者龍獅戴爾（Lonsdale）。穿龍獅戴爾牌的T恤時，外面最好套一件夾克，如此一來只會露出中間四個字母「NSDA」，而這剛好就是國家社會主義德國工人黨（納粹黨）的縮寫。不過，到了英國我發現龐克搖滾樂手唱著〈白人也想暴動〉的歌曲，夾克上面印有像是用粗筆畫出來的卐字符號，但是剃光頭的人卻聆聽加勒比海的黑人音樂。弗雷德・佩里出品的Polo

90　SS是*Schutzstaffel*的縮寫，意思是納粹黨的親衛隊。

衫不是表達政治信念的秘密象徵，而是一種流行。英國在一九九
〇年代末期給我的奇怪印象是一個不講政治的地方，不只流行巨
星、足球球員，就連時尚設計師也比政治人物更受尊敬。

如果說我是藉著欣賞衝擊合唱團的歌曲而得知以上的一切，
那就太愚蠢了，因為衝擊合唱團唱的是龐克搖滾，而龐克搖滾的
重點向來是震撼效果，而不是立場一貫。從一九九〇年代晚期的
政壇觀之，也讓人感覺到在英國國會裡意識形態已入了歷史。東
尼・布萊爾（Tony Blair）於一九九五年修改《工黨黨綱》（*Labour
Party Constitution*）的第四條，讓工黨成為一個較接近中產階級路
線，支持自由市場組織的政黨，藉此成功地往意識形態光譜的中
間移動。當他的「新工黨」於一九九七年贏得大選時，與其說勝
選的原因是因為它設法順利地在政壇上與保守黨區隔開來，不如
說是因為它有辦法把新一波的文化愛國主義拿來當作自己的政治
資本──而最能象徵這種愛國精神的，莫過於諾爾・蓋勒格（Noel
Gallagher）手上那一把帶有英國國旗圖樣的吉他。

放學後我透過收看電視新聞而對英國政治略有了解，但是一
直到C先生於一九九八年六月帶我們到國會去校外教學時，我才
有機會進行近距離觀察。英國國會的上下議院不斷讓我聯想到英
國酒吧裡的情形：一樣都有走起路來吱吱嘎嘎的木質地板與潮溼
的地毯，國會成員的互動也一樣很緊密。與議員座位圍成一圈的
德國聯邦議院有所不同，英國的政治人物都坐在一排排長凳上，

直接面對面，宛如壕溝戰的情景。他們沒有個別的座位，因此前面幾排的男女議員都擠在一起，肩膀相抵（不過，男議員還是占大多數）。裡面人聲鼎沸，這又是另一個讓英國國會比較像酒吧的特色，而德國聯邦議院則是一個嚴肅沉靜的地方。當院會開始時，噪音音量不減反增。當布萊爾發言時，工黨席位上不斷傳出歡呼與笑鬧聲，而保守黨議員則是竊笑做鬼臉。會議進行時，保守黨黨魁威廉・海格（William Hague）說了一個很幼稚的笑話，被取笑的是剛剛造訪迪士尼樂園的婦女事務大臣海莉葉・哈曼（Harriet Harman）以及貿易及工業大臣彼得・孟德爾頌：「彼得與米老鼠握手後才發現他手上戴的是海莉葉・哈曼的手錶。」坐在第一排長凳上的保守黨議員們咯咯笑了起來，到最後大家都捧腹狂笑，幾乎從綠色皮革椅墊上掉了下來。這一幕讓我想起了我與哲學課同學們在老師離開教室後演出的那一場國會鬧劇。但是國會看來還不如我們的鬧劇真實，而像是排演過的：宛如一場默劇，所有演員說的話都是事先背好的台詞。從眾議院上方的旁聽席看著那一切，給人一種很奇怪的感覺：這居然就是號稱世界民主濫觴的地方。

———

國家也能「成熟長大」嗎？若是可以的話，該如何辦到？二次世界大戰後，知名的戰地記者瑪莎・蓋爾霍恩（Martha Gellhorn）曾於一九六四年二月訪問德國時自問過這兩個問題。在她寫的論辯文章〈有一個新德國的存在嗎？〉（Is There a New Germany）裡面，她主張如果一個國家要變成熟，需要歷經的是內在體質的改變，不只是更換政府體制而已。她寫道：「在我看來，德國需要的是一個它未曾有過，如今看來也不像會發生的革命；不是那種有槍決隊與監獄等元素，最後導致另一個獨裁者出現的舊式流血革命，而是一種內在的思想革命。」

就像兩次世界大戰曾經令英、德兩國的交流中斷一樣，「德國的多事之秋」這場鬧劇也讓我們的焦點擺在舊式革命上，對心靈革命不甚注意。然而，心靈革命的確在進行中，儘管有些人沒發現它已經開始了。「六八世代」的先鋒們認為他們是一群與主流對抗的極少數人，而最好的狀況下，他們的敵人只是漠不關心，最糟糕的時候，會是反革命的──伯爾曾經說過紅軍派是一個「以六人抵擋六百萬人」的集團。但這是一種誤解，因為德國民眾從一九六〇年代末期已經開始變得越來越傾向自由派。一九六九年九月該國甚至出現了有史以來第一位社會民主黨的總理威利‧布蘭特（Willy Brandt）。他有一個比較不響亮的舊名，赫伯特‧佛拉姆（Herbert Frahm），臉上有酒窩與陰鬱眼神的他是一個來自呂貝克市的反法西斯分子，二次大戰期間曾經被迫流亡挪威與瑞典。布蘭特曾於一九五七到一九六六年間擔任西柏林市市長，他先見證了美國甘迺迪總統造訪西柏林時於演講上說了一句「*Ich bin ein Berliner*」（我是個柏林人），後來又看到東德築起柏林圍牆，而這兩件事對於他治理國家的方式產生了直接影響。在布蘭特的治理之下，西德試著與東德的領導人交手，而不是封鎖他們。他鼓勵東西德之間的商務與文化交流，放寬西德國安法規的規定。與其治理方式最密切相關的一句座右銘就是：「*Wir wollen mehr Demokratie wagen*」，意思是「我們想大膽邁向民主」。布蘭特也是第一個造訪以色列的德國總理。一九七○年，他在參加一個紀念一九四三年華沙猶太人起義受難者[91]的典禮上，突然跪在冷冰冰的水泥地上，在一個個花圈前面低頭致意，這是為了第三帝國的種種暴行致歉的真切舉動。對於我爸媽那個世代的人而言，威利‧布蘭特就像是德國版的甘迺迪：一種新理想主義在政壇上的化身，他不只能改變過去德國右派政府的反動保守主義，也能化解法蘭克福學派的文化悲觀主義與左派巴德—邁因霍夫集團的政治悲觀主義。

　　當我在二○○八年專訪艾絲崔德‧普洛爾的時候，一開始讓我感到訝異的是，她好像幾乎沒有參與過一九六○年代德國政壇的自由化主流，甚至也沒把它當一回事。本來，普洛爾說：我深信布蘭特「落後我們很多」。事實是當年極左派的確幫助布蘭特推動德國的自由化，而不是阻礙他。布蘭特本來就常因為他在第三帝國期間的流亡經驗而常遭受右派嘲弄（來自巴伐利亞的保守派政治人物法蘭茲‧約瑟夫‧施特勞斯就曾問他：「在你流亡的

---

91 一九四三年，華沙猶太區裡的猶太人群起反抗，拒絕被遣送至集中營。

一九七〇年，社會民主黨的總理威利・布蘭特參加一個紀念一九四三年
華沙猶太人起義受難者的典禮。典禮上他突然跪在冷冰冰的水泥地。
圖片來源：Getty Images

那十二年時間，你需要對抗什麼？我們都知道自己在國內要對抗的是什麼。」）當紅軍派讓全國人心惶惶時，布蘭特受到的抨擊也越來越多。他的容忍政策讓別人很容易把同路人的標籤貼在他身上：巴德遭到逮捕時，德國基督教民主聯盟的政治人物卡爾‧丹姆（Carl Damm）就曾建議他找總理來罩他。因為右派的壓力如排山倒海而來，布蘭特終於公布施行《激進分子決議》，但也讓許多原本支持他的年輕人開始背棄他。最後，他因為助理君特‧紀堯姆（Günter Guillaume）被查出是東德間諜而被迫下台——與他無法抵擋酒色的本性相較，這一點讓他更容易遭人勒索。

　　布蘭特的社會民主黨同志赫爾穆特‧施密特（Helmut Schmidt）於五月十六日繼任其總理之職，但施密特卻是一個跟理想派前任總理不怎麼像的務實政治人物。施密特以更加強硬的手段來對付紅軍派。漢斯‧馬丁‧施萊爾遭綁架不久後，一位聯邦議會的議員接受BBC電視台專訪，記者問他：「你覺得施密特先生將會同意恐怖分子的要求嗎？」

　　「這對他來講會是個困難的抉擇，但是跟大多數德國人一樣，我相信他不會同意任何要求的。」

　　「即便這意味著施萊爾會遭到殺害？」

　　「是的，我相信我們絕對不能屈服。」當晚，施密特要求一位政府聘任的律師用白紙黑字表明政府不會與恐怖分子進行任何協商，就算他自己或妻子遭綁架也不會。

　　近來，施密特常常被票選為史上最受歡迎的德國政治人物：根據《明鏡週刊》在二〇一〇年進行的一次調查結果顯示，有百分之八十三的德國人認為他是全國最具代表性的道德標竿。以高級知識分子為訴求對象的《時代週報》除了常常刊登施密特的文章，同時也曾經有過一個專訪前首相的單元叫做「與赫爾穆特‧施密特抽根菸」（A Cigarette with Helmut Schmidt）。反之，德國人雖然仍喜歡布蘭特，但已經不崇拜他了。

———

　　我與艾絲崔德‧普洛爾的專訪持續了兩個小時。她在六點整起身離開座位，走到房間的另一頭，打開電視。她轉頭對我說：「你想留下來的話也可以，但是我要開始看電視了。」那天是德國黑森邦（Hesse）的地區大選日，接下來的兩個小時內，我們倆就這樣一邊看開票，一邊啜飲格雷伯爵茶，吃黑麥麵包配起司與小黃瓜。

　　德國的地方政治很難讓人感到興奮。從一九四九年五月八日開始，德國就採用了一套密切遵循美國聯邦主義精神的國會體制，不過這並不意味著我們的政壇就會像電視劇《白宮風雲》（The West Wing）那樣戲劇性而步調緊湊。德國國會是由下議院與上議院組成，前者就是聯邦議會，每四年由全國人民直接改選，後者則是聯邦參議院（Bundesrat），其議員是分別從十六個「邦」

（länder，即地區）選出來的。聯邦議會可以提出新的法律案，交由聯邦參議院審查通過或者否決。讓政治局勢更複雜的是，不是只有一個、而是有兩個聯邦法院可以對法律進行司法審查。所有新法都不得牴觸一九四九年通過的《德意志聯邦共和國基本法》（Basic Law）。因為聯邦議會是透過比例代表制選出來的，任何政府都不可能取得過半席次，自從一九四九年以來，每一任德國總理都必須採用聯合政府的形式。有些政黨本來就是盟友，例如德國的兩大保守派政黨，基督教民主聯盟與巴伐利亞的基督教社會聯盟（CSU）幾乎等於是同一個政黨。根據多年來的傳統，自由民主黨（Social Democratic Party）始終是保守政黨的盟友。社會民主黨（SPD）是德國的工黨，他們曾於一九九〇年代晚期執政，與綠黨（the Greens）組成聯合政府，從此就一直是檯面下的合作夥伴。但是就都市的地方選舉而言，政治局勢就像郊區時髦人士主辦的派對一樣，什麼事都可能會發生。

　　二〇〇八年黑森邦地方選舉的後續發展充滿了爭議性。因為選前民調數字不被看好，現任邦長羅蘭·科赫（Roland Koch）就無恥地採取民粹主義的競選路線，他承諾要以鐵腕對付該邦境內少數族裔年輕移民的犯罪問題。為了強調社會民主黨與綠黨候選人的姓名聽來都像外國人，他在各地貼滿了這種標語的海報：「不要把票投給伊普希蘭提，阿爾·瓦濟爾，還有共產黨員！」（Stop Ypsilanti, Al Wazir and the communists!）但是當開票結果出來後，

艾絲崔德開始歡呼。基督教民主聯盟的得票率下滑百分之十二，採用負面選戰策略的科赫遭到選民懲罰。選民的投票率與往常並無不同，是百分之六十四點三，但在英國的話，這已經是只有在全國性大選才看得到的。英國史學家休・崔佛一羅珀曾經宣稱未來德國的每一名自由派政治人物下台後，在人民的記憶裡，都只會是個失敗者。但是，如果二十一世紀的德國選民真的仍然喜歡過去「鐵血宰相」那一套的話，那我們只能說這種喜好並未反映在選舉結果中。

　　一如往常，沒有任何一個主要政黨的席次過半。電視節目主持人接著把各種可能的後續發展一一陳述出來。黑森邦會變成左派的天下，也就是社會民主黨會與左翼的左派黨（*Die Linke*）籌組聯合政府嗎？還是會出現一個由社會民主黨、綠黨與各個自由派政黨組成、宛如「紅綠燈」的聯合政府？還是保守派政黨能夠與自由民主黨與綠黨形成一個宛如「牙買加國旗」（由黑、綠、黃三色組成）的聯盟？德國的政治向來有所謂的「百分之五門檻」，這意味著小黨很難在地方政府取得代表席次，但是令我感到訝異的是居然有那麼多小黨出來參選。除了「促進動物權黨」、「家庭黨」與「海盜黨」（此黨接下來於柏林邦的選舉贏得了十五個席次）之外，有一個為七十歲以上老人代言的「灰豹黨」，甚至還有一個提倡「新世紀另類靈性政治」的「紫羅蘭黨」。當一個個候選人被拉到攝影機前受訪時，其談吐都讓我覺得成熟而理性

──與英國國會裡那一齣叫做「首相備詢時間」的默劇相去甚遠。

越到節目尾聲，態勢越趨明朗：今晚不會宣布贏家了，接下來政治人物在受訪時必須注意謹慎發言，結盟前將會有長達數週的協商期。我們把電視轉到 RTL 電視台去看一部只剩半小時的紀實電影。電影的時間背景是一九八○年代末期，故事描述一群住在萊比錫的教友們每個禮拜都發動一場抗議東德政權的和平遊行活動。最後，遊行的規模成長到政府再也不能忽視他們。乍看之下，那些萊比錫的抗議活動好像跟過去在布拉格一樣，用槍掃射就能將民眾驅散。但是他們沒有散掉；到最後邊境被突破了，東德政府垮台，勝利者是那些教友們。光從最後那半小時看來，那部片拍得並不是很好，因為是電視台製作的，演員演技馬虎，對話簡單。結構似乎也有很大問題，因為那電影試著把一對年輕夫妻分離出來，以他們為主角，但又強調抗議活動是眾志成城的結果，而不是個人決定的。不過，儘管有那麼多問題，我突然覺得很感動，因為我意識到東德政府最後真的垮台了。艾絲崔德到廚房裡去多拿一點黑麥麵包與小黃瓜。沒想到有一天德國也能出現這種沒有任何人開槍的革命，這真是太奇怪了。那不是舊式的流血革命，沒有動用到槍決隊與監獄，純粹是一種心靈革命。

EPILOGUE
後記

「我們這裡不販賣反諷，
倒是有各種各樣的啤酒。」
——海涅，〈從慕尼黑到熱那亞之旅〉
(*Journey from Munich to Genoa*)

　　慕尼黑市中心有座大型公園，名稱叫做「英國花園」(the Eng-
lischer Garten)，但這個名字會讓人有所誤解。公園是在一七八九
年興建的，由班傑明·湯普森爵士 (Sir Benjamin Thompson) 監工，
他是個政治人物兼工程師，特立獨行的他也曾發明過一種湯，而
其英國爵士封號常常讓人忽略他事實上出生於美國的麻薩諸塞
州，後來長期於巴伐利亞為德皇約瑟夫二世 (Kaiser Joseph II) 服
務，最後於巴黎去世。那座公園的某些部分看起來的確像是十九
世紀的英國景觀花園，內有起伏有致的人工草地，在出乎意料
的地方會出現灌木叢，一座中國式塔樓的風格跟倫敦邱園 (Kew

Gardens）裡面的那一座相同，一點也不像賣弄幾何圖形的法式花園（jardin à la française）。但是，花園的德國風味比其盎格魯─薩克遜特色更為濃厚。塔樓下方有一座啤酒花園可供人們購買小麥啤酒、蝴蝶餅以及白色的小牛肉香腸，每一種東西的份量都很驚人。此一公園占地一點四平方英哩，規模很大，而且它與一般英國公園不像的地方在於，如果你想去逛一逛，從午餐時間進去，它肯定能耗掉你一整個下午的時間。穿越公園的是一條叫做「冰溪」（Eisbach）的溪流，它的水勢洶湧澎湃，某些河段甚至可以用來衝浪，隱約讓人聯想到那一個個遮蔽著慕尼黑，像是一排兇惡保鑣的阿爾卑斯山峰。英國花園裡面不像倫敦維多利亞公園那樣有一個個集會空間與「演說者角落」，但是有大量可以藏身的洞穴與舒適的角落，任誰都可以在那裡待上好幾個小時而不會碰到別人。事實上，公園裡有些部分是如此偏僻，所以是適合進行另一種德國傳統消遣活動的理想地點：裸露身體。

　　一九三七年八月的某個熾熱下午，英國社交名媛優妮蒂・米特佛（Unity Mitford）就是因為深受慕尼黑英國花園的德國特色所吸引而來此一遊。她在寫給妹妹潔西卡的信裡面表露心跡：

　　那天天氣好熱，我在英國花園裡找到一個靜謐處，把所有衣服都脫掉，做日光浴，所幸沒有被人撞見。當我躺在陽光底下時，突然想起為什麼媽媽早就知道我會做裸體日光

浴，就像她也早就知道妳會做裸體日光浴，然後我笑到肚
子痛，如果有人看見的話，他們會覺得我除了不雅之外，
可能也是個瘋子。

優妮蒂因為潔西卡與邱吉爾夫人的外甥結婚而變成邱吉爾的
表親，她不是米特佛家族裡唯一對於德國事物與生活方式感興趣
的，她的爸媽、哥哥湯姆、姊姊黛安娜與妹妹黛博拉與潔西卡，
還有堂姊克萊蒙婷都曾於一九三〇年代造訪過慕尼黑。跟咯咯
笑的她一樣，他們也都很愛德國的一切，他們喜歡德語與德國
景緻，還有電影院裡可以看到的那些影片（「美妙無比」），以及
食物「簡直棒透了」，特別是麵包（「多麼迷人啊」）。德國是如此
美好，米特佛家的成員們似乎一直過得很快活。潔西卡從不諱
言自己是個左派人士，慕尼黑當地人都稱她為 die lustige kom-
munistin，意思是「那個有趣的共產黨黨員」。然而，最想要入境
隨俗的就屬優妮蒂了，特別是她在當地一家酒吧巧遇一位年輕帥
男之後（媽媽認為他「有一張很好看的臉」）。他們第一次相遇是
在巴伐利亞酒館，她緊張到幾乎把手上那一杯熱巧克力給打翻
了，但是，過沒多久，二十一歲的優妮蒂就與那個德國人變得很
親近。一九三五年十二月，與那德國人再度於巴伐利亞酒館相會
後，她在寫給姐姐黛安娜的信中表示：「元首 92 真的好迷人，他
的心情很好，很快樂。有兩種湯可以選，他靠丟銅板來選，這麼

92　指希特勒。

做真是太可愛了。⋯他聊了很多關於猶太人的事，說得很棒。」

　　優妮蒂‧米特佛在納粹德國的精彩際遇被當時的英國媒體仔細記錄下來，她與姊妹們迄今仍是八卦專欄的上好題材。距今最近的一次報導，是《每日郵報》曾於二○○七年承諾要揭露那位英國社交名媛「與希特勒私生子的真相」（並無證據顯示她曾與國家社會黨的領袖發生過性關係）。優妮蒂常常被描繪成米特佛家族裡的害群之馬。述說她的故事的人通常將她當作一個單獨的偏差案例，英語裡面「少數失敗品」的意思，藉此避免碰觸那些令人更感困擾的問題：如果有機會的話，還有哪些英國上流社會的成員會想要與希特勒一起喝茶？為什麼希特勒會讓一個英國女孩進入他的小圈圈裡？希特勒向來因為大英帝國幅員廣大而仰慕英國的統治階級，而他是否把優妮蒂視為該階級的象徵？

　　有一種廣為流傳、甚至也獲得她妹妹黛博拉支持的說法是，優妮蒂因為住在慕尼黑而變得「太像德國人」，也就是說她不只是被納粹的意識形態給洗腦了，甚至變得對政治太過認真而一本正經，失去英國人那種能判斷事物荒謬與否的重要本能。但是，她都能說「我可憐的親愛元首」了，難道真的對政治有那麼認真嗎？讀過優妮蒂從德國寫回國的信之後，任誰都會覺得她對政治並沒有那麼認真，或者她只是用一個年輕女孩的方式去喜愛政治，就像別人喜歡可卡犬或者芭蕾舞一樣。優妮蒂離開英國，前往德國後不久，其姊南西曾寫過一本好笑的小說，其中一

個名叫尤吉妮雅（Eugenia）的角色隱約可看出優妮蒂的身影。尤吉妮雅站在村子廣場上一座翻過來的浴缸上，身邊站著她的「帝國之狗」（Reichshund），向村人募集襯衫「有英國國旗圖樣的襯衫」。有些人，包括優妮蒂自己都認為那是一本諷刺英國法西斯主義的小說，不過南西自己可不那麼想：「我仍然覺得這本書支持法西斯主義的程度比任何人認為的都還多。書裡面最好的一個角色就是法西斯主義者，而其他人加入法西斯陣營後也都變成好人。」這本名為《你死我活》（*Wigs on the Green*）的書似乎變成與P. G. 伍德豪斯的《伍斯特家的家規》（The Code of the Woosters）同一種類的小說——作者伍德豪斯就是透過該書抨擊「黑短褲」（Black Shorts）這個虛構的秘密法西斯主義運動，但並不能就此認定他真的了解情況有多嚴重（後來，伍德豪斯在遭囚禁於上西利西亞〔Upper Silesia〕期間曾經幫德國的政宣部門錄製了一些欠缺考慮的廣播節目內容）。事實上，優妮蒂與南西・米特佛以及伍德豪斯的共通之處在於他們都是不事勞動的英國上層階級，而他們在兩次世界大戰之間那些年頭，往往透過薄霧似的反諷來看待時勢，因此看不出一場歐洲史上最大災禍即將降臨。

優妮蒂在德國的快活日子走到盡頭時，結果是既反諷又悲情的，一點也不有趣。做過裸體日光浴的一年之後，優妮蒂又回到那容易讓人誤以為英德兩國極為相似，充滿象徵性的英國公園，在那裡的灌木叢與花木之間再次脫個精光。而兩天前，希特勒才

剛對全國發表談話:「我曾經一次又一次想與英國交好,也表示如果有必要,兩國可以密切合作。但戀愛不能是單方面的,而是必須兩情相悅。」一九三九年九月三日,第二次世界大戰爆發,優妮蒂拿手槍朝頭部開了一槍。她沒有死,活了下來,不過卻嚴重失能,九年後才因為卡在腦袋的子彈感染而去世。

———

當我開始寫這本書時,曾與自己約定,盡量不要去提納粹與第二次世界大戰。說到英、德兩國的關係,納粹時代對我來講就像是個歷史的黑洞,把之前與之後發生的趣事都給吸了進去。當我跟英國的朋友們提到我想要寫一本書來闡述英、德兩國的交會,他們總是說:「你為什麼不寫關於希特勒與邱吉爾見面的事?」而我會說:「你為什麼想要看那種東西呢?你都已經知道那些故事了。」我覺得,就整個德國史而言,過去英國人只聽人說過關於第三帝國的事:不管是在學校,在電視或者報紙上。有數以百計關於邱吉爾的書,關於希特勒的書更是已有數以千計。我真的需要再寫一本嗎?

優妮蒂・米特佛與阿道夫・希特勒相遇的故事中有一個元素讓我感到特別著迷:就某方面而言,故事讀起來就像是個警世寓言,其要旨是關於英國人對於反諷的應用與濫用。如果說,一九三〇年代時反諷曾經是專屬於英國上層階級的,那麼等到我在一

九九六年遷居此地時，它已經不可避免地融入英國廣大人民的心態。過去多年來我花了很多時間與精神讓自己變得善用反諷，不要那麼嚴肅。我模仿人們的肢體語言，直到我懂得如何裝出不動聲色的表情，以及牛津大學特有的結巴口音，還學會那種用來表達別人是「討厭鬼」（wanker）的手勢。我模仿他人講話的模式，直到我總是能把每一件事說得模稜兩可：當我覺得朋友的衣服很醜時，我能用諷刺的方式進行評論，同時說那衣服「挺不錯的」，或者是能繞著彎說某部電影「挺好的」，但實際上我覺得它很棒。我甚至模仿英國人的時尚，跟別人一起趕虛情假意的復古流行，穿上體育服，剪舊的髮型。我跟好友湯姆一起辦十八歲的生日派對時，我們在發出去的邀請函上要求來賓的「穿著應該帶有一種不成功的反諷風味」。

學會用比較反諷的方式過生活也有其缺點，身為青少年，那種不能做自己的悲慘感覺更強烈了。因為太習慣於模仿別人，所以變得難以想像自己不是別人的分身。我持續模仿他人，直到新學校的第二年來臨，大家都把大學的入學申請文件寄出去，最後我也進了牛津大學。我知道自己不笨，但不禁覺得我是靠作弊而進入那家世界一流名校，因為我學會了英國年輕人的所有言行舉止，還有他們的理想抱負。

英式反諷的優點在於，它會創造出一種特有而自在的國家認同感。我相信，身為英國人，最棒的一件事就是不用無時無刻都

要用英國人的方式過活，但是當德國人卻必須從一而終。你可以用一種反諷的方式「當英國人」；你可以把你的英國模式當作一雙老舊的運動鞋，想穿就穿，想脫就脫。當我父親於二〇〇〇年退休時，他與母親不久後就宣布要把房子賣掉，搬回德國去，而我也以平常心看待此事。像這樣住在某個國家，但是在另一個國家仍有近親，對我來講似乎是一個完美的序曲，接下來我才得以實現所謂寰宇主義的理想。我總是可以生活在不同國家，但卻不用歸屬於任何一個國家。

我慢慢才發現任誰都很難永遠用雙重身分過生活。某次學期中的假期我回德國去，跟老同學們在公園裡踢五人制足球賽：我接到一記從中場過來的漂亮長傳球，甩掉一個後衛，穩住自己，結果卻踢了一記沖天炮，球從球門的橫桿上方飛了過去。「媽的！」我大叫了一聲，用的是英文，馬上發現不對勁，連我也搞不清楚自己為什麼沒有用德文咒罵。我身後一個隊友咯咯笑說，「 *Der Engländer*」（英國佬），另一個則是趁我走回球場中央時，開始哼起了〈天佑女王〉。

每次回德國去看我爸媽時，我骨子裡是英國人的那些徵兆好像越來越明顯了。到超級市場時，我發現自己常常被說話毫不客氣的女出納員給惹毛，突然間開始想念那些曾經被我認為很假，很客套的問候語，像是「你好嗎？」「謝謝你。」「祝你有愉快的一天。」之類的。到酒吧去，我發現自己用英國人的速度在喝酒；

當我喝到只剩下一點點時，我的德國朋友們卻才剛剛喝到泡泡而已。我花了很多時間試著要讓他們相信啤酒不冰也很好喝，到頭來卻還是白費唇舌。我甚至發現自己開始為英國菜辯護，因為我無意間聽見一位俗氣的德國人在批評抹著焗豆的吐司，興味盎然地跟大家解釋甜中帶苦的柑橘果醬、麥酒牛肉派以及大黃酥皮派有多「奧妙」。「難道你們以為英國人是因為馬鈴薯丸子跟炸豬排才喜歡德國嗎？」

我待在英國的時間越久，我就越難分辨我到底是一個穿著英國衣服的德國人，或者已經是個百分之百的英國人，但仍必須試著掩藏曾經身為德國人的那些姿態。回到大學上課後，我開始跟一名叫喬安娜的女孩約會，我從新生訓練週的第一天開始就喜歡上她了。我們剛開始約會後不久喬安娜就跟我說：「你知道我們這年級的其他同學都叫你『德國佬菲爾』嗎？」我說我不知道（不過我覺得自己很幸運，因為我知道我們這個年級其他叫做菲爾的，綽號都不太好聽，像是「葡萄牙人菲爾」、「原始人菲爾」，還有「骯髒菲爾」）。接著她說：「奇怪的是，我覺得你實際上根本就不像德國人。」

———

什麼是典型德國人的特色？什麼又是典型英國人的特色？這兩個問題並沒有因為我是從德國遷居英國就變得比較好回答，情

況反而更複雜了。無可否認地,靠電視與報紙是找不出答案的。
自從德奧多爾‧馮塔納獲派前往倫敦以降,德國報社的特派記者
們就開始習於把英國描繪成一個幾世紀以來的傳統與體制都始終
未改變的世界,一個從工業革命以來就一直愛吃肉凍的小島。自
從一九九七年,我看過一個又一個聰明的德國記者被派駐在這個
「島嶼」上,他們用一、兩年的時間翻閱八卦小報,觀察一下國
會的運作,結果都是認為英國仍然被困在一九四五年,沉迷於第
二次世界大戰。不久前,《明鏡週刊》的特派記者托馬斯‧惠特
林(Thomas Hüetlin)才於二〇〇七年指出:「討厭德國人是一種
舉國皆然的消遣,除此之外,這個島嶼的特色還包括行車必須靠
左邊駕駛,或者是認定維多莉亞‧貝克漢(Victoria Beckham)是
個有品味的人。」他們並不是百分之百都錯,難以否認的,在德
國人形塑現代英國神話的過程中,希特勒與邱吉爾兩人扮演了關
鍵角色;但如果德國人還要說英國被困在過去,無法自拔,那就
是忽略了其現況正在快速改變中。

自從全球金融危機以來,英國的經濟學家們就對德國有了全
新的看法,因為位於歐洲的德國不但擺脫經濟衰退,幾乎沒受到
任何傷害,還一片欣欣向榮。餘波盪漾之際,各個經濟論壇裡面
出現了一片撻伐之聲,都說英、美兩國「的槓桿操作過了頭」,「無
擔保放空盛行」,「用經營賭場的方式來經營銀行」,另一方面則
是稱讚德國的製造業基礎打得很好,勞動規範穩健,而且討厭賒

欠的習慣。政治人物則是花了比較久的時間才開始注意。二○○九年八月，馬丁・凱托（Martin Kettle）在《衛報》的一篇文章寫道：「為什麼今年英國媒體對於美國共和黨的莎拉・裴林（Sarah Palin）的報導居然會多於梅克爾？這不只是非理性，根本就是自貶身價。」他呼籲首相戈登・布朗（Gordon Brown）不要以美國總統為榜樣，而是多學一學德國總理。

當大衛・卡麥隆（David Cameron）於二○一○年五月宣誓就任首相之職以來，他沒有浪費太多時間，而是立刻向德國看齊。卡麥隆於當月前往柏林進行國是訪問時，氣氛仍然非常僵，一方面梅克爾嚴詞抨擊英國銀行的經營方式，而卡麥隆則是提醒梅克爾，英國對於歐盟的立法握有否決權。然而，從事後看來，那就像是作戲。英國的聯合政府自此開始把自己打造成一個「在財政上保守謹慎」的典範，急於將英國的預算赤字降到最低程度。英國財政大臣喬治・奧斯本（George Osborne）呼籲「製造商應該一肩扛起振興英國的角色。」而商務大臣溫斯・凱博（Vince Cable）則是啟動了一個「英國製造」（Made in Britain）的計畫，感覺起來像是修正了十九世紀德國的「德國製造」計畫，不讓慘劇重演。工黨也沒有太慢才發現應該趕上這一股風潮。資深工黨政治人物約翰・登漢（John Denham）等人也提出英國應該考慮仿效「德國特有的模式」，一改過去炒短線的習慣，而工黨的上議院議員莫里斯・葛拉斯曼（Maurice Glasman）則是建議英國應該從德國進

口專業勞動力,他在接受《每日電訊報》專訪時表示,「例如,我們應該引進德國的工匠,就像我們曾於十五與十六世紀時所做過的,藉此復興我們的行會。」

　　一直以來,都有人建議英國應該成立類似德國的「綠色投資銀行」(Green Investment Banks),而其他人廣為鼓吹的「地方主義」(localism)提議看起來則像是換湯不換藥,跟德國式Bundesrepublik(聯邦共和國)一樣把權力下放給地方,就像現任的社區與地方政府大臣艾瑞克・皮克斯(Eric Pickles)在進行第一次重大演說時所宣稱的,德國對於「地方政府體制的確有非常完善的概念」。房屋事務大臣格蘭特・沙普斯(Grant Shapps)曾於二〇一一年一月向《觀察家報》表示:「英國人長期以來執著於一定要當屋主,是該改變這種不健康想法的時候了。我們應該改以長期租屋為發展重點,不管是把它當成一門生意來經營,或者是推動社會住宅政策,德國與瑞士就是選擇了這種有彈性而可行的方式。」特別是,從政府上台初期以來就常有人指出這個英國戰後第一次出現的聯合政府與多年來德國的標準模式非常相似,都是保守政黨與自由派政黨的合作結果。英國媒體批評德國的聲音總是不絕於耳,但這也掩飾不了英國人私底下逐漸對德國有好感的事實。最近一位記者同業跟我說:「卡麥隆喜歡梅克爾,只是沒講出來而已。他的內閣大臣們都已經學會了用德國口音講話。」他們能學到德國的外型,但能學到精髓嗎?

此刻，從種種跡象看來，答案並不樂觀。二〇一一年七月，英國政府宣布已經把一筆金額高達三十億英鎊的火車委製案交給了德國工業鉅子西門子，而不是在英國也設有分公司的加拿大公司龐巴迪（Bombardier）。一如往常，政治人物宣稱他們「之所以會這樣綁手綁腳」，都是因為歐盟的種種規定；他們暗示，德、法兩國之所以還能夠保有該國的製造業，那是因為他們都能設法規避歐盟的規則──這整件事讓英國的表現與英國足球隊有異曲同工之妙，好像他們又因為罰球而輸了一場八強賽似的。現在看來，龐巴迪在英國的火車生意到了二〇一四年完成倫敦地鐵的案子以後，就會結束了。如果這是預示著英國製造業的未來的進行曲，它聽起來就像是一首喪歌。

過去十年來，不只是英國變得跟德國越來越像，德國也日漸英國化了。德國表現出一種輕鬆而懂得運用反諷的新特色，與十年前大不相同。最能輕易看出此一改變的地方就屬柏林市了，自從德國國會於一九九九年從波昂遷移到那裡之後，它就快速地成長為一個能夠與倫敦匹敵的全球文化匯集地。德國媒體除了常常說英國是一個被困在過去的國家之外，另一個老生常談是，只要你在英國表明自己是德國人的身分，很可能會被人揍一頓。但我自己就不曾因為透露國籍而惹上麻煩──某次搭乘一輛雙層巴士時，坐在上層的我跟一群臉很臭的青少年說我生於德國，接著就親眼看見他們的臉色變溫和，其中一人還跟我說：「杏仁膏（marzipan）是德國特產，對不對？我超愛那種鬼東西的！」在過去，如果你說「我是德國人」的話，對方通常都是沉默以對，表現出有禮貌但也憐憫你的態度。然而，過去大概兩年以來，獲得的回應完全不同了：「德國？喔，我好愛柏林啊！」

進入二十一世紀以後，五年內遷居柏林市的主要是來自於什列斯威─霍爾斯坦、巴登─符登堡（Baden-Württemberg）以及梅克倫堡─西波美拉尼亞等各邦的年輕人。等到他們發現柏林的大學教室太過擁擠，工作機會很稀少之後，他們逐漸又棄城而去，取而代之的是來自全世界的年輕人。過去五年以來，我至少有六個朋友從倫敦遷居柏林。當我問他們為何喜歡柏林多過於倫敦，通常答案不是說「那裡有非常悠久的歷史」，就是「柏林人實在太會開趴狂歡了」，但兩者似乎都不是正確答案，因為倫敦在歷史與開趴這兩方面也都很強。比較少見，但比較合理的答案是：簡單來講，柏林的生活開銷較小，而且也較能容忍充滿創意與放蕩不羈的生活型態。事實上，每當我去那裡造訪朋友時，他們不是在寫小說、玩樂團、拍攝紀錄片，就是在酒吧裡當 DJ ──或者一手包辦上述所有活動。

有些人在評論此事時，總喜歡說柏林實際上不是像倫敦或紐約那種「貨真價實」的大都會，而比較像是一個由許多相連的村莊結合起來的網絡，每個村莊都有自己的 Kiez（鄰近的社群），心態上跟鄉間偏遠地區的居民比較像。我不確定自己能接受此一主

張：倫敦的確有特拉法加廣場與皮卡迪利圓環（Piccadilly Circus）
這種地方，但它們之所以被視為「中心」，只是因其地理位置以
及總有大量遊客湧入。大多數的倫敦人每週渡河到泰晤士河北岸
的次數很少超過一次。而柏林人的思考方式則的確像是世界大都
會的居民。儘管在程度上可能稍稍不如倫敦人，但柏林市民也都
知道自己有多時髦，同時喜歡聽一些能提醒他們記住自己有多時
髦、只有他們才聽得懂的笑話。柏林圍牆倒塌後，開始出現了
「白人速食垃圾食物」（White Trash Fast Food）之類的酒吧名稱，
中國餐館被改裝為雞尾酒酒吧，路邊的香腸攤子出現咖哩口味的
香腸，同時也賣起了加上綠芥末的馬鈴薯沙拉。最佳例證是，居
然有些人用東德時代的東柏林風格來裝潢酒館，販賣俱樂部可樂
（Club Cola）以及斑比諾巧克力（Bambina chocolate）：這是一種以
反諷的方式重現其歷史的舉措。

　　過去十年內如果你沒去過柏林，只要看看足球賽就能發現德
國已經不一樣了。過去，安迪・穆勒進球後那種神氣活現的模樣
曾令我害怕，差點不想遷居英國，而十四年後，南非舉辦二〇一
〇年世界盃足球賽期間，人在芬斯伯瑞公園附近一棟公寓裡的我
則是跟別人一起擠在客廳收看英、德兩國於八強賽的對決。當
然，贏球的還是德國，結果了無新意。不一樣之處在於他們贏球
的方式，還有我那些英國朋友們的反應。最能呈現出此一改變的
時刻是在比賽的第七十分鐘：德國已經得了三分，穿紅衣的英國

隊只有一分，且在一顆顯然已經踢進去的球被判不算之後，士氣大挫。胸肌厚實的後衛約翰‧泰瑞（John Terry）不知道是勇氣十足或者狗急跳牆，居然離開自己該守的位置，衝往前場，想要去接喬‧科爾（Joe Cole）的一記橫傳球。結果球並未傳到他腳下，而是被德國隊的後衛擋下，又回到英國隊的半場，迫使中場的英國後衛蓋雷斯‧巴瑞（Gareth Barry）必須與負責進攻的德國隊中場隊員梅蘇特‧厄齊爾（Mesut Özil）來個一對一對決。巴瑞又高又壯，行動敏捷，剛開始看來他一定能在瘦弱的二十二歲矮將厄齊爾之前把彈跳的球截下來。兩秒過後，厄齊爾已經跑在巴瑞前方五公尺處，球已經在他腳下，讓巴瑞看起來像是個在追趕青少年罪犯的退休警察。厄齊爾把球傳出去，讓二十一歲的托馬斯‧穆勒（Thomas Müller）得分，英國隊自此大勢已去，準備要接受世界盃史上的最慘一敗。

　　我轉身看看我的英國朋友們，本來以為他們會一個個義憤填膺，雙拳緊握。的確，失望是難免的，但奇怪的是，他們也都佩服地點點頭，其中幾人還面露微笑，表達認同。事後我們到酒吧去喝酒時，大家都同意英國隊看來真是老了，其高薪與被高估的實力並不相符，沒有鬥志或精神，也不能團隊合作。反之，德國隊看起來年輕而興高采烈，腳步輕快，來自不同文化背景的他們充滿自信，隊上除了有些姓氏為穆勒或者弗里德里希的熟面孔之外，還有一些叫做凱迪拉（Khedira）、波騰（Boateng）、高梅茲

（Gomez）以及特羅霍夫斯基（Trochowski）的外國面孔。等到第一杯酒喝完後，大家決定這將會是第一次支持德國隊奪冠的世界盃球賽，而接下來在賽程進行期間，不管是報紙與網路論壇上或者在辦公室與人閒聊時，都能發現這種論調。儘管梅蘇特・厄齊爾與其隊友們終究無法奪冠，他們還是達到了其父母與祖父母們總是無法達成的成就：讓英國人再度喜歡上德國人。

———

　　儘管德國人變得比以往更了解何謂反諷，也更懂得放鬆自己，但這並不總是意味著他們也長了智慧。曾於BBC電視台擔任歐洲與北美新聞編輯的馬克・馬德爾（Mark Mardell）曾說過：「就我所知，德國可說是最成熟的國家」，但光從德國的新聞就可以看出它也會出現像幼童一樣的表現。當德國的「多元文化背景」足球隊在戰績上開紅盤的四個月之後，總理梅克爾於接見基督教民主聯盟的青年黨員時宣布，德國的多元文化主義「已經徹底失敗了」，因此引爆各界反省與爭論移民是否能融入社會的問題——但是從英國的角度看來，這實在是無聊而沒有必要的。儘管好辯的社會民主黨政治人物蒂洛・薩拉辛（Thilo Sarrazin）出版了《自掘墳墓的德國》（*Deutschland Schafft Sich Ab*）一書，主張回教人口增多會導致德國的教育水平低落，但除此之外，當時並沒有重啟爭端的理由，梅克爾實在是無事生非。根據《明鏡週刊》指出，

二〇〇八年的時候，移民德國的土耳其人數量跟一九八三那年一樣低，而申請政治庇護的人數則是只有一九九〇年代中期的六分之一。到了二〇〇九年，回土耳其定居的土耳其人比留在德國定居的還要多：對於一個到二〇五〇年時人口預估即將少掉一千一百六十萬，而且不能錯過任何一個夠格勞工的國家來講，實在是個壞消息。每當景氣變差時，每個國家總會浮現排外聲浪，但此一爭議卻發生在德國經濟開始繁榮時，看來德國實在是亟需一點艾耶爾哲學的常識觀點才能解決此一爭議。但是，二〇一一年二月，在慕尼黑參加一場國安會議的人衛‧卡麥隆並未叫德國人先看看自己的人口問題，幾乎只是重彈梅克爾的舊調：「根據多元文化主義國家的精神，我們鼓勵不同文化的人民各過各的生活，不要受主流文化干擾。但如今看來我們並沒有辦法提供一種能讓他們有歸屬感的社會願景。」

從最近的一些發展看來，德國可說是空有成熟的表象，但與其說它著重於實踐，還不如視其為夢想家。希臘爆發債務危機期間，當各國領袖都呼籲該以重大政策來面對時，德國政府卻有很長一段時間顯得極為被動，簡直是到了沒有任何作為的地步。目前的德國聯合政府在其任內已經廢除徵兵制，大量縮減了部隊員額，並且在英、法、美等三國欣然介入利比亞軍事衝突之際拒絕跟進，如果納粹的軍國主義仍令你難忘，你會覺得這是德國的義舉；但如果你知道德國仍是世界第三大傳統武器輸出國（其販賣

武器的對象包括沙烏地阿拉伯等中東國家），你就會認為此舉未
免過於偽善而天真。

二〇一一年三月，日本因為海嘯而發生福島第一核電廠核
災，令我感到困惑不已的是，為何德國與英國政府的態度居然如
此大不相同。在英國，許多人的結論是，最糟糕的狀況原來也不
過如此，並沒有大家原先設想的那麼可怕，與容易帶來污染的火
力發電相較，核電還是比較安全與環保的選項。而日本核災的
消息傳進德國人耳裡後，又開始有人重提一九八〇年代的口號：
「Atomkraft? Nein, danke!」（核能？不要，謝了！），綠黨的聲勢大
漲，最後政府終於宣布將在二〇二二年關閉所有核電廠。此舉導
致開始有人批評，在進入二十一世紀的第二個十年之際，德國是
不是開始活在一個天真的夢幻世界裡，以為這世界沒有戰爭，有
用不完的金錢與電力。但對我來講，與那種令人沮喪的悲觀態度
相較，抱持如此崇高理想並不是什麼大錯，特別是因為照著這種
崇高理想，最後也許會促成欣欣向榮的再生能源產業。然而，如
果德國能夠接受某些來自英國的建設性批評，必定能夠藉此受
益，就像英國也能以德國為學習典範一樣。也許，這才是優妮蒂·
米特佛與希特勒的故事背後的真正教誨：兩個人膩在一起並不總
是好事，有時候兩人交往的價值並非在於建立情誼，而是應該成
為彼此的諍友。

今年六月，喬安娜與我到慕尼黑去度蜜月。那一天好熱，所

以我們到英國花園去避暑。

我問她：「你覺得她是在哪裡自殺的？妳想就是在她偷偷做日光浴的地方嗎？」

「如果我要在公園裡自殺，我一定會挑一個有點隱密的地方，才不會有人阻止我。」

「嗯，但又不能太偏僻，這樣才會在妳的屍體腐爛前被發現。」

「我們來找找看公園裡某處是否有紀念牌。」

一個小時後，我們陸續看到一個身穿紅白方格襯衫與皮短褲，頭戴一頂大毛氈帽，像是從明信片裡走出來的人（喬安娜說，「他的確需要多一點反諷風格的元素。」）；一輛最多可以讓十個人一邊坐在吧檯前騎車，一邊喝酒的「啤酒協力車」（beer bike）；還有身後跟著一小群巴哥犬的女人，但就是沒看到優妮蒂‧米特佛留下的足跡。我們決定在塔樓下的那一座啤酒花園稍事休息，我點了啤酒、蝴蝶餅以及白香腸。就在我要開始喝酒時，一個銅管樂隊開始於我們背後演奏起來。我翻翻白眼。

喬安娜說：「你知道嗎？你身上的英國味絕對比德國味還要濃厚。而我呢，」她把一根白香腸的皮剝掉，拿去沾甜芥末醬，接著說，「我還挺喜歡這個的。」

二〇一一年七月
於倫敦

Acknowledgements
謝詞

　　過去四年來，我為了寫這本書而煩勞了很多人，人數多到我不及備載。但有些人是特別值得一提的。凱特・巴克奈爾（Kate Bucknell）與彼得・帕克（Peter Parker）熱心地與我分享了關於克里斯多福・伊薛伍德的作品與生平之研究與引文出處。朱利安・瑞德（Julian Reid）耐心地准許我翻閱墨頓學院的檔案資料。沒有鐵莫生檔案館（Themerson Archive）的葛麗特・辛利申（Gretel Hinrichen）、伊恩・杭特（Ian Hunter）、格雯多倫・韋伯斯特（Gwendolen Webster）、雅西亞・萊希亞特（Jasia Reichardt）與尼克・魏德利（Nick Wadley），本書關於庫特・許威特斯在英國事蹟將會錯誤百出。丹尼爾・古斯塔夫・克雷莫（Daniel Gustav Cramer）、大衛・傅特（David Foot）、諾爾・金斯伯瑞（Noel Kingsbury）、喬治・彼得肯（George Peterken）、海因里希・史畢克（Heinrich Spiecker）、

揚・伍茲特拉（Jan Woudstra）與安德里亞・伍爾夫（Andrea Wulf）教了我許多關於園藝與造林的歷史，足以寫出另一本書。蕾貝嘉・巴斯特（Rebecca Baxter）、大衛・巴克（David Buckle）、比爾・海涅（Bill Heine）與安德魯・勞倫茲（Andrew Lorenz）則是為我提供了許多關於奧斯汀 Mini 的製造史與其公司歷史的詳盡資料。艾利克斯・克拉克（Alex Clark）與艾拉・艾爾菲（Ellah Alfrey）首先委託我為《格蘭塔》雜誌（Granta）撰寫那一篇關於汽車的文章，並且幫我編輯，進而無意間造就出這本書。奧黛莉・梅耶、諾拉・哈定（Nora Harding）以及麥克・芬頓（Mike Frinton）慷慨地與我分享了他們對於雙親的記憶，巴瑞・班德則是開車載我在黑潭鎮繞來繞去，與我談了很多。葛拉罕・艾格（Graham Agg）、彼得・阿倫斯（Peter Ahrens）、克勞斯・克萊斯特（Klaus Christ）、斯特凡・赫曼（Stefan Hermann）與艾德・凡・歐普紀蘭讓我了解普魯士門興格拉德巴赫足球俱樂部與利物浦足球俱樂部的那一戰有多麼神奇，不過目前我仍然是兵工廠隊的球迷。艾絲崔德・普洛爾大可以拒絕我的邀訪，但結果卻是一個認真而樂於助人的受訪者。我對於「德國的多事之秋」的敘述之所以少了許多漏洞，都要歸功於丹恩・范德・瓦特以及保羅・休伯特（Paul Hubert），而阿迪蒂亞・查克拉博蒂（Aditya Chakrabortty）、大衛・哥歐（David Gow）與丹尼爾・西門子（Daniel Simens）則是都曾於不同階段為我提供意見。

　　從一開始，呂迪格・戈約納（Rüdiger Görner）與凱文・希里亞德（Kevin Hilliard）就以其對於德國文學的嚴格學術研究與熱愛啟發了我。至於查理・英格利許（Charlie English）、湯姆・嘉帝（Tom Gatti）、托比亞斯・瓊斯（Tobias Jones）、賽門・庫柏（Simon Kuper）、保羅・賴提（Paul Laity）與克雷格・泰勒（Craig Taylor）則是為我提供諸多寶貴建議，讓我能安然度過出版過程中的許多陷阱與難關。華特・唐納修（Walter Donohue）則是個有耐性而且能啟發人心的傑出編輯，而彼得・史特勞斯（Peter Straus）則是那種作家們夢寐以求的經紀人。最後，如果沒有喬安娜的話，這本書根本不可能問世，過去四年來她一直是我最嚴厲的批評者，也是我的摯友。我欠妳太多週末假期了。

Keeping Up with the Germans: A History of Anglo-German Encounters
Complex Chinese translation © 2015
by Rive Gauche Publishing House, an Imprint of Walkers Cultural Enterprise, Ltd. Published
by arrangement with Faber and Faber
through Bardon-Chinese Media Agency 博達著作權代理有限公司
ALL RIGHTS RESERVED.

左岸人文　218

當金龜車尬上MINI：英德交流三百年

KEEPING UP *with* THE GERMANS
A HISTORY OF ANGLO-GERMAN ENCOUNTERS

作　　者	菲利浦・歐爾特曼（Philip Oltermann）
譯　　者	陳榮彬
總 編 輯	黃秀如
責任編輯	林巧玲
社　　長	郭重興
發行人暨 出版總監	曾大福
出　　版	左岸文化事業有限公司
發　　行	遠足文化事業股份有限公司
	231台北縣新店市民權路108-2號9樓
電　　話	（02）2218-1417
傳　　真	（02）2218-8057
客服專線	0800-221-029
E - M a i l	service@bookrep.com.tw
網　　站	http://blog.roodo.com/rivegauche
法律顧問	華洋法律事務所　蘇文生律師
印　　刷	成陽印刷股份有限公司
初　　版	2015年3月
定　　價	360元

I S B N　　978-986-5727-17-8
有著作權　翻印必究（缺頁或破損請寄回更換）

．．．．．．．．．．．．．．．．．．．．．．．．．．．．．．．．

當金龜車尬上MINI：英德交流三百年／
菲利浦・歐爾特曼（Philip Oltermann）著；陳榮彬譯.
－初版. －新北市：左岸文化出版：遠足文化發行，2015.03
　　面；　公分.－（左岸人文；218）
譯自：Keeping up with the Germans :
a history of Anglo-German encounters
ISBN 978-986-5727-17-8（平裝）
1.文化交流 2.英國 3.德國
741.3　　　　　　　　　　　　　　　　104002020

．．．．．．．．．．．．．．．．．．．．．．．．．．．．．．．．